REVUE THOMISTE

REVUE DOCTRINALE
DE THÉOLOGIE
ET DE PHILOSOPHIE

CXXIVᵉ ANNÉE — T. CXVI — Nᵒ 2

AVRIL-JUIN 2016

La conversion au Christ du peuple juif comme signe eschatologique chez saint Thomas d'Aquin

L A PLACE, dans l'économie divine de la Nouvelle Alliance, des juifs qui ne croient pas en Jésus comme Messie, ainsi que son interprétation théologique chez saint Thomas d'Aquin, font depuis quelques années l'objet de nombreuses études. Ces études sont parues surtout aux États-Unis dans le cadre de ce que les Américains appellent le *supersessionism*, c'est-à-dire la théologie de la substitution par l'Église des Gentils (*ecclesia ex gentium*)[1] d'un Israël rejeté par Dieu comme Peuple de Dieu. La théologie de la substitution, élaborée dès le IIe siècle par des Pères apologètes comme saint Justin Martyr ou saint Irénée de Lyon, puis devenue une opinion commune dans la théologie patristique et médiévale, est en voie de réexamen sinon de révision dans le Magistère et dans la théologie catholique depuis le concile Vatican II[2]. Il serait temps

---

1. En réponse à l'article très marquant d'un grand théologien juif orthodoxe Michael Wyschogrod (« A Jewish Reading of St. Thomas Aquinas on the Old Law », dans *Understanding Scripture*, Explorations of Jewish and Christian Traditions of Interpretation, Ed. by C. Thoma and M. Wyschogrod, Mahwah (NJ), Paulist Press, 1987, p. 125-138), des thomistes sont intervenus sur cette question : Matthew LEVERING, *Christ's Fulfillment of Torah and Temple*, Salvation according to Thomas Aquinas, Notre Dame (IN), University of Notre Dame Press, 2002 ; Steven C. BOGUSLAWSKI, *Thomas Aquinas on the Jews*, Insights into His Commentary on Romans 9-11, Mahwah (NJ), Paulist Press, 2008 ; Bruce MARSHALL, « Quasi in Figura : a Brief Reflection on Jewish Election, after Thomas Aquinas », *Nova et Vetera* (2009), p. 523-528 ; Emmanuel PERRIER, o.p., « The Election of Israël Today : Supersessionism Post-Supersessionism and Fulfillment », *Nova et Vetera* [English ed.] 7 (2009), p. 485-503 ; Matthew A. TAPIE, *Aquinas on Israël and the Church*, The Question of Supersessionism in the Theology of Thomas Aquinas, Eugene (OR), Pickwick Publications, 2014. J'avais moi-même écrit sur ce sujet : « Les prérogatives inaliénables du peuple juif selon saint Thomas commentant saint Paul : À propos de *La Promesse* par le cardinal J.-M. Lustiger », *Revue thomiste* 103 (2003), p. 145-158.

2. COMMISSION POUR LES RELATIONS RELIGIEUSES AVEC LE JUDAÏSME, « "Les dons et l'appel de Dieu sont irrévocables" (*Rm* 11, 29) », Rome, 10 décembre 2015, n° 17 : « Parmi les

---

RT 116 (2016), p. 179-192

que les théologiens européens, et les thomistes en particulier, entrent à leur tour dans cette *quaestio disputata* dans laquelle leurs confrères américains ont sur eux une bonne longueur d'avance.

À l'intérêt pour la place qu'ont dans l'économie divine les juifs qui ne croient pas en Jésus comme Messie, se joint l'intérêt pour leur lien avec l'eschatologie. Pour la première fois dans son histoire, l'Église catholique a consacré dans sa catéchèse officielle tout un chapitre à la parousie du Christ[3]. Or, dans cette partie du *Catéchisme* sur l'eschatologie comme « temps de la fin », figurent deux paragraphes consacrés aux juifs sous l'intertitre suivant : « L'avènement glorieux du Christ, espérance d'Israël. » À propos de l'eschatologie, le *Catéchisme* n'aborde pas seulement le terme de l'histoire (la résurrection des morts et le Jugement dernier), mais aussi la préparation immédiate de ce terme, n'hésitant pas à parler de l'Antéchrist et des épreuves finales dans une section intitulée « L'épreuve ultime de l'Église ». C'est en lien avec ces temps de la fin que le *Catéchisme* parle des juifs dans les termes suivants : « [L']avènement eschatologique [du Christ] peut s'accomplir à tout moment[4] même s'il est "retenu", lui et l'épreuve finale qui le précédera[5]. La venue du Messie glorieux est suspendue à tout moment de l'histoire[6] à sa reconnaissance par "tout Israël"[7], dont "une partie s'est endurcie" (*Rm* 11, 20) dans "l'incrédulité" (*Rm* 11, 20) envers Jésus[8]. » Le *Catéchisme* peut s'appuyer

---

Pères de l'Église, la théorie dite du remplacement ou supersessionisme gagna progressivement du terrain jusqu'à représenter au Moyen Âge le fondement théologique courant du rapport entre christianisme et judaïsme : les promesses et les engagements de Dieu ne s'appliquaient plus à Israël qui n'avait pas reconnu en Jésus le Messie et le Fils de Dieu, mais avaient été reportés sur l'Église de Jésus Christ, devenue désormais le véritable "Nouvel Israël", le nouveau peuple élu de Dieu. Issus du même terreau, judaïsme et christianisme se trouvèrent engagés après leur séparation dans un antagonisme théologique qui allait perdurer pendant des siècles et ne serait désamorcé que par le concile Vatican II. Dans la Déclaration *Nostra Aetate* (n° 4), l'Église professe sans équivoque les racines juives du christianisme, en les inscrivant dans un nouveau cadre théologique. Tout en affirmant que le salut dépend de la foi au Christ, explicite ou même implicite, l'Église ne met pas en doute la permanence de l'amour de Dieu pour le peuple élu d'Israël. La théologie du remplacement ou de la supersession, qui oppose deux entités séparées, l'Église des Gentils et la Synagogue rejetée dont elle aurait pris la place, est dépourvue de tout fondement. »

3. Cf. *Catéchisme de l'Église catholique* [en abrégé : *CEC*], n°s 668-677, commentant la parole du credo de Nicée-Constantinople : « Il reviendra dans la gloire. »

4. Cf. *Mt* 24, 44 ; 1 *Th* 5, 2.

5. Cf. 2 *Th* 2, 3-12.

6. Cf. *Rm* 11, 31.

7. *Rm* 11, 26 ; *Mt* 23, 39.

8. *CEC*, n° 674.

ici sur de nombreux passages du Nouveau Testament, tels que les a compris unanimement la Tradition des Pères et des Docteurs de l'Église.

Cette tradition patristique, que saint Thomas fait sienne, rattache à la figure du prophète Élie la conversion finale à Jésus du peuple juif. De cette tradition, saint Thomas reçoit aussi l'ordre qu'elle discerne entre les événements qui prépareront immédiatement l'avènement glorieux du Christ. Il reçoit cet ordre tel que le voit saint Augustin, tout en prenant quelque distance par rapport à lui. En effet, si pour saint Thomas la *réalité* de ces événements ne fait pas de doute, leur *comment*, sur lequel l'Écriture reste obscure, laisse place à diverses opinions concernant leur interprétation. L'ordre des événements préparant immédiatement la Parousie, tel que saint Augustin le donne au chapitre 20 de la *Cité de Dieu*, est connu de saint Thomas et il le reprend entre autres dans son *Commentaire des Sentences* : « Lors de ce jugement ou aux alentours de ce jugement, nous avons appris que ces choses surviendront : *Élie le Thesbite, la foi des juifs, la persécution par l'Antéchrist, le jugement par le Christ*, la résurrection des morts, la séparation des bons et des méchants, l'embrasement du monde et son renouvellement[9]. » Mais, dans son propre texte du *Commentaire des Sentences*, saint Thomas s'écarte quelque peu de l'ordre donné ici par saint Augustin, au moins sur un point : il y situe la résurrection des morts et le renouvellement du monde avant le Jugement dernier.

« Élie doit venir d'abord et tout rétablir » (*Mc* 9, 12). Pour la tradition que reçoit saint Thomas, il doit venir pour convertir le cœur des juifs à Jésus. Élie, qui n'est pas mort mais est gardé par Dieu de même qu'Énoch, vient comme prophète de la conversion finale du peuple d'Israël. Saint Thomas s'en explique en commentant cette parole du Christ en Matthieu : « "Élie doit venir." Il parle donc d'un double Élie, car [il parle] d'Élie qui viendra en personne, et celui-là viendra annoncer le chemin de la justice et rétablira tout, convertira le cœur des hommes au Christ, *convertira les juifs à la foi des patriarches qui crurent dans le Christ*, car, comme on le lit en *Rm* 11, 25 : "L'aveuglement a atteint une partie d'Israël jusqu'à ce que l'ensemble des païens entre, puis tout Israël sera sauvé"[10]. » La manière dont saint Thomas se représente pour les juifs la « conversion du cœur des hommes [et donc pas seulement

9. *In IV Sent.*, dist. 47, q. 2, a. 3, q^{la} 1, arg. 1.
10. *In Matth.*, cap. 17 [v. 11] (éd. Marietti, n° 1447).

des juifs] au Christ » est intéressante : il ne parle pas d'abord à leur sujet de *conversion au Christ*, encore moins de conversion à l'Église, mais de la « conversion des juifs à la foi des patriarches ». Nul doute que saint Thomas pense ici aux paroles de Dieu dans le prophète Malachie, auxquelles Jésus faisait déjà allusion : « Voici que je vais vous envoyer Élie le prophète, avant que n'arrive le Jour du Seigneur, grand et redoutable. *Il ramènera le cœur des pères vers leurs fils et le cœur des fils vers leurs pères*, de peur que je ne vienne frapper le pays d'anathème » (*Ml* 3, 23-24)[11]. Pour saint Thomas, en effet, comme pour toute la tradition patristique antérieure[12], la foi explicite des patriarches et des prophètes dans le Christ à venir commande toute la prophétie d'Israël[13].

Dans son *Commentaire sur l'évangile de saint Jean*, saint Thomas revient sur la conversion finale des juifs au Christ : « À la fin du monde, une fois les nations confirmées dans la foi et la vérité, *[le Christ] reviendra pour convertir les juifs* : "Une partie d'Israël est tombée dans l'aveuglement jusqu'à ce que soit entrée la plénitude des nations ; et ainsi tout Israël sera sauvé"[14]. » La conversion des juifs est donc directement finalisée par l'avènement glorieux du Christ. Pour saint Thomas, comme pour toute la tradition antérieure, cette conversion sera précédée par un grand combat dans le cœur des juifs. Il le voit annoncé par Jésus lui-même aux juifs dans l'Évangile de saint Jean : « Je viens au nom de mon Père et vous ne m'accueillez pas ; qu'un autre vienne en son propre nom et, celui-là, vous l'accueillerez » (*Jn* 5, 43). Il interprète cette parole dite au futur comme une prophétie eschatologique :

> Pour le signe concernant l'avenir, le Christ se réfère à la venue de l'Antéchrist. Les juifs, en effet, auraient pu objecter : Bien que tu viennes au nom de Dieu nous ne t'avons cependant pas reçu, et cela parce que nous ne voulons recevoir personne d'autre que Dieu le Père lui-même. Mais le Seigneur prévient une telle objection en montrant qu'il ne peut en être ainsi puisque, dit-il, vous en recevrez un autre qui ne viendra pas au nom du Père, mais en son nom propre. Qui plus est, il viendra contre lui : qu'un autre, c'est-à-dire l'Antéchrist, vienne, non pas au nom du Père, mais en son nom propre, car il ne cherchera pas la gloire du Père, mais la sienne, et ce qu'il fera, il ne

---

11. Même chose en *Si* 48, 10.

12. *Jn* 5, 46 ; 8, 56 ; 12, 41. Passages auxquels il faut ajouter *Mt* 22, 43 et *He* 11, 13.27.

13. Cf. mon article « La foi explicite au Christ à venir comme principe de la prophétie dans l'Ancien Testament : À la lumière des Pères de l'Église et de saint Thomas d'Aquin », *Revue thomiste* 115 (2015), p. 555-571.

14. *In Ioan.*, cap. 4, lect. 6 (éd. Marietti, n° 665).

l'attribuera pas au Père, mais à lui-même. Ainsi l'Apôtre [annonce la venue de] « l'Adversaire, celui qui se dressera contre tout ce qui est appelé Dieu ou est objet de culte » (2 *Th* 2, 4). Celui-là, dit le Christ, vous le recevrez. Aussi l'Apôtre ajoute-t-il : « C'est pourquoi Dieu leur enverra une puissance d'erreur qui les fera croire au mensonge » (2 *Th* 2, 11), et cela parce qu'ils n'ont pas reçu l'enseignement de la vérité grâce auquel ils auraient été sauvés. Aussi la *Glose* dit-elle : « Parce que les juifs n'ont pas voulu recevoir le Christ, il convient que, pour châtiment de ce péché, ils reçoivent l'Antéchrist, en sorte que ceux qui n'ont pas voulu croire à la vérité croient au mensonge »[15].

On voit ici que, pour les événements qui précèdent la parousie, saint Thomas ne suit pas exactement l'ordre qu'adopte saint Augustin, cité plus haut. Pour celui-ci la conversion des juifs précédait l'Antéchrist. Or saint Thomas dit ici que ceux-ci le recevront, ce qui implique que leur conversion soit postérieure. C'était déjà l'opinion de saint Irénée de Lyon qui écrivait en interprétant de la même manière eschatologique *Jn* 5, 43 :

> Le Seigneur disait de même à ceux qui ne croyaient pas en lui : « Je suis venu au nom de mon Père, et vous ne me recevez pas ; qu'un autre vienne en son propre nom, et vous le recevrez » (*Jn* 5, 43) : par ce mot « autre » il entendait l'Antéchrist, parce qu'il est étranger à Dieu. C'est lui aussi qui est « ce juge inique » (*Lc* 18, 6) dont le Seigneur a dit qu'« il ne craignait pas Dieu et ne faisait aucun cas des hommes » (*Lc* 18, 2), et vers lequel se réfugia la veuve oublieuse de Dieu, c'est-à-dire la Jérusalem terrestre [les juifs], pour réclamer « vengeance de son ennemi » (*Lc* 18, 3). C'est précisément ce que fera l'Antéchrist au temps de son règne : il transportera sa royauté dans Jérusalem et siégera dans le Temple de Dieu, persuadant insidieusement à ses adorateurs qu'il est le Christ[16].

Sur ces questions, saint Thomas donne plus de précisions dans son *Commentaire de la seconde épître aux Thessaloniciens*. Commentant 2 *Th* 2, 4, il écrit ceci :

> [L'Apôtre indique le signe auquel] on reconnaîtra le crime de 1'Antéchrist, quand il dit : « Jusqu'à s'asseoir dans le temple, etc. » Car l'orgueil de l'Antéchrist dépassera l'orgueil de tous ceux qui l'auront précédé. De même qu'on rapporte de l'empereur Caius [Caligula], qu'il voulut, de son vivant, se faire adorer en mettant sa statue en tout temple, il est dit du roi de Tyr en Ézéchiel 28, 2 : « Parce que vous avez dit : Je suis Dieu, etc. » Aussi est-il

---

15. *In Ioan.*, cap. 5, lect. 7 (n° 831).
16. IRÉNÉE DE LYON, *Contre les Hérésies*, Livre V, 25, 4 (*SC* 153, Paris, 1969, p. 319-321).

croyable que l'Antéchrist agira de même, prétendra être Dieu et Homme. En signe de cela, il viendra s'asseoir dans le temple. Mais dans quel temple viendra-t-il s'asseoir? Le temple [de Jérusalem] n'a-t-il pas été détruit par les Romains? Quelques écrivains disent que l'Antéchrist est de la tribu de Dan, qui n'est pas nommée parmi les douze tribus, au chapitre septième de l'Apocalypse, 5-8. Les juifs le recevraient d'abord, le temple de Jérusalem sera rebâti, et ainsi s'accomplira ce qui est dit au prophète Daniel (*Dn* 9, 27) : « L'abomination de la désolation sera dans le temple; on y verra aussi l'idole »; et en *Mt* 24, 15 : « Quand donc vous verrez dans le lieu saint l'abomination de la désolation qui a été prédite par le prophète Daniel, que celui qui lit entende bien ce qu'il lit »[17].

L'épreuve de l'Antéchrist, à laquelle succomberont les juifs en un premier temps, touchera tous les hommes et donc tout autant les enfants de l'Église, dit saint Thomas qui ajoute une autre interprétation traditionnelle de ce passage de la Deuxième épître aux Thessaloniciens, laquelle peut être considérée comme complémentaire de la première : « Certains disent que jamais ni Jérusalem, ni le temple ne seront rebâtis, et que la désolation durera jusqu'à la consommation de la fin. C'est aussi le sentiment de quelques juifs. *On explique donc "dans le temple de Dieu" par l'Église*, car beaucoup, parmi les enfants de l'Église, recevront l'*Antéchrist*[18]. » Cela découle de « l'apostasie » (2 *Th* 2, 3) dont l'Apôtre a parlé au début de son épître. Saint Thomas pense qu'elle fera des ravages au sein même de l'Église. Contre ceux qui ne voyaient en elle que l'effondrement de l'empire romain, il affirme que cette apostasie sera surtout celle des enfants de l'Église « Nous disons que la séparation de l'empire romain doit être entendue, non pas seulement dans le sens temporel, mais dans le sens spirituel, c'est-à-dire *de l'apostasie de la foi catholique dans l'Église romaine*[19]. » C'est comme cela qu'il interprétait plus haut la parole du Christ sur « l'abomination de la désolation dans le lieu saint » (*Mt* 24, 15). La grande apostasie prophétisée par l'Apôtre concerne la perte de la foi théologale chez un grand nombre de chrétiens : « Cela n'est pas encore arrivé mais, le temps venu, un grand nombre se sépareront de la foi, etc. (1 *Tm* 4, 1) : "Dans les temps à venir, quelques-uns abandonneront la foi, etc."; (*Mt* 24, 12) : "La charité de beaucoup se refroidira"[20]. »

---

17. *In II Thess.*, cap. 2, lect. 1 (éd. Marietti, n° 40).
18. *Ibid.*
19. *Ibid.* (n° 35).
20. *Ibid.* (n° 34).

De même, pour saint Thomas, « ce qui retient » (2 *Th* 2, 6) encore l'Antéchrist, ce n'est pas l'empire romain, mais Dieu lui-même qui retarde jusqu'au jour fixé l'épreuve finale qui séparera les bons des méchants : « "Seulement, que Celui qui le retient maintenant", c'est-à-dire qui a suspendu jusqu'à ce moment la venue de l'Antéchrist et ne le laisse pas venir : comme s'il était nécessaire que quelques-uns viennent encore à la foi, et que quelques-uns s'en séparent[21]. » Saint Thomas s'explique sur ceux qui doivent venir à la foi et sur ceux qui s'en sépareront, quand il commente *Rm* 11, 15 :

> Si, dis-je, *[cette] perte [des juifs]* est occasionnellement *la réconciliation du monde*, en tant que par la mort du Christ nous sommes réconciliés avec Dieu, *que sera leur admission sinon une vie d'entre les morts ?* En d'autres termes, les juifs seront repris par Dieu, selon ce passage de Zacharie : « J'ai pris pour moi deux houlettes » (*Za* 11, 7)[22]. Que fera, dis-je, une telle admission, sinon de ressusciter les nations à la vie ? Car les nations sont des fidèles qui s'attiédissent : « Parce que l'iniquité aura abondé, la charité d'un grand nombre se refroidira » (*Mt* 24, 12). Ou encore, parce que ceux qui tomberont entièrement, trompés par l'Antéchrist, seront, après la conversion des juifs, rétablis dans leur première ferveur[23].

Il est frappant que saint Thomas rattache d'abord ce passage, non à la résurrection finale, mais au retour des nations déchristianisées à la vie théologale de la foi.

Saint Thomas voit ici, dans son interprétation de la prophétie de l'Apôtre sur la conversion finale des juifs, un tout dernier renversement avant la fin de l'histoire dans la dialectique paulinienne entre juifs et Gentils qui articule l'Épître aux Romains. Commentant la parole de saint Paul, « si leur faux pas a fait la richesse du monde et leur soustraction la richesse des Gentils, que ne fera leur totalité » (*Rm* 11, 12), il écrit : « *Combien plus leur plénitude*, c'est-à-dire leur abondance spirituelle,

---

21. *In II Thess.*, cap. 2, lect. 2 (n° 45).

22. Étonnante référence à une dualité entre juifs et Gentils dans l'unité du même Corps du Christ à travers cette citation de Zacharie qui ne s'imposait pas et que saint Thomas a néanmoins voulu placer ici pour signifier sans doute que la conversion des juifs au Christ ne signifie pas leur assimilation pure et simple parmi les chrétiens de la Gentilité. Surprenant pressentiment d'une ecclésiologie bilatérale, telle que Mark S. Kinzer l'appelle de ses vœux dans *Scrutant son propre mystère, Nostra Aetate*, le Peuple juif et l'identité de l'Église, « Sagesse et cultures », Paris, Parole et Silence, 2016. Si saint Jean-Paul II a pu parler des « deux poumons de l'Église » à propos des deux traditions orientale et occidentale, combien plus cette image doit-elle s'appliquer aux juifs et aux Gentils distincts et unis dans le même Corps du Christ ?

23. *In Rom.*, cap. 11, lect. 2 (éd. Marietti, n° 890).

ou leur multitude convertie à Dieu, fera-t-elle abonder les richesses des nations[24]. » Les nations chrétiennes, qui avaient cru remplacer les juifs comme peuple de Dieu (théologie de la substitution), en oubliant que « ce n'est pas [elles] qui porte[nt] la racine, mais [que] c'est la racine qui [les] porte » (*Rm* 11, 18) verront leur foi s'attiédir, jusque dans l'apostasie et le règne de l'Antéchrist, et ne revivront spirituellement que grâce à la conversion des juifs.

Selon une interprétation complémentaire de ce passage de saint Paul, ce renouvellement de la vie théologale dans la plénitude du Corps du Christ débouchera sur la résurrection finale : « De même qu'après le faux pas des juifs, les nations furent réconciliées de leurs anciennes inimitiés, ainsi, après la conversion des juifs, la fin du monde étant alors imminente, la résurrection générale aura lieu, et par elle les hommes, de morts qu'ils étaient, reviendront à la vie immortelle[25]. » Cette interprétation de saint Thomas annonce celle du *Catéchisme de l'Église catholique* : « L'entrée de la "plénitude des juifs" (*Rm* 11, 12) dans le salut messianique, à la suite de "la plénitude des païens" (*Rm* 11, 25)[26], donnera au Peuple de Dieu de "réaliser la plénitude du Christ" (*Ep* 4, 13) dans laquelle "Dieu sera tout en tous" (*1 Co* 15, 28)[27]. »

Sur la base de cette vision de l'économie divine dans son étape finale, saint Thomas peut mieux discerner la situation actuelle des juifs qui ne croient pas en Jésus. D'après lui, saint Paul enseigne que le « faux pas » (*Rm* 11, 11-12) des juifs, « qui n'ont pas trébuché pour tomber » (*Rm* 11, 11) et ne sont donc pas « rejetés par Dieu » (*Rm* 11, 1), n'a été ni universel, ni inutile, ni irréparable. Pas universel, parce qu'un « reste » de juifs demeure fidèle : « En ce temps aussi, où la multitude du peuple semble s'être écartée, *un reste, c'est-à-dire un grand nombre*, qui est resté au milieu de cette ruine, sera sauvé, ou a été sauvé selon l'élection de la grâce de Dieu, c'est-à-dire selon l'élection gratuite de Dieu : "Ce n'est pas vous qui m'avez choisi, mais c'est moi qui vous ai choisis" (*Jn* 15,

---

24. *In Rom.*, cap. 11, lect. 2 (n° 884).
25. *Ibid.* (n° 890).
26. Cf. *Lc* 21, 24. On remarquera cependant que saint Thomas va plus loin en disant que c'est la conversion des juifs qui ressuscitera la foi des chrétiens des nations.
27. *CEC*, n° 674. Comment ne pas évoquer ici ce qu'avait dit le cardinal Ratzinger à un groupe de juifs messianiques qui lui disaient être appelés à vivre *en juifs* leur foi en Jésus : « Si vous êtes ce que vous dites, vous êtes pour nous un signe eschatologique. »

16)[28]. » Saint Thomas fait allusion ici à l'Église apostolique de Jérusalem qui a été jusqu'à la seconde guerre juive de 135 une Église judéo-chrétienne. « Après avoir montré que la chute des juifs n'est pas universelle, poursuit saint Thomas, [l'Apôtre] entreprend de montrer ici que leur chute n'est ni inutile ni irréparable. [...] Ont-ils trébuché jusqu'à tomber ?, c'est-à-dire pour demeurer ainsi perpétuellement ? — "Est-ce que celui qui dort ne continuera pas à se relever ?" (*Ps* 40, 9)[29]. »

Le faux pas des juifs a été utile car il a été l'occasion de l'entrée des Gentils dans le salut : « Leur faux pas, dit Paul, a fait la richesse du monde et leur soustraction la richesse des Gentils » (*Rm* 11, 12). Et cela jusqu'à ce que le salut soit proposé à toutes les nations. Commentant la parole de Paul, « une partie d'Israël s'est endurcie jusqu'à ce que soit entrée la totalité des Gentils » (*Rm* 11, 25), saint Thomas écrit :

> [Saint Paul] indique le terme de cet aveuglement, en disant : « jusqu'à ce que soit entrée », à savoir dans la foi, « la plénitude des nations », c'est-à-dire non seulement quelques-unes d'entre les nations en particulier, comme celles qui s'étaient alors converties, mais que dans la totalité, ou au moins dans la plus grande partie, l'Église soit fondée. [...] Il faut noter que cette conjonction « jusqu'à ce que » peut désigner la cause de l'aveuglement des juifs. Car Dieu a permis qu'ils soient aveuglés pour que la plénitude des nations entre, comme on le voit d'après ce qui précède. Il peut aussi désigner le terme, à savoir que l'aveuglement des juifs durera jusqu'alors, jusqu'à ce que la plénitude des nations entre dans la foi. Et cette interprétation s'accorde avec ce que [l'Apôtre] ajoute ci-après à propos du remède futur des juifs, lorsqu'il dit : « alors », c'est-à-dire lorsque la plénitude des nations sera entrée, « tout Israël sera sauvé », non en partie comme jusqu'à maintenant, mais tous universellement : « Je les sauverai par le Seigneur leur Dieu » (*Os* 1, 7) ; « Il reviendra et il aura pitié de nous » (*Mi* 7, 19)[30].

Saint Thomas est conscient que l'annonce de la Bonne Nouvelle par l'Église est loin d'être achevée : « Cette prédication ne fut pas achevée au temps des Apôtres, de telle sorte que l'Église fût édifiée dans toutes les nations, ce qui doit s'accomplir avant la fin du monde[31]. »

---

28. *In Rom.*, cap. 11, lect. 1 (n° 871).
29. *Ibid.*, lect. 2 (n°ˢ 878-879).
30. *Ibid.*, lect. 4 (n° 915-916).
31. *Ibid.*, cap. 10, lect. 3 (n° 848).

Si le peuple juif comme tel, et non pas seulement des juifs indivi-
duellement, doit être réintroduit dans la plénitude, c'est qu'il continue à
être le Peuple de l'Élection reçue de Dieu par Abraham. Commentant la
parole de saint Paul, « si la racine est sainte, les branches aussi » (*Rm* 11,
16), il écrit : « Si donc les patriarches, qui sont la racine, sont saints,
les juifs, qui sont sortis d'eux comme des rameaux, sont également
saints[32]. » Puis, commentant la parole de saint Paul, « si toi, [Gentil], tu
as été retranché de l'olivier sauvage auquel tu appartenais par nature,
et greffé, contre nature, sur un olivier franc, combien plus, eux, les
branches naturelles, seront-ils greffés sur leur propre olivier » (*Rm* 11,
24), saint Thomas insiste sur leur dignité surnaturelle : « À combien
plus forte raison ceux qui [lui appartiennent] par nature, c'est-à-dire
ceux qui par leur origine naturelle appartiennent à la nation juive, seront-ils entés sur leur propre olivier, c'est-à-dire seront-ils ramenés à la
dignité de leur nation : "Il ramènera le cœur des pères aux fils, et le cœur
des fils à leurs pères" (*Ml* 4, 6)[33]. » Saint Thomas voit la conversion des
juifs dans ce qui fait sa singularité : en se convertissant au Christ en tant
qu'il est l'objet de « la foi des patriarches », c'est-à-dire de leurs pères,
ils coïncident mieux avec l'Élection divine qui fait leur propre identité.

Même si ici saint Paul parle de « branches naturelles », l'Élection est
bien un don surnaturel de Dieu, comme saint Thomas le précise tout de
suite, dans un des passages où il explique ce que l'on appelle la « puissance obédientielle » :

> Nous appelons naturel ce qui est produit par un agent auquel le patient
> (ce qui subit l'action) est naturellement soumis, même si ce qui est produit
> n'est pas conforme à la nature du patient. C'est ainsi que le flux et le reflux
> de la mer sont naturels, puisqu'ils ont pour cause le mouvement de la lune,
> auquel l'eau est naturellement soumise, bien qu'ils ne soient pas naturels se-
> lon la forme de l'eau. De même, toute créature étant naturellement soumise
> à Dieu, tout ce que Dieu fait dans la créature est naturel absolument parlant,
> bien que cela ne soit peut-être pas naturel eu égard à la nature propre et
> particulière de la créature sur laquelle son action s'accomplit : par exemple
> un aveugle qui recouvre la lumière ou un mort qui ressuscite[34].

---

32. *In Rom.*, cap. 11, lect. 2 (n° 892).
33. *Ibid.*, lect. 3 (n° 911).
34. *Ibid.* (n° 910).

Pour saint Thomas, comme pour saint Paul qu'il commente, l'Élection d'Israël est un « don de Dieu sans repentance » (*Rm* 11, 29). C'est cette fidélité de Dieu qui assure la permanence d'Israël.

> Lorsque [saint Paul] dit : « Car les dons et l'appel de Dieu sont sans repentance etc. », [l'Apôtre] écarte une objection. En effet, on pourrait objecter en disant que les juifs, bien qu'autrefois très aimés [de Dieu] à cause de leurs pères, étaient cependant empêchés d'être sauvés dans l'avenir, à cause de l'inimitié dont ils faisaient preuve contre l'Évangile. Mais l'Apôtre affirme que cette objection est erronée, en disant : « Car les dons et l'appel de Dieu sont sans repentance », autrement dit quand Dieu donne aux uns ou qu'il appelle les autres, c'est sans repentance, parce que Dieu ne s'en repent pas, selon ce passage du premier livre des Rois : « Le triomphateur en Israël n'épargnera point et il ne sera pas touché de repentir » (*1 S* 15, 29). [Et selon ce verset d'un psaume] : « Le Seigneur l'a juré et il ne s'en repentira point » (*Ps* 109, 5)[35].

Saint Thomas comprend la conversion des juifs comme la conversion baptismale qui ne nécessite pas de la part du baptisé l'aveu des fautes passées : « On peut encore comprendre ce qu'on vient de dire d'une autre manière. Nous disons que les dons de Dieu accordés dans le baptême et l'appel par lequel le baptisé est appelé à la grâce sont sans repentance du côté de l'homme baptisé. [L'Apôtre] parlerait ainsi pour qu'on ne désespère pas du salut futur des juifs, étant donné qu'ils ne semblent pas se repentir de leur péché[36]. » C'est parce qu'il ne désespère pas du salut des juifs que saint Paul, en travaillant à leur salut, « honore son ministère » (*Rm* 11, 13), ce que saint Thomas explique ainsi : « En s'appliquant [à travailler] à leur salut, il honorait son ministère, ministère qu'il n'aurait point entrepris, s'il avait regardé leur chute comme irréparable. Donc le zèle apostolique qu'il déployait en vue de la conversion des juifs, il l'indique comme une preuve que la chute des juifs est réparable[37]. »

Aux yeux de saint Thomas la permanence de l'Élection d'Israël, même chez les juifs qui ne croient pas en Jésus, est fondée sur la fidélité de Dieu, mais a à voir aussi avec leur fidélité à la Loi. L'étude de Matthew A. Tapie mentionnée au début de cet article a montré des différences d'accent dans l'appréciation de la loi mosaïque par saint Thomas. Quand il commente les Épîtres aux Galates et aux Hébreux, il a une

---

35. *In Rom.*, cap. 11, lect. 4 (n° 924).
36. *Ibid.* (n° 927).
37. *Ibid.*, lect. 2 (n° 889).

appréciation très négative : la loi mosaïque est morte, elle est mortelle et elle est mortifère. C'est contestable d'un point de vue biblique, car on a aujourd'hui beaucoup mieux pris conscience que le refus par saint Paul des observances juives dans l'Épître aux Galates s'applique, non aux juifs devenus disciples de Jésus, mais aux païens convertis, c'est-à-dire aux Gentils dont les judaïsants voulaient faire des prosélytes par la circoncision et l'observance intégrale de la loi mosaïque. Saint Paul n'a jamais dit que les juifs croyant au Christ devaient cesser de pratiquer la loi mosaïque.

Or, saint Thomas a senti quelque chose de cela, en particulier dans son commentaire de l'Épître aux Éphésiens où la Loi apparaît comme morte (ne donnant plus le salut), mais non mortifère, c'est-à-dire nuisible pour le fidèle du Christ. Bien plus, dans son commentaire de l'Épître aux Romains elle apparaît comme étant, pour les juifs qui ne croient pas en Jésus, un élément de continuité dans leur Élection. Il se pose la question de savoir quand exactement la loi mosaïque est devenue caduque. Ce n'est certainement pas à la Pentecôte, puisque la communauté de Jérusalem a continué à fréquenter le Temple. Ce n'est même pas avec la chute du Temple, puisque le courant judéo-chrétien a longtemps gardé ces observances. Ce n'est qu'au ve siècle que saint Jérôme et saint Augustin interdisent toute pratique mosaïque aux chrétiens du fait qu'ils considèrent cette loi non seulement comme morte mais comme mortifère pour leurs fidèles désormais tous issus de la Gentilité. Saint Thomas reprendra ce jugement dans son commentaire des Galates.

Toutefois, dans son *Commentaire des Romains*, saint Thomas se montre plus gêné pour être aussi catégorique, car dans le cas du peuple juif « incrédule », qui reste quand même « élu » par un don et un appel surnaturel de Dieu, comment dire que pour lui la loi mosaïque est morte, mortelle et mortifère, alors que c'est ce qui le rattache à ses pères ? Dans son commentaire sur les cinquante premiers psaumes, il écrit : « Concernant la [fin de la non-croyance au Christ des juifs], le psaume parle du désert de *Cadès*, mot qui veut dire saint de la Loi ; car *les juifs sanctifiés par le législateur se convertiront à la fin du monde*[38]. » Il semble donc que saint Thomas voie pour eux encore un élément de sanctification dans la loi mosaïque. Cela va sans doute de pair avec ce

---

38. S. Thomas d'Aquin, *In Psalmos Davidis expositio*, Psalm. 28, 7 (éd. Parme, t. 14, 1863, p. 246).

que nous avons remarqué plus haut chez lui : l'Évangile est loin d'avoir été proclamé partout.

Le rapport à l'eschatologie a permis à saint Thomas de situer le statut des juifs qui ne croient pas au Christ dans une perspective plus nuancée que celle de la pure théologie de la substitution, qui domine de manière plus écrasante dans les écrits des Pères de l'Église. Parlant des sens spirituels de l'Écriture dans sa *Question quodlibétale VII*, il fait cette remarque très significative à propos du sens anagogique comparé au sens typologique ou typique, qu'il appelle aussi allégorique :

> L'état de l'Église est intermédiaire entre l'état de la Synagogue et l'état de l'Église triomphante. L'Ancien Testament fut donc figure du Nouveau, mais l'Ancien simultanément avec le Nouveau (*simul cum Novo*) sont figures des réalités célestes. Le sens spirituel ordonné à une foi droite peut donc ainsi se fonder sur la manière de figurer selon laquelle l'Ancien Testament figure le Nouveau, et ainsi il s'agit du sens allégorique ou typique, selon lequel ce qui est arrivé dans l'Ancien Testament est interprété du Christ et de l'Église ; ou il peut se fonder sur la manière de figurer selon laquelle *le Nouveau Testament et l'Ancien figurent ensemble l'Église triomphante*, et ainsi il s'agit du sens anagogique[39].

Autrement dit, tout est accompli dans le Christ venu, mais tout n'est pas achevé[40]. Quant à cet achèvement eschatologique, il ne peut pas se faire sans Israël. Saint Thomas a vu cela et, tout en honorant dans son *Commentaire des Galates* la prise de position de saint Jérôme et de saint Augustin contre la soumission des chrétiens de Gentilité à la loi mosaïque, en commentant l'Épitre aux Romains, il a vu la Loi comme liée pour les juifs à leur permanence dans le dessein divin.

fr. Jean-Miguel GARRIGUES, o.p.

---

39. S. THOMAS D'AQUIN, *Quodlibet VII*, q. 6, a. 2 (éd. Léonine, t. 25/1, Rome-Paris, 1996, p. 30-31).

40. Qu'il me soit permis de renvoyer à mon article « L'inachèvement du salut, composante essentielle du temps de l'Église », *Nova et Vetera* 71 (1996/2), p. 13-29, repris dans ID., *Le Peuple de la première Alliance*, Approches chrétiennes du mystère d'Israël, « Théologies », Paris, Cerf, 2011.

Résumé. — Le rapport à l'eschatologie a permis à saint Thomas de situer le statut des juifs qui ne croient pas au Christ dans une perspective plus nuancée que celle de la pure théologie de la substitution, qui domine de manière plus écrasante dans les écrits des Pères de l'Église. Pour lui, si tout est accompli dans le Christ, tout n'est pas achevé. Quant à cet achèvement eschatologique, il ne peut pas se faire sans Israël. Saint Thomas compris cela et, tout en honorant dans son *Commentaire des Galates* la prise de position de saint Jérôme et de saint Augustin contre la soumission des chrétiens de la Gentilité à la loi mosaïque, en commentant les *Romains* il a vu la Loi comme liée pour les juifs à leur permanence dans l'élection divine.

Abstract. — The connection to eschatology allowed St. Thomas to locate the status of Jews who do not believe in Christ in a more nuanced perspective than that of a pure supersessionist theology, which dominates more overwhelmingly in the writings of the Fathers of the Church. For him, if everything is accomplished in Christ, all is not completed. As for this eschatological completion, it cannot be done without Israel. St. Thomas understood this and, while honoring in his *Commentary on Galatians* the stance of St. Jerome and of St. Augustine against the submission of the Christians from Gentility to the Mosaic law, commenting on Romans, he saw the law as related for the Jews to their permanence in the divine election.

*Le **fr. Jean-Miguel Garrigues** est dominicain du couvent de Toulouse. Après une thèse sur Maxime le Confesseur, parue en 1976, il a publié de nombreux livres de théologie. Il enseigne la théologie au Studium des dominicains à Toulouse et dans plusieurs centres de formation religieuse et sacerdotale.*

L'eschatologie à partir des données sacramentelles

INTRODUCTION

L'ESCHATOLOGIE désigne deux questions bien distinctes : l'événement de la fin, le retour glorieux du Christ avec la transformation complète qu'il apportera, et la relation du temps actuel à cet avènement final. C'est ce deuxième sens que nous retenons ici. Ce temps présent, depuis l'Incarnation et le mystère pascal, mérite bien d'être qualifié d'eschatologique : le temps qui a commencé avec la première venue du Christ et qui s'achèvera à sa seconde et finale venue est tout ordonné à la fin (à l'*eschaton*)[1]. L'expression liturgique, en particulier du temps de l'Avent, allie ainsi strictement les trois dimensions du temps en distinguant la venue passée du Christ dans le sein de la Vierge, la venue présente dans le cœur des fidèles et la venue pour le jugement final.

Nous nous proposons de voir comment saint Thomas a pensé cette alliance des trois dimensions du temps à partir des données d'abord sacramentelles en montrant la cohérence avec d'autres aspects de la sotériologie.

---

1. C'est l'objet du chapitre 7 de la constitution *Lumen gentium*, intitulé *De indole eschato-logica Ecclesiae peregrinantis eiusque unione cum Ecclesia coelesti*, qui affirme notamment : « Iam ergo fines saeculorum ad nos pervenerunt (cf. *1 Co* 10, 11) et renovatio mundi irre-vocabiliter est constituta atque in hoc saeculo reali quodam modo anticipatur » (n° 48, § 3).

RT 116 (2016), p. 193-209

A. — Le temps sacramentel

Dès les *Sentences*, saint Thomas reconnaît la triple dimension du signe sacramentel. Ce signe renvoie à la cause de la sanctification qui est la Passion du Christ (*signum rememorativum*), à l'effet actuel de grâce dans le sujet récepteur (*signum demonstrativum*) et à la finalité de la sanctification présente qui est la gloire à venir (*signum prognosticum*)[2]. Il est précisé à ce sujet que la signification *principale* est celle du *signum demonstrativum*, c'est-à-dire la manifestation du don *présent* de la grâce[3]. Cette présentation est reprise dans la *Somme de théologie*; *signum rememorativum* : la *cause* de notre sanctification qu'est la Passion du Christ; *signum demonstrativum* : la perfection formelle de notre sanctification qu'est la grâce; *signum prognosticum* : la perfection finale de notre sanctification qu'est la gloire[4]. Saint Thomas précise la centralité de la signification du don présent de la grâce en disant que la *ratio sacramenti* réside dans la signification de la perfection qu'est la forme[5]. Il y a une nette et constante accentuation, non pas sur le mystère passé du Christ ni sur la tendance eschatologique, mais sur le don présent de la grâce.

Cette triple signification n'est cependant pas ambiguë parce que, souligne saint Thomas, les trois signifiés sont unifiés par l'ordre qui les relie[6]. Cet ordre est manifeste; c'est celui qui place la cause avant son effet, ce dernier étant double : présent et futur[7].

À partir de là, une question décisive est posée. Si l'on tient que les sacrements effectuent ce qu'ils signifient (*efficiunt quod figurant*), cette effectuation concerne-t-elle les trois significations — passé, présent et futur —, ou bien doit-elle être limitée à la signification démonstrative du don présent de la grâce[8]? Pour répondre à cette interrogation, nous

---

2. *In IV Sent.*, dist. 1, a. 1, ad 4.

3. *Ibid.* : « Haec significatio [demonstrativa] est eis principalis. »

4. *Sum. theol.*, *III*ᵃ, q. 60, a. 3, c.

5. *Ibid.*, ad 3 : « Sufficit ad rationem sacramenti quod significet perfectionem quae est forma. »

6. *Ibid.*, ad 1 : « Sacramentum significat tria praedicta secundum quod quodam ordine sunt unum. »

7. *Ibid.*, ad 2 : « Sacramentum in hoc quod significat rem sanctificantem, oportet quod significet effectum qui intelligitur in ipsa causa sanctificante prout est causa sanctificans. »

8. La réponse la plus commune à cette question est donnée par A.-M. Roguet dans les annotations à l'édition de la *Somme de théologie* dite de *La Revue des Jeunes*, *Les sacrements*, 3ᵃ, Questions 60-65, Paris, Desclée, ²1951, note 12 [sur *III*ᵃ, q. 60, a. 3, c.], p. 205 : « Évidemment le sacrement signifie premièrement l'effet qu'il produit présentement : c'est seulement cette signification qui est visée par l'adage "les sacrements produisent ce qu'ils signifient". Les

proposons d'envisager quelques questions particulières de sotériologie qui illustrent le temps proprement chrétien.

1. Le rapport du passé au présent

La liturgie offre des expressions très suggestives de ce rapport. Les textes des messes célébrant les grandes fêtes de l'année liturgique, en particulier les collectes et les préfaces, sont rédigés de façon à faire saisir l'unité entre l'événement passé et la célébration présente. La liturgie affirme que le mystère *passé* est *présent dans la célébration aujourd'hui*, manifestant ainsi l'unité de la double perspective historique et actuelle du mystère du salut[9].

Trois données majeures pourront illustrer le fait que l'Incarnation a changé la nature du temps postérieur à elle : par le mystère du Christ, on est passé d'un temps « commun » et d'une certaine façon « ponctuel » (une succession d'instants qui éloigne sans cesse un événement passé du moment présent) à ce que nous proposons d'appeler un temps « continu » (la permanence d'un fait passé).

a) L'actualité de l'Écriture Sainte qui est la Tradition

On connaît la doctrine des divers sens de l'Écriture qui est un bien commun de la patristique. Pour notre sujet, il convient de rappeler la primauté du sens littéral qui est ce que l'Auteur sacré a voulu dire. Les Pères, et après eux les médiévaux, ont appelé ce sens littéral le sens *historique* : il rapporte des événements passés qui recèlent un sens présent, le sens *mystique* révélant le *mystère* qui parcourt les temps[10]. Cette pro-

---

deux autres significations sont secondaires, dérivées, et relèvent plutôt du symbolisme que de la signification proprement dite. Mais il faut en tenir compte pour garder à la notion de sacrement toute son ampleur. » C'est cette perception « classique » qui nous semble insuffisante.

9. Voir par exemple : « Deus, qui hanc sacratissimam noctem veri luminis fecisti illustratione clarescere… » (collecte de la messe de la nuit de Noël) ; « Deus, qui hodierna die [...] revelasti… » (collecte de la messe de l'Épiphanie) ; « Hac sacratissima nocte in qua Dominus noster Iesus Christus de morte transivit… » (monition d'introduction à la Vigile pascale). On notera l'alliance de l'expression d'un présent (par exemple *hodierna die*) avec l'expression d'un passé (par exemple *revelasti*), là où la concordance des temps demanderait normalement soit deux verbes au présent, soit deux verbes au passé.

10. Cf. par exemple, GRÉGOIRE LE GRAND, *Homiliarum in Ezechielem prophetam*, Lib. I, Hom. 6, 3 (*PL* 76, col. 829c) : « [Le lecteur actuel] s'élève de l'histoire au mystère » ; pour les médiévaux, cf. S. THOMAS D'AQUIN, *Sum. theol.*, I^a, q. 1, a. 10, c. (sens historique ou littéral distingué du sens second spirituel).

fonde unité fonde l'unité entre l'Écriture et la Tradition. La constitution *Dei Verbum* la présente de la façon suivante :

> [Par cette Tradition] les Saintes Écritures sont plus profondément comprises dans l'Église et sont constamment *rendues actives*. Ainsi, Dieu qui parla jadis, ne cesse de converser avec l'Épouse de son Fils bien-aimé, et l'Esprit Saint par qui la voix vivante de l'Évangile retentit dans l'Église et par elle dans le monde, introduit les croyants dans la vérité tout entière et fait que la parole du Christ réside en eux abondamment (*Col* 3, 16)[11].

Autrement dit, « cette Parole qui a résonné jadis [...] reste présente parmi nous dans l'Écriture, grâce à l'Esprit qui l'habite[12] ». Cette continuité de la Parole la fait sortir de l'histoire pure et simple dans laquelle elle ne serait qu'une parole passée, pour la faire entrer dans une perspective de *mystère*, c'est-à-dire d'actualité. Cette théologie de l'histoire allie la dimension passée qui est fondatrice à la dimension constamment présente en laquelle réside la vraie richesse divine de la parole dite autrefois qui continue à être dite ou qui se déploie de quelque manière.

b) Les missions visibles du Fils et de l'Esprit

Ce qui vient d'être relevé à propos de l'actualité des Écritures doit être fondé encore plus profondément. Nous pouvons le montrer en remontant aux sujets agissants, les deux Personnes divines envoyées pour notre salut. La théologie des missions du Fils et de l'Esprit est ici singulièrement éclairante[13]. Il convient d'abord de préciser leur caractère *temporel*[14] : le Fils ou l'Esprit sont envoyés en ce monde aux hommes pour leur salut ; les Personnes divines envoyées réalisent ainsi, dans les créatures, un nouveau mode de présence qui s'inscrit nécessairement dans le temps de sa réception par le sujet. Ensuite, il faut déterminer le caractère *visible* ou *invisible* de ces missions. La mission *temporelle visible* du Fils se réalise à son Incarnation et se déploie tout au long de

---

11. Concile Vatican II, *Dei Verbum*, n° 8, § 3.

12. Ignace de La Potterie, « L'interprétation de la Sainte Écriture dans l'esprit où elle a été écrite (*DV* 12, 3) », dans *Vatican II, bilan et perspectives*, Vingt-cinq ans après (1962-1987), vol. 1, Sous la direction de René Latourelle, Montréal, Éditions Bellarmin / Paris, Cerf, 1988, p. 235-276 [p. 266].

13. Nous renvoyons ici pour de plus amples développements à notre étude « De l'actualité des missions *visibles* du Fils et de l'Esprit », *RT* 113 (2013), p. 399-410.

14. Cf. *Sum. theol.*, I*ᵃ*, q. 43, a. 2.

sa vie terrestre[15]. La mission *temporelle visible* de l'Esprit s'accomplit à la Pentecôte et constitue le corps apostolique chargé de communiquer le salut, fruit du mystère pascal. Il est assuré que ces deux missions visibles sont les seules, et qu'il n'y en aura pas d'autres ; elles sont, de quelque façon, constitutives du salut obtenu et donné *une fois pour toutes*. Faut-il alors penser qu'après le temps historiquement passé de l'œuvre du salut, la communication de ses fruits fera l'objet des missions *invisibles* des Personnes divines envoyées ? Un texte de saint Thomas semble le dire :

> Par le don de la grâce sanctifiante (*gratum facientis*) la créature raison-nable est perfectionnée pour non seulement user librement du don créé lui-même, mais encore pour jouir de la divine Personne elle-même. Et c'est pourquoi la *mission invisible* a pour objet le don de la grâce sanctifiante, et cependant la Personne divine elle-même est donnée[16].

Il nous semble cependant que saint Thomas invite à aller plus loin. En effet, lorsque la grâce sanctifiante est donnée par les sacrements, celle-ci devient la grâce *sacramentelle* qui est plus riche que la grâce sanctifiante communément dite[17] et qui est donnée visiblement. Quelle est cette visibilité ? La visibilité des sacrements tient à ce qu'ils sont formellement des *signes*. Signes d'abord de Celui qui agit comme agent principal, Dieu, et de Celui qui agit comme agent instrumental, l'humanité assumée par le Verbe. Cette relation complexe des deux causes ordonnées est exposée par saint Thomas de la façon suivante :

> Le Verbe, selon qu'il est dès le commencement auprès de Dieu, vivifie les âmes en tant qu'agent principal ; cependant *sa chair et les mystères accomplis en elle* opèrent instrumentalement pour la vie de l'âme[18].

Ce sont par conséquent et l'humanité du Christ et les actes sauveurs accomplis par elle (les mystères) que les sacrements à titre de signes signifient comme actuellement présents et communiquant leur vertu. La visibilité sacramentelle est, à notre avis, la visibilité de la mission

---

15. Gilles EMERY, *La Trinité*, Introduction théologique à la doctrine catholique sur Dieu Trinité, « Initiations », Paris, Cerf, 2009, p. 187.

16. *Sum. theol.*, I*ᵃ*, q. 43, a. 3, ad 1. On comprend, c'est précisé à l'ad 2, que le don de la grâce créée est dispositif au don de la grâce incréée, la Personne divine.

17. *Ibid.*, III*ᵃ*, q. 62, a. 2, c. et ad 1.

18. *Ibid.*, a. 5, ad 1. L'article répond à la question : « Les sacrements de la Loi nouvelle tiennent-ils leur vertu de la Passion du Christ ? » Il s'agit pour saint Thomas de montrer que l'humanité du Christ et les actes sauveurs accomplis autrefois sont actuellement opérants dans les sacrements. Ceci se vérifie à un titre tout particulier pour l'Eucharistie comme nous le montrerons *infra*.

continue du Verbe en sa chair, laquelle ne peut être séparée de la visibilité de la mission de l'Esprit, Celui-ci étant envoyé et reçu également par les sacrements, c'est-à-dire par le Christ agissant visiblement dans les sacrements.

Il nous semble que certaines mentions du *Catéchisme de l'Église catholique* peuvent être comprises en ce sens :

> La mission du Christ et de l'Esprit Saint s'accomplit dans l'Église, Corps du Christ et Temple de l'Esprit Saint. Cette mission conjointe associe désormais les fidèles du Christ à sa communion avec le Père dans l'Esprit Saint [...]. Ainsi la mission de l'Église ne s'ajoute pas à celle du Christ et de l'Esprit Saint, mais elle en est le sacrement[19].

> Jésus est l'Envoyé du Père. Dès le début de son ministère, Il « appela à Lui ceux qu'Il voulut, et Il en institua Douze [...] ». [...] En eux continue sa propre mission : « Comme le Père M'a envoyé, Moi aussi Je vous envoie » (*Jn* 20, 21). Leur ministère est donc la continuation de sa propre mission : « Qui vous accueille, M'accueille », dit-il aux Douze (*Mt* 10, 40). Jésus les unit à sa mission reçue du Père[20].

L'intérêt de la théologie des missions visibles, à l'inverse des missions invisibles qui ont lieu dans le secret de l'âme fidèle, est de manifester ce que l'on peut appeler « l'Incarnation continuée » et aussi « la Pentecôte permanente » dont vit l'Église[21], c'est-à-dire ce rapport du passé au présent, cette « continuité » qui fait que l'événement passé est présent. Par là, faisant le lien avec l'Écriture et la Tradition, on peut entendre au sens fort cette mention de Vatican II : « [Le Christ] est là présent dans sa parole car c'est lui qui parle lorsqu'on lit dans l'Église les Saintes Écritures[22]. »

c) Le mystère eucharistique[23]

Le mystère eucharistique a ceci de spécifique par rapport aux six autres sacrements, qu'en lui ce n'est pas seulement la grâce qui est conte-

---

19. *Catéchisme de l'Église catholique* [en abrégé : *CEC*], nᵒˢ 737-738.
20. *Ibid.*, nᵒˢ 858-859.
21. Cf. notre étude, citée *supra*, « De l'actualité... », p. 405 s.
22. CONCILE VATICAN II, Constitution *Sacrosanctum Concilium*, nᵒ 7.
23. Cf. notre étude « La présence dans les saints mystères : Réflexions à propos du *présent* christologique de l'Eucharistie », RT 104 (2004), p. 395-419.

nue pour être donnée, mais l'Auteur même de la grâce, le Christ[24]. Les négations protestantes ont conduit les catholiques à mettre l'accent sur le mode de présence « vraie, réelle et substantielle » du Christ sous les espèces du pain et du vin[25] et sur l'action que le Christ présent accomplit, son sacrifice[26]. Le réalisme eucharistique est celui d'une présence dans une action. Au sujet de l'action, le sacrifice du Christ, la question posée est redoutable : comment un acte passé (le sacrifice sous Ponce Pilate) peut-il être présent dans chaque célébration sacramentelle ? Nous avons proposé une explication à ce sujet[27]. Le mystère du Verbe incarné unit de la façon la plus étroite la Personne divine à une nature humaine. La conséquence pour l'humanité ainsi assumée est sa présence et son agir couvrant tout le temps restant à parcourir jusqu'à la parousie sur le mode sacramentel. Le sacrifice de la Croix est à la fois un acte ponctuel situé dans le passé, sous Ponce Pilate, et un acte « continu », c'est-à-dire présent *mystice* à chaque célébration sacramentelle.

Quoi qu'il en soit de la proposition, il reste que nous devons tenir dans la foi que chaque célébration eucharistique réalise la présence du Christ immolé, c'est-à-dire cette « connexion » passé-présent que nous proposons d'appeler « l'historicité continue » du mystère pascal.

Le magistère actuel reprend mot pour mot l'enseignement du concile de Trente :

> Le sacrifice du Christ et le sacrifice de l'Eucharistie sont *un unique sacrifice* : « C'est une seule et même victime, c'est le même qui offre maintenant par le ministère des prêtres, qui s'est offert Lui-même alors sur la Croix. Seule la manière d'offrir diffère » : « Dans ce divin sacrifice qui s'accomplit à la messe, ce même Christ, qui s'est offert Lui-même une fois de manière sanglante sur l'autel de la Croix, est contenu et immolé de manière non sanglante »[28].

---

24. *Sum. theol., III^a*, q. 73, a. 1, ad 3 ; a. 5, ad 2 ; q. 75, a. 1, c.

25. Cf. CONCILE DE TRENTE, Session XIII, chap. 1 (*Denz.*, n° 1651) ; *CEC*, n° 1374.

26. Cf. CONCILE DE TRENTE, Session XXI, chap. 2 (*Denz.*, n° 1743) ; *CEC*, n° 1367.

27. Nous renvoyons à notre étude « La présence dans les saints mystères… », en particulier p. 413-416.

28. *CEC*, n° 1367. On peut ajouter les mentions suivantes de l'encyclique *Ecclesia de Eucharistia* (*AAS* 95, 7 juillet 2003, p. 440) : « Dans ce don [de l'Eucharistie], Jésus-Christ confiait à l'Église l'actualisation permanente du mystère pascal. Par ce don, il instituait une mystérieuse "contemporanéité" entre le *Triduum* et le cours des siècles » (n° 5) ; « celle-ci [l'Eucharistie] ne reste pas enfermée dans le passé, puisque "tout ce que le Christ est, et tout ce qu'il a fait et souffert pour tous les hommes, participe de l'éternité divine et transcende ainsi tous les temps…" [*CEC*, n° 1085]. Quand l'Église célèbre l'Eucharistie, mémorial de

2. Le rapport du présent au futur eschatologique

a) La grâce et la gloire

En termes bibliques, la grâce constitue les arrhes de la gloire (2 Co 1, 22 et 5, 5 ; Ep 1, 14). Saint Thomas lisait dans la Vulgate en Ep 1, 14, de même qu'en 2 Co 1, 22 et 5, 5, non pas arrhes (*arra*) mais gage (*pignus*). Commentant Ep 1, 14 (« [l'Esprit Saint] gage de notre héritage, de l'acquisition par la rédemption »), saint Thomas fait appel à la Glose qui donne un texte qu'il estime meilleur et qui porte *arra* et non *pignus,* et expose :

> ...arrhes est bien meilleur parce que le gage est autre chose que la chose pour laquelle il est donné et doit être rendu quand la chose donnée est restituée. Les arrhes, quant à elles, ne sont pas une autre chose que la chose pour laquelle elles sont données, et ne doivent pas être restituées parce qu'elles sont le prix de la chose qui doit être non restitué mais complété. Dieu nous a donné la charité comme gage, par l'Esprit Saint qui est l'Esprit de vérité et d'amour. Et c'est pourquoi ce gage n'est pas autre chose qu'une certaine particulière et imparfaite participation de la charité divine qui n'est pas à enlever mais à parfaire, et c'est pourquoi il est bien mieux de dire arrhes que gage[29].

Il convient cependant de faire droit à une donnée qui précise les choses : si de la grâce à la gloire, la charité ne passera pas, la foi et l'espérance cependant cesseront. De là, le terme d'arrhes convient bien à la charité en ce monde, et le terme de gage convient à la foi et à l'espérance

la mort et de la résurrection de son Seigneur, cet événement principal du salut est rendu réellement présent et ainsi "s'opère l'œuvre de notre rédemption" [*Lumen gentium*, nº 3]. Ce sacrifice est tellement décisif pour le salut du genre humain que Jésus Christ ne l'a accompli et n'est retourné vers le Père *qu'après nous avoir laissé le moyen d'y participer* comme si nous y avions été présents » (nº 11) ; « l'Église vit continuellement du sacrifice rédempteur, et elle y accède non seulement par un simple souvenir plein de foi, mais aussi par un contact actuel, car *ce sacrifice se rend présent*, se perpétuant sacramentellement, dans chaque communauté qui l'offre par les mains du ministre consacré. [...] En effet, "le sacrifice du Christ et le sacrifice de l'Eucharistie sont *un unique sacrifice*" [*CEC*, nº 1367] » (nº 12).

29. *In Ephes.*, cap. 1, lect. 5 [v. 4] (éd. Marietti, nº 43) : « Sed, ut dicitur in Glossa, alia littera habet : *Qui est arra haereditatis*, et forte melius, quia pignus est aliud a re pro qua datur, et redditur postquam ille, qui pignus recipit, rem sibi debitam recipit. Arra autem non est aliud a re pro qua datur, nec redditur ; quia datur de ipso pretio, quod non est auferendum, sed complendum, Deus autem dedit nobis charitatem tamquam pignus, per Spiritum Sanctum, qui est Spiritus veritatis et dilectionis. Et ideo huiusmodi non est aliud quam quaedam particularis et imperfecta participatio divinae charitatis et dilectionis, quae quidem non est auferenda, sed perficienda, ideo magis proprie dicitur arra quam pignus. »

qui cesseront dans la vision béatifique[30]. Ces mentions font droit à la fois à l'élément de continuité entre l'état de grâce et l'état de gloire, ainsi qu'à l'aspect de discontinuité.

Un autre exemple peut être donné par l'expression « baptême de la gloire[31] ». Si le baptême reçu par Jésus préfigure d'abord sa Passion (*Lc* 12, 50; *Mc* 10, 37-40), il est ainsi tout ordonné à la résurrection. Le baptême reçu du Christ donne accès à la grâce et par elle à la gloire. La glorification est l'accomplissement de la grâce baptismale[32].

L'exemple de la charité qui ne passera pas mais atteindra sa perfection permet une compréhension plus précise du rapport du présent au futur. De façon générale, le temps présent de la grâce est le temps de la tendance vers la perfection de la gloire[33]. Quelle est la différence d'état entre la grâce et la gloire dans le sujet? Saint Thomas, s'agissant de la charité, répond en distinguant l'état de perfection propre à la patrie qui consiste à être toujours en acte *in Deum*, de la tendance propre à cette terre qui est de posséder l'habitus de la tendance *in Deum* qui évite ce qui est contraire à l'amour de Dieu, sans pour autant être toujours en acte[34]. Cette différence entre l'habitus seul et l'habitus toujours en acte éclaire à la fois la continuité grâce-gloire (le même habitus) et la perfection propre à la gloire (habitus toujours en acte)[35].

---

30. Cf. *In Ephes.*, cap. 1, lect. 5 [v. 4] (n° 43) : : « Tamen potest nihilominus et pignus dici. Nam per Spiritum Sanctum Deus nobis diversa dona largitur, quorum quaedam manent in patria, ut charitas quae nunquam excidit (*1 Co* 13, 8); quaedam vero propter sui imperfectionem non manent, sicut fides et spes, quae evacuabuntur ut ibidem dicitur [v. 13]. Sic ergo Spiritus Sanctus dicitur arra per respectum ad ea quae manent, pignus vero per respectum ad ea quae evacuabuntur. »

31. S'agissant de l'insistance de Jésus pour être baptisé par Jean-Baptiste en *Mt* 3, 15, saint Thomas met dans la bouche du Christ les paroles suivantes adressées à Jean-Baptiste : « Quand je revêts une forme d'esclave, il me faut remplir un humble office; quand j'apparaîtrai glorieux, alors je te baptiserai d'un baptême de gloire » (*In Matth.*, cap. 3, lect. 2 [éd. Marietti, n° 293]).

32. Sur cette expression baptême de la gloire, voir Étienne DUMOULIN, *La Théologie du baptême d'après saint Thomas d'Aquin*, « Sed contra », Paris, Desclée de Brouwer, 2014, p. 204-206.

33. Cf. *Sum. theol.*, II^a-II^{ae}, q. 44, a. 6, c. : « Praeceptum aliquod dupliciter impleri potest : uno modo, perfecte; alio modo, imperfecte. Perfecte quidem impletur praeceptum quando pervenitur ad finem quem intendit praecipiens; impletur autem, sed imperfecte, quando, etsi non pertingat ad finem praecipientis, non tamen receditur ab ordine ad finem. »

34. Cf. *ibid.*, a. 4, ad 2 : « Dupliciter contingit ex toto corde Deum diligere. Uno quidem modo, in actu, idest ut totum cor hominis semper actualiter in Deum feratur. Et ista est perfectio patriae. Alio modo, ut habitualiter totum cor hominis in Deum feratur; ita scilicet quod nihil contra Dei dilectionem cor hominis recipiat. Et haec est perfectio vitae. »

35. C'est cette même distinction entre l'habitus et l'acte de l'habitus, qui permet à saint Thomas de concilier deux mentions de l'Écriture que l'on pourrait opposer : le Christ « plein

b) Le Royaume de Dieu

La traduction ecclésiologique du rapport grâce-gloire se voit claire-ment dans le thème du Royaume de Dieu. Donnant les clefs du Royaume des Cieux à Pierre (*Mt* 16, 19), le Christ manifeste que ce Royaume est « déjà là », bien que « pas encore » dans sa perfection finale (*Mt* 25, 34). Saint Thomas comprend le Royaume comme le lieu où s'exerce la pro-vidence divine, soit qu'elle conduise les hommes à leur fin, soit qu'elle conserve les hommes dans la fin atteinte : « ...le Royaume de Dieu si-gnifie par antonomase deux choses : d'une part la communauté de ceux qui marchent dans la foi, et en ce sens c'est l'Église militante qui est le Royaume de Dieu ; d'autre part l'assemblée de ceux qui sont déjà parve-nus définitivement à la fin, et en ce sens c'est l'Église triomphante qui est le Royaume de Dieu[36]. »

Cette perception est commune. Vatican II, dans la constitution *Lumen gentium*, s'exprime ainsi : « C'est pourquoi le Christ, pour ac-complir la volonté du Père, inaugura le Royaume des cieux sur la terre, nous révéla son mystère et, par son obéissance effectua la Rédemption. L'Église, c'est-à-dire le Royaume du Christ déjà présent en mystère, par la puissance de Dieu grandit visiblement dans le monde[37]. » L'idée est reprise un peu plus loin dans le même document : « L'Église [...] reçoit la mission d'annoncer et d'instaurer en ce monde le Royaume du Christ et de Dieu dans toutes les nations, et constitue de ce Royaume le germe et le commencement sur terre[38]. »

Après le Concile la question de la relation de l'Église au Royaume a été largement revisitée, avec une nette tendance à marquer davantage la distinction, parfois jusqu'à la séparation. On a fait valoir, par exemple, que jamais Vatican II n'emploie l'expression Église *(en ce monde) sacre-ment du Royaume*[39], ce qui est matériellement exact. Cependant, affir-mer avec *Lumen gentium*, n° 3 que l'Église en ce monde est le Royaume

---

de grâce et de vérité » (*Jn* 1, 14), et le Christ qui « grandissait en sagesse, taille et grâce » (*Lc* 2, 52) ; voir *Sum. theol.*, III*ᵃ*, q. 7, a. 12, ad 3.

36. *In IV Sent.*, dist. 49, q. 1, a. 2, q^{la} 5.

37. *Lumen gentium*, n° 3 ; on notera l'expression très chargée de sens patristique : « Ecclesia, seu regnum Christi iam praesens in mysterio » ; de même en *Gaudium et spes*, n° 39, § 3.

38. *Lumen gentium*, n° 5, § 2.

39. Antoine GUGGENHEIM, « Église et royaume ; une pierre d'angle du concile Vatican II », dans *Vatican II : la sacramentalité de l'Église et le Royaume*, Sous la direction d'É. Michelin et A. Guggenheim, Paris, Parole et Silence, 2008, p. 203.

jam praesens in mysterio signifie bien, en raison de la signification liée de *mysterium* et de *sacramentum*, que l'Église est bien le Royaume déjà présent ici-bas (mais) *en mystère, c'est-à-dire en forme sacramentelle*[40].

Le magistère postconciliaire, dans deux documents majeurs (l'encyclique *Redemptoris missio* [*RM*] et la déclaration *Dominus Iesus* [*DI*]) est revenu sur la question. Pour nous en tenir à la déclaration qui est le document le plus récent et qui cite abondamment l'encyclique, il faut relever l'union inséparable entre l'Église et le Royaume (*DI*, n° 18 reprenant *RM*, n° 18) sans cependant identifier ici-bas le Royaume à l'aspect visible et social de l'Église (*RM*, n° 18) qui n'est qu'un élément de son mystère (*DI*, n° 19).

Cette relation extrêmement profonde entre l'Église et le Royaume suffit à exprimer en termes de continuité le lien entre le Royaume *jam praesens in mysterio* et le Royaume consommé à la fin des temps. Cette continuité se situe au plan le plus profond du salut et de la grâce, et non au plan des signes et instruments propres au temps de la terre. En un mot, c'est la même vie divine participée qui est offerte sur terre et qui fera la béatitude parfaite des bienheureux au ciel. Le futur eschatologique est bien déjà présent sous un mode propre à la terre.

Il faudrait aussi s'étendre sur le lien *actuel* entre l'Église des bienheureux déjà dans la patrie et l'Église en ce monde (*Lumen gentium*, chap. 7). Nous ne nous étendrons pas, la chose étant bien connue, les deux états de l'Église coexistent et communient, de même qu'ils attendent ensemble la consommation véritablement finale à la résurrection de la chair, état déjà possédé par la Vierge Marie et qui lui vaut le beau titre d'icône eschatologique de l'Église.

B. — LE FONDEMENT DU TEMPS SACRAMENTEL

Il y a une profonde unité du temps devenu chrétien : le présent est le lieu de confluence du passé et du futur. Le « maintenant » (le *hodie*

---

40. Pour le sens profondément traditionnel (patristique) de l'expression *in mysterio*, voir Edward SCHILLEBEECKX, *L'Économie sacramentelle du salut*, Réflexion théologique sur la théologie sacramentaire de saint Thomas, à la lumière de la tradition et de la problématique sacramentelle contemporaine, Fribourg (CH), Academic Press, 2004, p. 58 s. et 77. Pour sa reprise à Vatican II, voir Gérard PHILIPS, *L'Église et son mystère au IIe Concile du Vatican*, Histoire, texte et commentaire de la constitution *Lumen gentium*, vol. 1, Paris, Desclée, 1967, p. 86 et 97.

biblique et liturgique) est un « encore » et un « déjà »[41]. Le présent attire
à lui à la fois le passé et le futur.

Les exemples que nous avons retenus nous permettent d'affirmer que
les trois dimensions du temps, passé, présent et futur, signifiées dans
les sacrements s'y trouvent réellement car la *significatio* est liée à la *cau-
salitas*. En effet, si la signification sacramentelle première et radicale
est bien celle de la réalité sacrée (le mystère du Christ) en acte présent
de sanctification[42], cette signification d'une cause à l'œuvre inclut les
deux autres significations et causalités comme l'Eucharistie le manifeste pleinement. Ainsi que le dit Ed. Schillebeeckx, « le renvoi sacramentel à l'historiquement passé et à l'eschatologique appartient non
seulement "virtualiter et consecutive" mais "formaliter, essentialiter et
intrinsece" au *significatum* sacramentel[43] ». Ou encore : « Le renvoi que
le sacrement fait au passé sotériologique et au futur du salut est conçu
[par saint Thomas] non comme un renvoi que le sacrement fait au passé
et à l'avenir vus dans leur figure indépendante, autonome, historique,
mais comme s'accomplissant de façon *mystique, maintenant encore* et
maintenant déjà dans le sujet qui reçoit le sacrement[44]. »

Cette triple signification sacramentelle manifeste que le temps présent, celui de la grâce, est aussi le temps de la présence de l'événement
fondateur du salut dans le Christ ainsi que le temps de la tendance eschatologique, de la déification graduelle. Nous avons donc, dans cette
perception l'expression d'une unité proprement sacramentelle des trois
dimensions du temps. Cette unité est comme la résultante de toute la
sotériologie chrétienne[45]. Nous allons essayer de le montrer.

Pour nous représenter quelque peu les choses, il faut faire appel au
mystère de l'Incarnation qui a introduit sur cette terre et dans son

41. Cf. CLÉMENT D'ALEXANDRIE, *Le Protreptique*, chap. IX, 84, 5-6 (*SC* 2, Paris, 1949,
p. 152) : « La grâce de sa promesse est abondante, si aujourd'hui nous écoutons sa voix ; cet
aujourd'hui s'étend à chaque jour, aussi longtemps qu'on dira : aujourd'hui [*He* 3, 7-11].
Jusqu'à la consommation durent tant l'aujourd'hui que la possibilité d'apprendre ; puis le
véritable aujourd'hui, le jour continu de Dieu, devient égal à l'éternité. Obéissons donc toujours à la voix du divin Logos ; car cet aujourd'hui est éternel ; le jour est l'image de l'éternité
et le symbole de la lumière ; or la lumière pour les hommes, c'est le Logos par lequel nous
voyons Dieu » (trad. revue).

42. Cf. *Sum. theol.*, III*a*, q. 60, a. 3, ad 3, cité *supra* n. 5.

43. Ed. SCHILLEBEECKX, *L'Économie sacramentelle...*, p. 125-126.

44. *Ibid.*, p. 126. Comparer *supra* n. 8.

45. Pour une présentation générale, voir Jean-Philippe REVEL, *Traité des sacrements*,
I. Baptême et sacramentalité : 1. Origine et signification du baptême, « Théologies », Paris,
Cerf, 2004, p. 116-121.

histoire un lien des plus intimes et déterminants entre l'éternité de la Personne divine assumante et l'humanité singulière assumée. C'est dans l'union qu'est le mystère du Christ et dans l'union que le Christ a scellée avec l'Église qu'il faut chercher l'intelligence de cette nouvelle nature du temps devenu chrétien.

1. Le mystère du Verbe incarné

Il y a deux façons de comprendre le fait que le mystère du Verbe incarné, l'entrée de l'éternité dans le temps, change la nature du temps. Soit on fonde ce changement sur la résurrection du Christ qui le rend présent, par son Esprit, au temps de ce monde, soit on remonte jusqu'à l'Incarnation elle-même.

Il semble plus aisé de retenir la résurrection du Christ. Jean Mouroux, dans son étude très suggestive, *Le Mystère du temps*[46], s'exprime ainsi : « C'est précisément à cause de sa présence souveraine devant Dieu, que le Christ, intronisé dans ses privilèges de Fils et totalement éternisé, peut fonder et déployer le temps du salut par un acte lui-même éternel. Il est ainsi efficacement présent à toutes les générations humaines et à chacun de leurs moments décisifs [...]. C'est sur cette présence que se fondent le mystère du salut, le temps qui le mesure, l'aujourd'hui de grâce qui le définit[47]. » On peut en effet concevoir sans trop de peine que la résurrection du Christ le plaçant dans une vie éternisée — le Christ ressuscité ne meurt plus (*Rm* 6, 9) — il domine le temps, abolissant ainsi la succession du passé, du présent et du futur. Si l'on suit cette voie, c'est le Christ glorieux seul qui fonde ce temps typiquement chrétien.

Nous pensons cependant qu'il faille fonder plus en amont cette influence du Christ, c'est-à-dire dans le fait de l'Incarnation elle-même en ce qu'elle pose dans l'existence une ontologie tout à fait unique, celle d'un Dieu-homme. Avec saint Thomas, seul à son époque, il convient de donner toute sa valeur à la relation de l'humanité avec la divinité en termes d'instrumentalité. Cette relation permet de voir que c'est bien la puissance divine elle-même qui est participée dans les actes humains sauveurs du Christ : chaque acte est un seul acte divino-humain. Dès lors, cette théandricité permet de dire que ce qui a été accompli dans

---

46. Jean MOUROUX, *Le Mystère du temps*, Approche théologique, « Théologie, 50 », Paris, Aubier, 1962, en part. p. 162 s.
47. *Ibid.*, p. 163.

le temps par cet homme qui est Dieu mérite bien le nom de *mystère,* les *mysteria carnis Christi,* au plus haut point le *mystère* pascal, et c'est cet acte récapitulatif qui est présent dans les sacrements, tout particulièrement dans l'Eucharistie[48].

2. L'unité du Christ et de l'Église

Cette unité est si profonde que l'on peut parler du Christ et de l'Église comme formant *quasi una persona mystica*[49]. La place éminente du Christ-Tête souligne en lui la source de la grâce, à la fois comme Dieu à titre principal et comme homme à titre instrumental. La puissance divine véhiculée par l'humanité instrumentale, comme on l'a vu précédemment, fait des actes historiques de salut des *mysteria*. Ed. Schillebeeckx relève à bon droit que dans les sacrements actuellement célébrés, c'est « la puissance des mystères *historiques* du Christ (selon leur contenu de pérennité) [qui] est captée et nous est appliquée. En d'autres termes, [les sacrements] constituent bien une "mediatio suppositi", mais pas une "mediatio virtutis"[50] ». Les sacrements particuliers étant les actes conjoints du Christ et de l'Église[51], c'est bien l'unité Christ-Église formant comme un seul *suppôt* qui fait parvenir aux hommes la puissance salutaire des actes historiques du Christ.

3. Le mystère de l'Église

Le mystère de la communauté chrétienne est bien apparu dans l'histoire, contractant ainsi sa dimension temporelle — passé, présent, futur — mais il n'est pas lui-même le produit de l'histoire. Au contraire, ce mystère naît de la venue dans l'histoire du Verbe de Dieu qui, en sa

---

48. Nous faisons nôtres les développements à ce sujet d'Ed. Schillebeeckx, *L'Économie sacramentelle du salut...*, p. 136 s.

49. *Sum. theol., III*ᵃ, q. 48, a. 2, ad 1 ; voir aussi *CEC*, n° 1474.

50. Ed. Schillebeeckx, *L'Économie sacramentelle du salut...*, p. 138. L'A. cite à cet endroit *Sum. theol., III*ᵃ, q. 62, a. 5, c. : « Virtus salutifera derivetur a divinitate Christi per ejus humanitatem in ipsa sacramenta. »

51. Saint Thomas d'Aquin exprime cela, du point de vue du ministre d'un sacrement, de la façon suivante : le ministre doit toujours avoir l'intention de faire ce que fait l'agent principal du sacrement, c'est-à-dire de faire « quod facit Christus et Ecclesia » ; cf. *Sum. theol., III*ᵃ, q. 64, a. 8, ad 1. On notera le singulier (« quod *facit* ») et non le pluriel (« quod faciunt »), en raison de l'unité quasi personnelle Christ-Église.

Personne par l'Incarnation, change la nature du temps, nature nouvelle qui est celle dont vit dès lors son Épouse issue du mystère pascal. Celle que Benoît XVI appelle « le sujet-Église[52] », est engagée dans un temps pour lequel elle est la médiation historique du mystère du Christ qui est sa Tête permanente, constamment féconde. Pour reprendre les trois significations sacramentelles par lesquelles nous avons commencé, le passé est cause toujours actuellement présente et efficiente ; son présent est le lieu de sa perfection formelle ; son futur est sa perfection finale.

CONCLUSION

L'unité profonde du temps devenu chrétien par l'Incarnation du Verbe et l'accomplissement du mystère pascal se fait dans la dimension présente. C'est pourquoi la *ratio sacramenti* se concentre de quelque façon dans la signification présente du don de la grâce qui est la signification *principale* du sacrement[53]. Mais ce présent est une actualité aussi de la cause passée et une actualité de l'achèvement commencé. Dans le *Commentaire de la Lettre aux Hébreux*, saint Thomas commente de façon fort suggestive le *hodie* de *He* 3, 7 qui cite le psaume 94 : « C'est pourquoi, comme le dit l'Esprit Saint : "Aujourd'hui, si vous entendez sa voix…" », en disant : « Le temps est aujourd'hui, c'est-à-dire le temps du jour. En effet, le temps de la Loi ancienne était appelé nuit car il était le temps de l'ombre. […] Le temps du Nouveau Testament est appelé jour parce qu'il évacue l'ombre de la nuit de la Loi (*Rm* 13, 12). On appelle aussi ce temps jour en raison du Soleil de justice qui se lève […]. Ce jour ne fait pas suite à la nuit, mais est un jour plus clair quand nous verrons le Soleil de justice lui-même, face à face, quand nous le verrons par essence[54]. » On aura noté les deux significations de l'*hodie* : l'une fait le lien entre le passé du Christ qui accomplit les préparations de l'Ancien Testament et le présent, l'autre fait le lien entre le présent et son accomplissement eschatologique.

---

52. L'expression est surtout connue par le discours de Benoît XVI à la Curie romaine du 22 décembre 2005, elle est cependant bien plus ancienne chez son auteur ; voir notamment Joseph RATZINGER, *Quinze thèses sur l'unité de la foi et le pluralisme théologique*, « Esprit et vie », Chambray-lès-Tours, C.L.D., 1978, thèse VI, p. 38 s.

53. Cf. *supra*, n. 3.

54. *In Hebr.*, cap. 3, lect. 2 (éd. Marietti, 1953, n° 173). Plus loin, à propos de *He* 3, 13 (« exhortez-vous les uns les autres, jour après jour tant que l'aujourd'hui est proclamé »), saint Thomas commente le *hodie* : « …tant que dure le temps présent de la grâce qui est un tout comme un seul jour » (cap. 3, lect. 3 [n° 187]).

Assurément, cette actualité du passé et cette présence du futur restent une donnée fort mystérieuse. Elle résulte de cette alliance si profonde de l'éternité et du temps opérée par l'Incarnation. L'éternité divine et le temps humain simplement linéaire et successif se rencontrent dans le mystère du Dieu-homme, définissant de quelque manière un présent, en termes biblique et liturgique un *aujourd'hui*, qui est la conciliation des trois dimensions de notre temps :

> Le Verbe de Dieu, par qui tout a été fait, lui-même fait chair et habitant la terre des hommes, homme parfait entré dans l'histoire des hommes, l'a assumée et récapitulée en lui. [...] Le Seigneur a laissé aux siens les arrhes de cette espérance et le viatique de la route dans ce sacrement de la foi en lequel les éléments de la nature, cultivés par l'homme, sont convertis en son Corps et en son Sang glorieux, repas de la communion fraternelle et prélibation du banquet céleste[55].

fr. Benoît-Dominique DE LA SOUJEOLE, O.P.

---

55. *Gaudium et spes*, n° 38, § 1 et § 2.

Résumé. — La présentation par saint Thomas d'Aquin de la triple signification du signe sacramentel (cause passée, effet actuel, gage de la fin) permet de se représenter les trois dimensions du temps comme profondément liées dans le *mystère* devenu chrétien. À l'aide de plusieurs aspects de la sotériologie (le rapport Écriture-Tradition, l'actualité de l'Eucharistie, la présence des missions visibles du Fils et de l'Esprit, le rapport grâce-gloire, le Royaume *in mysterio*...), on peut remonter au mystère du Verbe incarné et à son lien avec le mystère de l'Église qui fonde l'œuvre du salut. On entrevoit alors la nature typiquement chrétienne du temps, appelé ici « temps continu », qui conjoint dans le présent à la fois la dimension passée et la dimension future.

Abstract. — St Thomas Aquinas' presentation of the triple sacramental sign (past cause, present effect, pledge for the future) allows us to imagine the three dimensions of time as deeply bound together in the *mystery* which has become Christian. Helped by several aspects of soteriology (the connection Scripture-Tradition, the actuality of the Eucharist, the presence of the visible missions of the Son and the Spirit, the connection grace-glory, the Kingdom *in mysterio*...), one can rise to the mystery of the Word Incarnate and to its bond with the mystery of the Church which founds the work of salvation. One can then begin to see the typically Christian nature of time, here called "continuous time", which unites in the present the dimensions of both the past and the future.

Le *fr. Benoît-Dominique de La Soujeole*, de la Province dominicaine de Toulouse, est professeur de théologie dogmatique à l'Université de Fribourg (Suisse). Son domaine d'enseignement et de recherche est la sacramentalité du salut.

Thomas d'Aquin, Joachim de Flore et la théologie de l'histoire

COMMENT SE SITUER dans le déroulement du temps, dans le grand mouvement de l'histoire du monde ? Quelles lumières la Révélation judéo-chrétienne apporte-t-elle ? C'est pour avancer quelque réponse à cette question incontournable que les Pères de l'Église ont, très tôt, discerné différentes étapes du temps, lues à la lumière de la Révélation. Dès la première patristique, on a eu coutume de distinguer trois âges, ou états, ou règnes successifs dans l'histoire de l'humanité, associés par appropriation à chacune des personnes divines : le règne du Père, pour le temps de la création, celui du Fils, inauguré dès la chute d'Adam et Ève, celui de l'Esprit enfin, consécutif à l'œuvre rédemptrice, correspondant donc au temps de l'Église, jusqu'à la fin des temps[1]. En ajoutant la gloire, qui n'est pas un temps, on aboutit à un schéma de base en quatre périodes, qui a connu d'innombrables variantes selon les raffinements et précisions qui lui étaient apportés. Chez saint Augustin, ce schéma en trois temps se double d'un partage du temps de la rédemption en six âges, le dernier étant celui de la seconde venue du Christ et correspondant au déclin du monde, puisque aboutissant à l'entrée dans la gloire[2]. À l'époque patristique, les doctrines qui, comme le millénarisme et le

---

1. Cf. Henri DE LUBAC, *La Postérité spirituelle de Joachim de Flore*, t. I. De Joachim à Schelling, « Le sycomore », Paris, Lethielleux / Namur, Culture et vérité, 1979. À l'époque contemporaine, Charles Journet reprend ce schéma fondamental : « À l'âge du Père, qui est l'âge de la création dans l'innocence, succédera l'âge du Fils qui est celui de la rédemption et l'âge de l'Esprit, celui de la sanctification » (*Théologie de l'Église*, Paris, Desclée, ²1987, p. 26). Le deuxième âge, pour Journet, se subdivise en « l'âge du Christ attendu, ou le premier régime de l'Église », et « l'âge du Christ présent ou la formation de la tête de l'Église », précédant donc « l'âge de l'Esprit Saint ou le régime actuel de l'Église » (*ibid.*, p. 27-37).

2. À propos de cette association des deux perspectives que l'on retrouve chez Rupert de Deutz, Joseph Ratzinger évoque la « subtile synthèse de pensée trinitaire et de typologie

montanisme, affirmaient la venue d'un temps terrestre de rédemption avant l'entrée dans la gloire, furent dénoncées comme hérétiques.

Au Moyen Âge, on retrouve cette scansion du temps, chez Rupert de Deutz par exemple[3], non sans que ce schéma de base ne s'accompagne, chez lui comme chez nombre de ses contemporains, d'un mouvement interne au sein du temps de l'Église qui aboutit à la décrépitude de celle-ci, annonçant la proximité de la fin des temps. Tout en étant ainsi fidèle au schéma augustinien qu'il perfectionne, Rupert envisage un dernier temps du salut, qu'il conçoit à partir des sept dons du Saint-Esprit[4]. Le caractère eschatologique du dernier temps de l'histoire est conservé, mais la mise en valeur du temps de l'Esprit annonce les évolutions futures. Selon Joseph Ratzinger, c'est à Honorius d'Autun et Anselme de Havelberg que l'on doit une inflexion importante dans la compréhension de l'histoire : « L'histoire de l'Église est décrite comme le temps d'une histoire du salut continue; avec le Christ, l'histoire du salut ne trouve pas sa fin, elle entre seulement dans un nouveau stade[5]. » Chez Joachim de Flore (1130-1202), le Christ apparaît « comme le tournant des temps. Il est le centre, le pivot de l'histoire, à partir duquel le cours du monde recommence pour ainsi dire sur un plan plus élevé[6] ». C'est là, selon J. Ratzinger, un apport décisif et positif que l'on doit à l'abbé de Flore. Mais il y a aussi chez celui-ci un autre apport, beaucoup plus problématique. C'est que si le Christ est bien l'axe du cours du monde, on est encore dans l'attente de l'advenue d'une histoire bonne où la rédemption atteindra tout son champ, dans l'histoire. Sur ce dernier point, dont la postérité va être lourde, J. Ratzinger insiste peu, dans son étude sur la théologie de l'histoire de saint Bonaventure, ne retenant que l'apport premier du christocentrisme historique. Mais le P. de Lubac y attache une tout autre importance.

Ainsi rencontre-t-on, chez Joachim, une périodisation différente des trois époques de la patristique. Pour lui, l'âge du Père va jusqu'à l'Incarnation rédemptrice; commence alors le temps de l'Église présente, mais dans l'attente d'un troisième temps ici-bas, correspondant

---

patristique de l'histoire » (*La Théologie de l'histoire de saint Bonaventure*, « Théologique », Paris, PUF, 1988, p. 116).

3. RUPERT DE DEUTZ, *De trinitate et operibus ejus*, Prologue (*PL* 167, 1854, col. 200).

4. Chez Rupert de Deutz, on aboutit ainsi à trois semaines, trois *Hexaëmeron* : la semaine de la création, celle de la rédemption, avec les âges augustiniens, et enfin la dernière semaine, ordonnée selon les sept dons du Saint-Esprit.

5. J. RATZINGER, *La Théologie de l'histoire…*, p. 119.

6. *Ibid.*, p. 121.

au règne du Saint-Esprit. Au *tempus sub littera evangelii* doit succéder un *tempus sub spiritali intellectu*[7]. Dans le XIIe siècle « féru de "théologie de l'histoire"[8] », les expressions ne manquent pas d'une succession de périodes au sein du temps de l'Église, qui voit se succéder croissance et déclin, paix et combats, souvent en s'entremêlant. Mais pour tous les devanciers de Joachim, l'âge de l'Esprit a commencé à la Pentecôte et aucun, selon H. de Lubac, ne le conçoit comme un au-delà du temps de l'Église : à cet égard, l'apport de Joachim est donc radicalement nouveau.

Chez Joachim, la justification de ce troisième âge repose d'abord sur des arguments exégétiques. Il établit en effet une concordance stricte et littérale entre les faits de l'Ancien et ceux du Nouveau Testament. Ni le premier, ni le second ne sont définitifs, et le Nouveau est promis, non à l'abolition, mais à une transformation par l'avènement de l'ère de l'Esprit. Ce sera le temps du ciel ouvert de l'Apocalypse, anticipé déjà par quelques « hommes spirituels », temps dont la venue est proche, mais dont Joachim n'est que le prophète. Le premier ciel était celui de l'Ancien Testament, le deuxième celui des Apôtres, le troisième, qui vient, est celui de l'intelligence spirituelle. L'ouverture du sixième sceau est toute proche.

Il ne s'agit donc pas, à proprement parler, d'un nouveau temps, semblable à celui de l'Ancien et du Nouveau Testament, mais plutôt d'un dédoublement du second : au temps du Fils doit succéder celui de l'Esprit : « Non seulement le Fils est apparu dans la chair, mais l'Esprit a daigné se révéler aux hommes dans la colombe et dans le feu[9]. » L'histoire va connaître une palingénésie, marquée par une Église renouvelée vivant d'un Évangile en esprit — l'« Évangile éternel » de l'Apocalypse (14, 6) — qui annonce et fait désirer l'advenue de la gloire pour le monde entier. Les nouveaux ordres religieux en sont le signe et la première réalisation. L'organisation de l'Église, sa structure hiérarchico-sacramentelle s'en trouvera elle-même transformée. À l'âge de Pierre, porteur d'une Église cléricale, doit succéder l'âge de Jean, porteur d'une Église toute spirituelle : « Il est nécessaire que passe le signe de Pierre et que demeure le

---

7. JOACHIM DE FLORE, *Expositio in Apocalypsim*, cap. 5 (Venise, 1527, f° 5)

8. H. DE LUBAC, *La Postérité spirituelle de Joachim de Flore...*, p. 28.

9. JOACHIM DE FLORE, *Expositio in Apocalypsim*, Introd., cap. 6 (f° 6). Les deux textes principaux invoqués pour justifier la venue d'un âge nouveau sont *1 Co* 13, 12 : « À présent, je connais d'une manière partielle, mais alors je connaîtrai comme je suis connu », et *Jn* 16, 13 : « Quand il viendra, lui, l'Esprit de vérité, il vous guidera dans la vérité tout entière ».

signe de Jean[10]. » Quant aux sacrements, eux-mêmes deviendront spirituels. Ainsi, au baptême dans l'eau se substituera le baptême de feu dans
l'Esprit. Et de même que l'Antéchrist doit surgir à la venue de la fin des
temps, de même un autre Antéchrist va-t-il le précéder pour entrer dans
ce temps de l'Esprit. L'advenue de ce troisième état, de cette troisième
Église, n'ira donc pas sans violence.

Joachim ne fut jamais condamné de son vivant (il meurt en 1202).
Toutefois, un décret du concile de Latran IV, tout en se réjouissant de
la régularité du monastère de Flore, condamne sa théorie trinitaire,
opposée à celle de Pierre Lombard[11]. Même si la doctrine précise de
Joachim semble s'effacer dès le XIVe siècle, elle demeure une référence
très présente pendant tout le XIIIe et se perpétue à travers de multiples
avatars dont H. de Lubac a montré qu'aucune époque de l'Église n'était
véritablement exempte. Au XIIIe siècle, ce sont les écrits d'un religieux
franciscain joachimite, Gérard de Borgo San Donnino, qui alimentent
l'agitation autour de la personne et de l'œuvre de l'abbé de Flore. Il publie
vers 1254 un *Liber introductorius in Evangelium Aeternum* (*Introduction
à l'Évangile éternel*), aujourd'hui perdu, qui est une introduction aux
écrits de Joachim de Flore dans laquelle il reprend ses thèses et où il
annonce l'ère nouvelle pour 1260[12].

1. La réfutation des thèses joachimites par saint Bonaventure
et saint Thomas d'Aquin

Les deux plus grands théologiens du XIIIe siècle, Bonaventure
et Thomas d'Aquin, ont tous deux répondu à la thèse principale de
Joachim sur la venue de l'âge de l'Esprit, accompagnant la découverte
de l'« Évangile éternel ».

L'influence de Joachim sur l'ordre franciscain est très manifeste. En
effet, comme le relève le P. de Lubac, « une conjonction s'opère, au cours
du treizième siècle, entre les espoirs de renouveau spirituel attisés par
les prophéties venues de Flore et le sentiment concret de la nouveauté

---

10. JOACHIM DE FLORE, *Psalterium decem chordarum* (Venise, 1527, f⁰ 265), cité par H. DE
LUBAC, *La Postérité spirituelle de Joachim de Flore…*, p. 52.

11. Cf. CONCILE DE LATRAN IV, *De errore abbatis Ioachim* (*Denz.*, n⁰ˢ 803-807).

12. Sur Gérard de Borgo San Donnino, voir Michel-Marie DUFEIL, « Trois "sens de l'histoire" affrontés vers 1250-1260 », dans *Saint Thomas et l'histoire*, « Sénéfiance, 29 », Aix-en-
Provence, CUERMA, 1991, p. 619-666.

soudain surgie dans l'Église à l'apparition de saint François[13] ». Pour beaucoup, François est le *novus homo* qui annonce la venue de l'âge nouveau dans l'Église. Dante a placé Joachim de Flore dans son *Paradis* à la gauche de saint Bonaventure qui loue son « esprit prophétique[14] ».

Ce que Bonaventure doit au christocentrisme de Joachim explique pour une part la modération des critiques qu'il lui adresse, dans un premier temps, dans son commentaire des *Sentences* du Lombard, vers 1250. Élu supérieur de son ordre en 1257, en pleine controverse entre séculiers et mendiants, Bonaventure doit réagir en canalisant l'agitation des spirituels qui le menacent dans son unité. C'est pourquoi, pour nombre d'analystes, il ne réfute qu'indirectement le joachimisme en retenant des mouvements spirituels ce qui peut œuvrer au renouveau de la vie ecclésiale. Toutefois, la publication du *Liber Introductorius in Evangelium Aeternum* de Gérard de San Donnino, dont l'impact est considérable, le pousse à une réfutation plus radicale, quoique indirecte, de la doctrine joachimite telle qu'elle est reçue par cet auteur. Ses conférences sur l'*Hexaëmeron* prononcées en 1273 en sont l'occasion.

Le P. de Lubac, ici en accord avec J. Ratzinger, a montré que Bonaventure s'inscrit en faux, dans l'*In Hexaëmeron*, contre la thèse principale de Joachim sur les âges du monde. Même s'il excelle à avancer des périodisations multiples, il ne s'éloigne pas un instant de la doctrine traditionnelle qui veut que le dernier temps soit celui du Christ et qu'il n'y ait pas à en attendre un autre. C'est le temps unique de la rédemption, de la diffusion des charismes et de l'approfondissement continu de l'intelligence des Écritures. La formule brève mais décisive, « Post hoc non potest esse aliud », sanctionne la thèse joachimite d'un temps ou d'un âge ultime à venir, qui serait celui de l'Esprit[15].

Pour H. de Lubac et J. Ratzinger, il faut voir dans le christocentrisme radical de Bonaventure le fondement de sa position critique. L'œuvre de l'Esprit, qui est l'Esprit du Christ, n'aboutit à aucun dépassement du régime institué en et par Jésus-Christ. Pour Bonaventure, écrit Ratzinger, le Christ est « l'axe du cours du monde, le centre des temps[16] ». Bonaventure est bien trop disciple de saint François pour se

---

13. H. DE LUBAC, *La Postérité spirituelle de Joachim de Flore...*, p. 124.

14. DANTE, *La Divine comédie, Le Paradis*, chant 12, v. 138-140 141 (trad. J. Risset, GF-Flammarion, 1990, p. 123).

15. H. DE LUBAC, *La Postérité spirituelle de Joachim de Flore...*, p. 134.

16. J. RATZINGER, *La Théologie de l'histoire...*, p. 135.

détacher du Christ : « Il n'y a pas d'autre chemin vers Dieu que l'amour très ardent du crucifié[17]. »

La perspective de Thomas d'Aquin à l'égard du joachimisme est un peu différente de celle de Bonaventure. L'Ordre auquel appartient saint Thomas n'est pas menacé au même titre, et doit plutôt se défendre des influences de l'aristotélisme averroïste de Siger de Brabant[18]. Si le climat du XIIIe siècle est volontiers apocalyptique, « Thomas d'Aquin est probablement, écrit M.-M. Dufeil, le moins marqué par une ambiance aussi universelle. [...] Aussi est-il le moins joachimite des auteurs du temps[19] ». Pour autant, Thomas d'Aquin n'ignore rien des thèses de l'abbé de Flore, pas plus que de celles de Gérard. Il semble que Thomas ait pris connaissance des œuvres de Joachim lors de son séjour italien en 1250[20].

Pour la clarté du propos, on reprend ici cinq thèmes importants qui donnent l'occasion à saint Thomas de s'en prendre, assez explicitement, aux thèses de Joachim et de ses épigones. La cohérence de ces positions ne laisse place à aucune équivoque quant à la doctrine qu'il entend tenir.

a) La préférence de Jésus pour Jean, ou pour Pierre ?

Les joachimites entendaient tirer argument d'une prétendue préférence de Jésus pour Jean afin de minorer le rôle de Pierre, et par là annoncer l'ère d'un évangile spirituel. La question posée par certains est de savoir qui, de Pierre et de Jean, Jésus a aimé le plus, et duquel des deux il a été le plus aimé. L'argument joachimite de l'amour de prédilec-

---

17. BONAVENTURE, *Itinéraire de l'âme vers Dieu*, Prologue.

18. Il est assez significatif que Dante, dans son *Paradis*, place côte à côte Bonaventure et Joachim, d'une part, et Thomas et Siger, d'autre part. Pour H. de Lubac, il ne s'agit pas pour Dante de réhabiliter le prophète ou l'hérétique, mais de manifester que « Bonaventure a transposé la pensée de Joachim, comme Thomas a transposé la pensée de Siger disciple d'Aristote ; ces transpositions sont signes de "parenté secrète", et peut-être aussi les deux théologiens sont-ils pour Dante des symboles, peut-être n'est-il pas fâché de leur faire accueillir dans son univers à lui ceux qu'ils ont rejetés de leur univers à eux » (*La Postérité spirituelle de Joachim de Flore...*, p. 142).

19. Michel-Marie DUFEIL, *Guillaume de Saint-Amour et la polémique universitaire parisienne, 1250-1259*, Paris, A. et J. Picard, 1972, p. 123.

20. Dans son *Ystoria*, Guillaume de Tocco écrit, à propos de « l'erreur du nouvel esprit de liberté et du troisième âge du monde » (chap. 21) : « Puisque c'était à partir des écrits de l'abbé Joachim que les hérétiques avaient forgé cette erreur pernicieuse, notre docteur demanda les œuvres de cet abbé dans un monastère, et les ayant obtenues, il les lut entièrement. Il souligna les passages qu'il jugeait erronés ou douteux, signalant ainsi sa condamnation, défendant de lire et de croire ce que sa docte main avait brisé » (*L'Histoire de saint Thomas d'Aquin de Guillaume de Tocco*, « Sagesses chrétiennes », Paris, Cerf, 2005, p. 64).

tion de Jésus pour Jean est l'un de ceux traités par les cardinaux lors de la rencontre d'Anagni de 1255, donc contemporaine du commentaire de Thomas aux *Sentences*. À Anagni, il s'agit de réagir à certaines thèses de Gérard de San Donnino dans son *Introduction à l'Évangile éternel*. Après l'avoir été par l'Université de Paris en 1254, l'ouvrage est condamné par Alexandre IV en 1255. Dans son *Commentaire des Sentences*, Thomas ne peut méconnaître ces débats très contemporains. Sans citer explicitement la thèse joachimite de la préférence johannique, la réponse équilibrée de Thomas, qu'il reprendra exactement dans la *Prima Pars*, témoigne de son rejet. Dans la *Somme de théologie*, il en conclut qu'il n'est rien moins que présomptueux que de prétendre trancher une telle question :

> Le problème de Pierre et de Jean a reçu plusieurs solutions. Saint Augustin y voit un mystère, disant que la vie active, signifiée par Pierre, aime Dieu plus que ne le fait la vie contemplative, figurée par Jean, en ceci qu'elle éprouve davantage les contraintes de cette vie et qu'elle aspire plus ardemment à en être délivrée pour aller à Dieu. Mais Dieu aime davantage la vie contemplative, puisqu'il en prolonge la durée au-delà de cette vie corporelle, où s'achève la vie active. D'autres disent : Pierre a aimé davantage le Christ dans ses membres, et sous ce rapport il a été aimé davantage par le Christ, qui pour cela lui a confié son Église. Mais Jean a aimé plus que Pierre le Christ en sa personne, et de cette façon personnelle il en a aussi été aimé davantage par Jésus qui, pour cela, lui a confié sa mère. D'autres encore disent qu'on ne peut savoir qui des deux a aimé davantage d'un amour de charité, et lequel des deux Dieu a ainsi aimé davantage en vue d'une gloire plus grande dans la vie éternelle. Mais on dit que Pierre a aimé davantage quant à une certaine promptitude ou ferveur, et que Jean a été aimé davantage en ce qui concerne les signes de familiarité que le Christ lui accordait plus qu'aux autres en raison de sa jeunesse et de sa pureté. D'autres enfin disent que le Christ a aimé Pierre davantage quant au don de charité, et Jean davantage quant au don d'intelligence, et que pour cette raison Pierre fut le meilleur et le plus aimé absolument parlant, et Jean sous un certain rapport. Mais il semble présomptueux de vouloir juger de ces choses, car on lit dans les Proverbes (16, 2) : « Celui qui pèse les esprits, c'est le Seigneur. Et personne d'autre » (*Praesumptuosum tamen videtur hoc diiudicare, quia, ut dicitur Prov. 16, 2 spirituum ponderator est Dominus, et non alius*)[21].

---

21. *Sum. theol., I^a*, q. 20, a. 4, ad 3. Thomas reprend dans la *Somme* (1268), en la développant davantage, la thèse déjà tenue dans le *Commentaire des Sentences* (1253-1256) ; cf. *In III Sent.*, dist. 31, q. 2, a. 3, q^{la} 3, sol. 3 : « Ad tertiam quaestionem dicendum, quod, sicut dicitur, Petrus plus dilexit Christum dilectione quae ab ipso in membra diffunditur ; sed Joannes plus dilexit dilectione quae in Christo sistit ; et ideo Petro Dominus commisit curam membrorum ; Joanni autem curam matris, quae ad personam ejus specialius spectabat. Unde et Petrus a Christo plus diligebatur quantum ad affectum interiorem, quia donum majoris cari-

Ainsi, on ne saurait tirer parti d'une prétendue préférence pour Jean afin de relativiser l'autorité de Pierre et pour justifier, en fin de compte, la venue d'un âge de l'Esprit. L'argument suivant, qui porte sur la pérennité du ministère pétrinien, va dans le même sens.

b) Caducité ou pérennité du ministère pétrinien ?

Évoquant, lors de la rédaction du *Contra Gentiles*, le ministère épiscopal et spécialement celui de l'évêque de Rome, Thomas dénonce implicitement la thèse joachimite de la venue d'un âge où l'on pourrait se soustraire à l'autorité du successeur de Pierre. Il souligne que celle-ci vaut pour tout le temps de l'Église :

> Le Christ a certes donné cette dignité à Pierre, mais on ne peut pas dire pour autant qu'elle n'a pas été transmise à d'autres. En effet, le Christ a manifestement institué l'Église de telle manière qu'elle dure jusqu'à la fin des temps [...]. Ceux que le Christ a alors institués comme ministres l'ont donc manifestement été de telle sorte qu'ils transmettent leur pouvoir à leurs successeurs, pour l'utilité de l'Église et jusqu'à la fin des temps ; cela se voit spécialement lorsque le Christ dit dans Matthieu (28, 20) : « Voici, moi je suis avec vous jusqu'à la fin des temps. » Ainsi se trouve exclue la présomptueuse erreur de certains qui s'efforcent de se soustraire à l'obéissance et à la soumission à l'égard de Pierre et ne reconnaissent pas que son successeur, le pontife romain, est le pasteur de l'Église universelle[22].

Thomas ne précise pas explicitement qui est visé par cette dernière mention, qui peut valoir, assurément, pour les Orientaux séparés du siège romain. Mais il vise aussi, très probablement, la mouvance joachimite qui annonce l'advenue d'un âge de l'Esprit où les fidèles seront libérés de l'autorité épiscopale et pontificale[23].

---

tatis erat ei tunc collatum. Sed Joannes magis diligebatur quantum ad signa exterioris familiaritatis ; et hoc propter quatuor causas. Primo, quia per Joannem significatur vita contemplativa quae familiariorem habet Deum, quamvis activa sit fructuosior, quae significatur in Petro. Secundo propter aetatem, quia juvenis erat. Tertio propter castitatem. Quarto propter ingenitam mansuetudinem. »

22. *Contra Gent.*, Lib. IV, cap. 76, § 8-9 (éd. Marietti, nᵒˢ 4109-4110).

23. Avec le P. de Lubac, il faut souligner la récurrence du vocabulaire de la présomption dans les propos de Thomas concernant Joachim ; cf. S. THOMAS, *Contra errores Graecorum*, cap. IV (éd. Léonine, t. 40, Rome, 1969, A 74, l. 36-40) : « Cette manière de parler est artificieuse (*calumniosus*), et le saint concile de Latran a condamné l'erreur de Joachim qui par cette façon de parler s'est présomptueusement opposé au docteur Pierre Lombard (*contra magistrum Petrum Lombardum defendere praesumpsit*). » De même, on l'a vu, à propos de l'amour préférentiel du Christ pour Jean ou pour Pierre : « Il semble présomptueux de vou-

c) Les concordances littérales entre Ancien et Nouveau Testament et
l'annonce de l'Évangile éternel

Parmi bien d'autres auteurs de son temps, et comme on le voit depuis
l'époque patristique, Joachim entendait établir des correspondances
strictes entre les faits relatés par l'Ancien Testament et ceux exposés
dans le Nouveau, et en déduire l'entrée dans un temps nouveau au terme
de celui inauguré par l'Incarnation. Dans le *Commentaire des Sentences*,
Thomas vise explicitement Joachim à propos de ces concordances :

> Bien que l'état du Nouveau Testament en général soit préfiguré par celui
> de l'Ancien, il n'est pas nécessaire qu'aux réalités singulières répondent
> d'autres réalités singulières, du fait notamment que toutes les figures de
> l'Ancien Testament ont été accomplies dans le Christ. C'est pourquoi saint
> Augustin répond à ceux qui voulaient rapporter le nombre des persécutions
> subies par l'Église à celui des plaies d'Égypte en disant : « En ces événements
> d'Égypte, je ne pense pas qu'on puisse voir la figure prophétique des persé-
> cutions ; si ingénieuses et précises que soient les correspondances que ces
> auteurs découvrent entre les uns et les autres, elles ne viennent pas de l'esprit
> prophétique, mais de la conjecture de l'esprit humain qui parfois parvient
> au vrai et parfois se trompe (*aliquando ad verum pervenit, aliquando falli-*
> *tur*) » (*De Civ. Dei*, Lib. XVIII, 52, 1). Et il en va de même des dires de l'abbé
> Joachim qui, par de telles conjectures, ont parfois prédit certaines vérités
> quant au futur, et parfois ont été déçus[24].

Comme le fait remarquer le P. de Lubac, « c'est là non pas seulement
critiquer les excès concordistes de maints auteurs inoffensifs, mais refu-
ser le principe même de la Concorde littérale, au nom de la doctrine

---

loir juger de ces choses, car on lit dans les Proverbes (16, 2) : "Celui qui pèse les esprits, c'est
le Seigneur." Et personne d'autre (*Praesumptuosum tamen videtur hoc diiudicare, quia, ut
dicitur Prov. 16, 2, spirituum ponderator est Dominus, et non alius*) » (*Sum. theol.*, I^a, q. 20,
a. 4, ad 3).

24. *In IV Sent.*, dist. 43, q. 1, a. 3, q^{la} 2, ad 3 : « Ad tertium dicendum, quod quamvis status novi testamenti in generali sit praefiguratus per statum veteris testamenti ; non tamen
oportet quod singula respondeant singulis, praecipue cum in Christo omnes figurae veteris
testamenti fuerint completae ; et ideo Augustinus, 18 de *Civ. Dei*, respondet quibusdam, qui
volebant accipere numerum persecutionum quae Ecclesia passa est et passura secundum
numerum plagarum Aegypti, dicens : "Ego per illas res gestas in Aegypto istas persecutiones
prophetice significatas esse non arbitror ; quamvis ab eis qui hoc putant, exquisite et inge-
niose illa singula his singulis comparata videantur, non prophetico spiritu, sed conjectura
mentis humanae, quae aliquando ad verum pervenit, aliquando fallitur." Et similiter videtur
esse de dictis abbatis Joachim, qui per tales conjecturas de futuris aliqua vera praedixit, et in
aliquibus deceptus fuit. »

traditionnelle[25] ». J. Ratzinger souligne dans le même sens que Thomas refuse « précisément cette forme d'exégèse sur laquelle repose toute la théologie de l'histoire de Joachim. [...] Le noyau de la critique se trouve dans le refus de l'interprétation allégorique de l'histoire que Joachim applique à l'Ancien Testament. Les signes et les temps de l'Ancien Testament n'annoncent pas la répétition de ces événements dans le Nouveau Testament, ce qui devrait nécessairement signifier une transformation vétéro-testamentaire du Nouveau Testament, mais le Christ qui est la plénitude et l'achèvement de l'Ancien Testament[26] ». Pour explicite qu'elle soit, la critique de Thomas demeure cependant modérée, et la référence à saint Augustin montre que la pratique n'est pas nouvelle[27].

Pour ajouter quelque complication à un dossier déjà complexe, la venue d'un âge ultime, répondant à l'annonce de l'Évangile éternel, est l'un des grands thèmes de la polémique qui oppose Guillaume de Saint-Amour aux ordres mendiants au cœur du XIIIᵉ siècle[28]. On ne peut manquer de discerner dans les œuvres de Thomas certains échos, voire certaines mentions, de ces polémiques. Guillaume de Saint-Amour tenait que le temps de l'Antéchrist était sur le point d'arriver et que ses envoyés étaient justement ces religieux d'un nouveau mode qui perturbent la vie de l'Église. Dans l'opuscule *Contra impugnantes* (1256), Thomas répond aux allégations des détracteurs des mendiants, non tant en dénonçant les thèses de Joachim et Gérard qu'en critiquant la lecture qu'en fait Guillaume et les conséquences qu'il en tire. L'un des arguments retenus par Guillaume et ses proches est qu'en prêchant l'Évangile éternel,

---

25. H. DE LUBAC, *La Postérité spirituelle de Joachim de Flore...*, p. 145. Le P. de Lubac suggère que, dans les années 1255-1256, Thomas a été plus sensible à la querelle avec les séculiers qu'aux risques présentés par les familiers de Gérard de San Donnino. De fait, c'est en 1256 que le *Contra impugnantes Dei cultum et religionem* répond aux critiques de Guillaume de Saint-Amour.

26. J. RATZINGER, *La Théologie de l'histoire...*, p. 133-134. Il relève que Thomas, à la différence de Bonaventure, refuse purement et simplement l'exégèse joachimite de l'Ancien Testament : « Thomas est donc dans ce cas (et pas seulement dans celui-ci) plus augustinien que Bonaventure » (*ibid.*, p. 134). Critiquant une opinion de Ernst Benz, il ajoute : « En vérité, Thomas d'Aquin n'oppose pas à la pensée eschatologique de Joachim la pensée légaliste d'une Église qui serait devenue infidèle à sa mission, mais il oppose à la spéculation historique de l'abbé calabrais le christocentrisme de l'Écriture et des Pères » (*ibid.*).

27. L'argument n'est pas repris dans la question parallèle de la *Somme* : *IIIª*, q. 1, a. 6. Mais en ad 1, Thomas cite saint Augustin pour qui le Christ est venu à la fois dans la jeunesse et dans la vieillesse de l'humanité, son sixième âge. Après ce sixième âge, c'est l'entrée dans l'éternité glorieuse : *De Civ. Dei*, Lib. XXII, 30, 5.

28. Sur ce point, comme sur toute la querelle entre séculiers et mendiants, voir M.-M. DUFEIL, *Guillaume de Saint-Amour...*, ici p. 119-127.

Gérard et les joachimites changent l'Évangile du Christ, ce qui est un signe de la venue de l'Antéchrist. À quoi Thomas répond :

> Ils en concluent que puisque certains s'efforcent de changer l'Évangile du Christ en un autre évangile qu'ils nomment « éternel », ils disent qu'il est manifeste que le temps de l'Antéchrist est imminent. Cet évangile dont ils parlent est en fait une certaine « Introduction » aux livres de Joachim, qui a été condamnée par l'Église — à moins que ce ne soit la doctrine de Joachim lui-même par laquelle, disent-ils, l'Évangile du Christ a été remplacé. Dans cette hypothèse, ce signe n'a aucune valeur car, déjà à l'époque des Apôtres, certains ont voulu changer l'Évangile du Christ [...]. Puisque cette doctrine qu'ils appellent la loi de l'Antéchrist est enseignée à Paris, ils en concluent que c'est le signe que son avènement est tout proche. Mais, même s'il est vrai que la doctrine de Joachim — ou celle de son *Introduction* — contiennent quelques éléments à rejeter, il est faux qu'elles soient la doctrine de l'Antéchrist. Celui-ci annoncera lui-même qu'il est Dieu[29].

Comme le suggère H. de Lubac, il semble bien que Thomas d'Aquin ait voulu « écarter le reproche de collusion entre l'ensemble des Mendiants et les joachimites surchauffés qui donnaient à Guillaume de Saint-Amour un nouveau prétexte pour sa querelle[30] ». C'est à Guillaume que Thomas répond ici, non à Gérard ou à Joachim. Il n'en reste pas moins qu'il ne va pas un instant dans le sens des joachimites, et sa réponse aux arguments de Guillaume témoigne de sa connaissance précise des écrits de Joachim et de Gérard de San Donnino.

d) La pérennité de la loi nouvelle jusqu'à la fin des temps

Une question de la *Somme de théologie* permet à Thomas d'Aquin de traiter directement de la question posée, celle de la venue d'un nouvel âge, ou d'un nouveau temps, après celui marqué par l'Incarnation du Verbe. S'interrogeant sur le point de savoir si la loi nouvelle doit durer jusqu'à la fin du monde, il saisit cette occasion pour répondre directement à ceux qui attendent une nouvelle ère, celle de l'Esprit. Dans

---

29. S. Thomas d'Aquin, *Contra impugnantes Dei cultum et religiosem*, cap. 24, § 2 (éd. Léonine, t. 41, Rome, 1970, p. A 160). Au terme de l'examen successif du dernier argument avancé par Guillaume, Thomas est particulièrement sévère à son égard : « Il est manifeste que [...] nos adversaires sont tombés dans la fosse qu'ils ont eux-mêmes creusée, puisqu'ils imposent aux autres une nouvelle doctrine qu'ils appellent l'évangile du royaume, alors qu'eux-mêmes disent ouvertement que ces signes sont ceux qui annoncent l'évangile du royaume » (*ibid.* [p. A 162]).

30. H. de Lubac, *La Postérité spirituelle de Joachim de Flore...*, p. 146.

le corps de l'article, il s'oppose à deux reprises à ceux qui espèrent un état plus parfait que celui résultant de l'œuvre rédemptrice du Christ. Celle-ci a apporté à l'humanité le plus haut état de perfection qu'elle puisse espérer :

> L'état de ce monde peut subir deux sortes de changements :
>
> 1° Un changement de loi. En ce sens, aucun autre état ne doit succéder à celui de la loi nouvelle. Celle-ci a déjà elle-même succédé à la loi ancienne comme un état plus parfait succède à un état moins parfait; mais aucun autre état de la vie présente ne peut être plus parfait que celui de la loi nouvelle, car rien ne peut être plus proche de la fin ultime que ce qui y introduit immédiatement. Selon l'épître aux Hébreux (10, 19) : « Nous avons par le sang de Jésus un accès assuré dans le sanctuaire; il nous a frayé une voie nouvelle, approchons-nous. » *Ainsi ne peut-il y avoir dans la vie présente d'état plus parfait que celui de la loi nouvelle*, car plus un être est près de sa fin ultime, plus il est parfait.
>
> 2° Mais l'état de l'humanité peut aussi changer en ce sens que, la loi restant la même, les hommes se comportent différemment à son égard, avec plus ou moins de perfection. En ce sens, l'état de la loi ancienne a connu de fréquents changements : par moments, les dispositions légales étaient observées avec soin; par moments, elles étaient totalement négligées. De même, l'état de la loi nouvelle varie lui aussi, selon la différence des lieux, des époques, des personnes, dans la mesure où la grâce du Saint-Esprit est possédée plus ou moins parfaitement par tel ou tel. Cependant, *il n'y a pas à attendre un autre état à venir où la grâce de l'Esprit Saint serait possédée plus parfaitement qu'elle ne l'a été jusqu'ici*, notamment par les Apôtres qui « ont reçu les prémices de l'Esprit » (*Rm* 8, 23), c'est-à-dire, suivant une glose, qui ont reçu l'Esprit « avant les autres et plus abondamment »[31].

Alors que son raisonnement ne l'y obligeait pas Thomas a tenu, dans les deux incidentes soulignées par nous, à réfuter la thèse de ceux qui espèrent un état de plus haute perfection dans la grâce. Le temps de la loi nouvelle est le plus parfait qui se puisse vivre, et c'est pourquoi « l'état des fidèles du Christ doit durer jusqu'à la fin du monde[32] ». Les réponses à chacune des trois objections sont encore l'occasion pour saint Thomas de s'en prendre explicitement aux thèses joachimites, en réaffirmant que le seul état qui soit promis à succéder à l'actuel est celui de la gloire :

> Obj. 1. Saint Paul semble insinuer le contraire lorsqu'il dit (*1 Co* 13, 10) : « Quand sera venu ce qui est parfait, ce qui est partiel disparaîtra. » Or la

---

31. *Sum. theol.*, I^a-II^{ae}, q. 106, a. 4, c.
32. *Ibid.*, s. c.

loi nouvelle n'est que partielle, puisque l'Apôtre venait justement d'observer (v. 9) : « Notre connaissance est partielle, nos prophéties sont partielles. » La loi nouvelle doit donc disparaître un jour, pour faire place à un état plus parfait.

Ad 1. Selon Denys, il y a trois états de l'humanité : celui de la loi ancienne, celui de la loi nouvelle, et un troisième qui leur fait suite, non dans la vie présente mais dans la vie future, c'est-à-dire dans la patrie. Le premier de ces états est imparfait et figuratif par rapport à celui de l'Évangile ; de même, l'état présent est imparfait et figuratif par rapport à celui de la patrie, et il disparaît quand celui-ci survient : « Maintenant nous regardons dans un miroir, en énigme ; mais alors ce sera face à face » (1 Co 13, 12).

Obj. 2. Notre Seigneur a promis à ses disciples qu'à l'avènement du Saint-Esprit ils connaîtraient « la vérité tout entière » (Jn 16, 13). Or l'Église sous le régime du Nouveau Testament ne connaît pas encore toute la vérité. Il faut donc attendre un autre état où le Saint-Esprit manifestera toute la vérité.

Ad 2. [à propos des hérésies de Montan, Priscille, Mani…] Ces absurdités (vanitates) ne résistent pas à l'affirmation de saint Jean (7, 39) : « L'Esprit Saint n'était pas encore donné, car Jésus n'avait pas encore été glorifié. » Cela fait comprendre qu'aussitôt après la glorification du Fils dans sa résurrection et son ascension, l'Esprit Saint fut donné. Du même coup *est exclue l'absurdité (vanitas) de tous ceux qui prétendraient qu'on doit attendre un autre âge, celui de l'Esprit Saint.*

Obj. 3. De même que le Père est autre que le Fils, et que le Fils est autre que le Père, de même le Saint-Esprit est autre que le Père et le Fils. Or il y eut un état approprié à la personne du Père, l'état de la loi ancienne, où la génération était en honneur. Il y a aussi un état différent qui se rattache à la personne du Fils, l'état de la loi nouvelle, où le premier rang appartient aux clercs qui s'adonnent à la Sagesse, appropriée au Fils. Il y aura donc un troisième état, celui du Saint-Esprit, où régneront les hommes spirituels.

Ad 3. La loi ancienne n'était pas seulement la loi du Père, mais aussi la loi du Fils, qui y était d'avance figuré. « Si vous croyiez en Moïse, vous croiriez aussi en moi, dit le Seigneur, puisqu'il a écrit à mon sujet » (Jn 5, 46). Et de son côté *la loi nouvelle n'est pas seulement la loi du Christ, mais aussi la loi de l'Esprit Saint.* L'épître aux Romains (8, 2) parle de la « loi de l'esprit de vie dans le Christ Jésus ». *Alors n'attendons pas une autre loi qui serait la loi du Saint-Esprit*[33].

---

33. *Sum. theol.*, I^a-II^ae, q. 106, a. 4, obj. 1, 2, 3 et ad 1, 2 et 3. On notera qu'en réponse à la première objection, comme dans le corps de l'article, Thomas n'envisage pas un instant de correspondance entre les événements ou temps de l'Ancien Testament et ceux du Nouveau : il n'est jamais question d'une interprétation figurative de l'Ancien Testament.

Ainsi, tout l'article est une réfutation vigoureuse des thèses joachimites. Si leur auteur n'est pas cité, ceux qui attendent ou annoncent un
âge de l'Esprit sont explicitement évoqués à travers « tous ceux qui prétendraient qu'on doit attendre un autre âge » (ad 2) ou « une autre loi
qui serait la loi du Saint-Esprit » (ad 3). Avant l'entrée en gloire, il n'y a
pas à attendre de régime nouveau du don de l'Esprit Saint[34]. La plénitude de l'Esprit est dans le Christ, et il la communique dès la Pentecôte
aux membres de l'Église, même si c'est selon un régime qui diffère en
chacun.

En un sens, les premiers temps de la vie de l'Église connaissent une
pleine perfection en raison de la plus grande proximité du Christ : les
Apôtres ont reçu l'Esprit « avant les autres et plus abondamment ».
Argument que l'on retrouve ailleurs chez Thomas, par exemple lorsqu'il
refuse que l'on compare certains saints aux Apôtres, quant à la sainteté :
« On voit par là la témérité (pour ne pas dire l'erreur) de ceux qui ont la
présomption de comparer certains saints aux Apôtres quant à la grâce
et la gloire. Car ces paroles font apparaître manifestement qu'à la suite
du Christ et de la Vierge mère, les Apôtres ont eu une grâce plus grande
que certains autres saints[35]. » Le P. de Lubac remarque avec finesse que
cette mention peut viser ceux qui, parmi les disciples de Joachim ou de
Gérard, voyaient en saint François un nouvel Apôtre[36].

On a vu que, pour Bonaventure, l'argument invoqué à l'encontre de
la thèse d'un âge de l'Esprit est essentiellement christologique. Aucun
autre chemin vers le salut ne saurait être envisagé que celui du Christ.
L'argument vaut pour Thomas, mais il lui adjoint, en quelque sorte, un
argument pneumatologique, dans la mesure où l'on ne saurait dissocier
l'œuvre de l'Esprit de celle du Christ : la loi du Christ est aussi la loi de

---

34. Dans l'opuscule *De commendatione et partitione sacrae Scripturae* (Hic est liber man-
datorum Dei… [*Ba* 4, 1]) (éd. Marietti, 1954, n° 1208) de 1252, Thomas évoque *in fine* le troisième temps de la marche de l'Église : « La fin de l'Église : en elle, l'Apocalypse conclut le
contenu de toute l'Écriture Sainte, jusqu'à sa participation à sa vie glorieuse comme épouse
dans ses noces avec le Christ ; vers elle, Jésus-Christ lui-même nous conduit, lui le Béni pour
les siècles des siècles. » M.-M. Dufeil (*Guillaume de Saint-Amour…*, p. 90) y voit une clausule
antijoachimite ; H. de Lubac (*La Postérité spirituelle de Joachim de Flore…*, p. 144) ne l'exclut
pas, sans que la chose soit très manifeste. Il reste que la position de Thomas est d'une parfaite
cohérence tout au long de ses œuvres et de son enseignement.

35. *In Ephes.*, cap. 1, lect. 3 (éd. Marietti, n° 23). En *Sum. theol.*, II^a^-II^ae^, q. 174, a. 6, c., à
propos des trois périodes de temps de la Révélation, avant la Loi, sous la Loi et sous la grâce,
Thomas affirme : « En chacune de ces périodes, la première en date des révélations fut la plus
haute. »

36. Cf. H. DE LUBAC, *La Postérité spirituelle de Joachim de Flore…*, p. 150. Thomas de
Celano, premier biographe de François d'Assise, voit en lui un *novus homo*.

l'Esprit Saint. Pour Thomas d'Aquin, dans l'économie de la rédemption, les œuvres du Christ et de l'Esprit sont conjointes et donc indissociables. Thomas congédie délicatement les appropriations des temps de l'humanité aux différentes personnes divines, en les traitant par prétérition, en raison de l'indivisibilité de la Trinité elle-même. Si bien que, en fin de compte, l'argument est autant trinitaire que christologique. Dans cette lumière, il n'est pas inutile de mentionner ici un lieu de la doctrine de Joachim qui a fait l'objet d'une condamnation explicite, et que Thomas d'Aquin connaît fort bien : sa doctrine trinitaire.

e) La doctrine trinitaire de Joachim

Le seul thème des écrits de Joachim qui ait explicitement fait l'objet d'une condamnation est sa doctrine trinitaire, par laquelle il avait remis en cause celle de Pierre Lombard. Il reprochait à ce dernier d'avoir posé en Dieu, non une trinité, mais une quaternité, en adjoignant aux trois personnes divines une quatrième réalité, qui serait leur commune essence. Dans sa seconde décrétale, le concile de Latran IV, en 1215, condamne la thèse critique de Joachim, et réaffirme l'orthodoxie de celle du Lombard. Il condamne également la conception de l'unité des personnes divines telle que la conçoit Joachim, semblable à celle des fidèles entre eux :

> Lorsque la Vérité prie le Père pour ses fidèles en disant : « Je veux qu'eux-mêmes soient un en nous comme nous sommes un » [Jn 17, 22], ce mot « un » est pris pour les fidèles en ce sens qu'il signifie l'union de la charité dans la grâce, et pour les personnes divines en ce sens qu'est soulignée l'unité de l'identité dans la nature [...]. Car si grande que soit la ressemblance entre le Créateur et la créature, on doit encore noter une plus grande dissemblance entre eux[37].

Thomas, dans son commentaire assez littéral de cette seconde décrétale, montre à son tour que la critique adressée par Joachim au Lombard est infondée. Sans mettre en cause sa bonne foi — que le concile du Latran a reconnue — mais soulignant son manque de finesse dans la

---

37. CONCILE DE LATRAN IV, *De errore abbatis Ioachim* (*Denz.*, n° 806). Le concile, pour autant, tient à préciser que cette condamnation ne vise pas l'œuvre religieuse de Joachim : « Cependant, nous ne voulons en rien par cela faire tort au monastère de Flore, qui a été institué par Joachim lui-même, parce que l'institution en est régulière et l'observance salutaire » (*ibid.*, n° 807).

compréhension du dogme trinitaire[38], Thomas lui reproche de tomber dans l'erreur des Ariens qui ne peuvent concevoir l'identité d'essence entre le Père et le Fils, et qui ne conçoivent leur unité que dans l'amour qui les unit, comme en une assemblée humaine :

> Il ne prétendait pas que l'unité d'essence commune aux trois personnes fût claire, réelle et véritable, mais bien similitudinaire et collective, c'est-à-dire comme formée de plusieurs, comme on dit que plusieurs hommes font un peuple, une réunion de fidèles, une Église, selon ces paroles du quatrième chapitre des Actes des Apôtres (v. 32) [...] les Ariens citaient encore ces paroles : « *Afin qu'ils soient un en nous, comme nous sommes un* », pour dire que le Père et le Fils ne sont pas un, sinon par l'amour mutuel qu'ils ont l'un pour l'autre, ainsi que nous, comme l'ont démontré saint Augustin et saint Hilaire, qui disent que c'était là la fausse interprétation des Ariens. D'où il résulte que Joachim était tombé dans l'arianisme, bien que ce ne soit pas avec obstination, puisqu'il soumit ses écrits au jugement du Siège apostolique[39].

En somme, sur le fond, Thomas reproche à Joachim d'être incapable d'articuler convenablement l'unité des personnes dans l'unicité de l'essence. En quelques autres lieux, il cite encore l'abbé de Flore pour dénoncer l'erreur de sa théologie trinitaire, témoignant de la connaissance qu'il en a et du caractère nocif qu'il lui attribue[40].

On a vu plus haut que l'erreur de Joachim, dans l'économie du salut, consiste à dissocier, de fait, l'œuvre économique du Christ de celle de l'Esprit, les deux personnes divines conjointement envoyées. Sans que Thomas relève expressément le lien entre les deux il semble bien, pour user d'un vocabulaire contemporain, que l'erreur sur la « Trinité immanente » ne soit pas sans lien avec celle sur l'œuvre de la « Trinité économique », et peut-être est-ce là la cause de l'agacement perceptible chez Thomas lorsqu'il traite de ces questions, étonnant au regard de sa coutumière sérénité. Lorsque l'on sait l'attachement de saint Thomas à la procession de l'Esprit à partir du Père et du Fils, on n'est guère surpris

---

38. S. Thomas d'Aquin, *Super secundum Decretales* (éd. Léonine, t. 40, Rome, 1969, E 41, l. 30-38) : « Or Joachim, abbé du monastère de Flore, trop peu versé dans les subtilités dogmatiques de la foi pour comprendre la doctrine du maître des *Sentences*, la taxa d'hérésie, en lui faisant dire qu'il supposait une quaternité en Dieu, admettant trois personnes et une essence commune, qu'il présumait être avancée par Pierre Lombard comme quelque chose tellement distinct des trois personnes divines, qu'on pouvait quasiment l'appeler une quaternité. »

39. *Ibid.* (E 41, l. 56-62 ; E 42, l. 115-124).

40. Ainsi en *Sum. theol.*, I^a, q. 39, a. 5, c., et dans son opuscule *Contra errores Graecorum*, p. 4 (éd. Léonine, A 74, l. 36-40).

de le voir condamner avec quelque sévérité l'idée d'une économie de l'Esprit qui serait dissociée de celle du Fils.

La réfutation par Thomas de la doctrine joachimite explique pour une part la vigueur des attaques dont lui et ses disciples font l'objet de la part des franges les plus extrêmes des mouvements spirituels, aux XIIIᵉ et au XIVᵉ siècle. Pour Arnaud de Villeneuve (1238-1316), l'image du puits de l'abîme dans l'Apocalypse (9, 1-2), d'où monte une fumée qui obscurcit le soleil et l'atmosphère, et d'où jaillit une nuée de sauterelles qui envahit la terre, désigne Thomas d'Aquin et sa théologie. L'aristotélisme qui marque la théologie de l'époque est l'œuvre d'« adulteri in sapientia Christi », les *thomatistes* sont idolâtres de leur maître Thomas, ils en font un évangéliste, et tout cela ne fait qu'annoncer la venue de l'Antéchrist. Le P. Ehrlé rapporte cette formule devenue célèbre, selon laquelle Thomas, suivi par ses disciples, « n'a pas théologisé, mais ruminé (*non theologizavit, sed bovizavit*)[41] ». À peine plus tard, en 1326, une femme occitane, Na Prous Boneta, soutient devant ses juges que de même qu'Adam eut deux fils, Abel et Caïn, l'Église de ce temps aussi en a eu deux : Pierre Jean Olivi (ou Jean-Olieu), franciscain joachimite qui fut persécuté et condamné (Abel), et Thomas d'Aquin, nouveau Caïn, récemment canonisé par Jean XXII[42]. Ces quelques exemples donnent une idée de la vigueur des querelles, sur fond d'eschatologie effervescente. S'il n'en reste rien aujourd'hui, il demeure que la critique thomasienne du joachimisme est éclairante sur la conception que l'on peut dégager chez Thomas d'Aquin d'une théologie de l'histoire. On en souligne ici, brièvement, quelques aspects.

2. Thomas d'Aquin et la théologie de l'histoire

Le reproche fait à saint Thomas d'avoir développé une théologie anhistorique, fixiste, ou qui n'a pas besoin de l'histoire, est un lieu commun des controverses du XXᵉ siècle autour de la pensée thomiste. Il est vrai que plus d'un des disciples de Thomas, et parfois des plus éminents,

41. Franz EHRLE, « Arnaldo de Villanova ed i "Thomatiste". Contributo alla storia della scuola Tomistica », *Gregorianum* 1 (1920), p. 475-501 ; cf. H. DE LUBAC, *La Postérité spirituelle de Joachim de Flore...*, p. 111.

42. Raoul MANSELLI, *Spirituali e Beghini in Provenza*, Roma, 1959, p. 239-247 ; cf. H. DE LUBAC, *La Postérité spirituelle de Joachim de Flore...*, p. 116. Elle périt sur le bûcher comme hérétique en 1328, dans la région de Carcassonne.

a abondé en ce sens[43]. Depuis une cinquantaine d'années, des études sérieuses ont rendu raison de ce grief, et montré la place significative tenue par l'histoire dans sa théologie[44]. Il reste que ces débats, venus au jour alors que les requêtes philosophiques sur le sens de l'histoire sollicitaient la théologie chrétienne, ont eu pour effet bénéfique d'inviter les commentateurs à préciser le rôle et la place de l'histoire dans la pensée thomasienne. Il s'agit d'évoquer ici l'histoire au sens du déroulement temporel des événements humains, et non au sens de l'historicité attachée à l'agir des personnes et des groupes sociaux. Dès lors que l'analyse de l'agir accorde une place essentielle au devenir de et dans l'agir humain, le caractère historique de celui-ci est immédiatement présent. C'est le cas chez saint Thomas, et nombreux sont les domaines qui le justifient[45]. S'agissant du déroulement de l'histoire, des hommes et des sociétés humaines, les réactions de Thomas d'Aquin au joachimisme confirment sa conception d'une théologie de l'histoire, plus qu'elles n'influent sur elle.

L'histoire tient une place essentielle, et même structurante, dans la théologie de Thomas au sens où son *ordo disciplinae*, la façon dont il présente l'ensemble du donné révélé sur le monde, répond au schéma platonicien de l'*exitus-reditus*, comme le P. Chenu l'avait mis en lumière

43. Voir par exemple Étienne GILSON, « Cajetan et l'humanisme théologique », *AHDLMA* 22 (1955), p. 113-136 [p. 133] : « L'indifférence de saint Thomas envers l'histoire a été prodigieuse. »

44. Voir en particulier Yves M.-J. CONGAR, « Le sens de l'"Économie" salutaire dans la "Théologie" de saint Thomas d'Aquin (*Somme théologique*) », dans *Festgabe Joseph Lortz*, t. 2, Baden-Baden, Erschienen Bei Bruno Grimm, 1958, p. 73-122 ; Ghislain LAFONT, *Structures et méthode dans la* Somme théologique *de saint Thomas d'Aquin*, « Cogitatio fidei, 193 », Paris, Cerf, 1993 ; Max SECKLER, *Le Salut et l'histoire*, La pensée de saint Thomas d'Aquin sur la théologie de l'histoire, « Cogitatio fidei, 21 », Paris, Cerf, 1967. Une étude de Jean-Pierre Torrell fait une synthèse sur la question : « Saint Thomas et l'histoire. État de la question et pistes de recherches », dans *Nouvelles recherches thomasiennes*, « Bibliothèque thomiste, 61 », Paris, Vrin, 2008, p. 131-175. M.-M. Dufeil s'inscrit en faux contre le reproche de fixisme adressé à saint Thomas avec la plus grande vigueur soulignant son apport propre face à l'augustinisme et au platonisme dominants en son temps : « Thomas d'Aquin est le maître de la notion d'histoire mais on l'ignore [...]. Thomas d'Aquin est le premier, et fondamental, maître de toute réflexion sur le concept d'histoire qui chez lui, pour la première fois occupe une position axiale dans une théologie, une pastorale, une mystique ; il est en somme le premier à l'avoir découvert, à lui avoir donné sa première assise » (« Le concept d'histoire chez Thomas d'Aquin », dans *Saint Thomas et l'histoire*..., p. 65-90 [p. 65]).

45. Cf. J.-P. TORRELL, « Saint Thomas et l'histoire... », p. 142-152. D'une façon générale, la plupart des commentateurs soulignent que saint Thomas, en donnant une place essentielle au passage de la puissance à l'acte, accorde par là même un rôle essentiel au devenir et au temps, et donc à l'historicité.

à propos du plan de la *Somme de théologie*[46]. Cependant, il ne s'agit pas, pour Thomas, de retrouver le cyclisme de la pensée grecque, mais de relire cette structure du retour au principe à la lumière de la Révélation, posant par là un *ordo ad finem* qui donne son sens ultime à l'histoire, et honorant la centralité de l'Incarnation rédemptrice. À la vérité, rendre compte d'un agir divin qui se déroule de bout en bout selon une histoire du salut et dont le point focal est l'incarnation du Verbe à un moment donné de l'histoire de l'humanité sans honorer cette donnée historique relèverait d'un paradoxe difficilement surmontable. Bien plus, le mouvement du monde ne se comprend qu'à l'image des processions intra-trinitaires. M.-M. Dufeil l'a bien exprimé en faisant écho aux propos de M. Seckler : « Le monde est *imago* d'une éternité, en mouvement, et la *processio divina* en est la cause, modèle et source du *processus temporalis*. Le salut guérit l'histoire et la création est la grammaire d'une affirmation du Créateur[47]. »

Sur fond de ce schéma général, qui vaut aussi bien pour l'ensemble du monde que pour l'histoire singulière de chaque créature, Thomas développe, selon une présentation constante, une séquence triple qui découle directement des données de la Révélation. Cette séquence permet de rendre compte des âges du monde (*tempus mundi*) autant que des états de l'humanité qui s'y rapportent (*status hominum*), (sans qu'il y ait une totale coïncidence entre les deux). En effet, comme le souligne Thomas, le statut du genre humain varie selon la succession du temps (*diversum statum humani generis, qui variatur per temporis successionem*)[48].

Selon une séquence qui n'a rien d'original et qu'il reprend à Denys, les temps de l'histoire du monde sont au nombre de trois, avant celui de la gloire, qui est l'éternité plus qu'un temps : « La résurrection du Christ inaugure le troisième temps (*tempus*). Car le premier fut avant la Loi, le deuxième sous la Loi, le troisième sous la grâce (*primum fuit ante legem ; secundum sub lege ; tertium sub gratia*)[49]. »

Cette séquence lui permet de rythmer les états de l'humanité, selon un même schéma triple, mais qui connaît quelques variantes dans ses expressions :

---

46. Marie-Dominique CHENU, *Introduction à l'étude de saint Thomas d'Aquin*, Montréal, Institut d'Études médiévales / Paris, Vrin, ²1954.

47. M.-M. DUFEIL, « Thomas d'Aquin et la découverte de l'historicité. Compte rendu de M. Seckler, *Le Salut et l'histoire*, Cerf, 1967 », dans *Saint Thomas et l'histoire...*, p. 273-282 [p. 275].

48. *Sum. theol.*, I^a-II^ae, q. 106, a. 3, ad 2.

49. *Ibid.*, III^a, q. 53, a. 2, c.

Avec la résurrection du Christ commence aussi le troisième état des saints (*status sanctorum*). Car le premier fut sous les figures de la Loi, le deuxième sous la vérité de la foi, et le troisième sera dans l'éternité de la gloire, que le Christ a inaugurée en ressuscitant (*primus fuit sub figuris legis; secundus, sub veritate fidei; tertius erit in aeternitate gloriae, quam Christus resurgendo inchoavit*)[50].

Dans certains cas, pour les besoins de son propos, saint Thomas adjoint l'état initial qui précède celui du don de la Loi, ce qui aboutit à trois états terrestres avant celui de l'éternité glorieuse[51]. Il évoque même souvent l'état d'innocence qui a précédé la survenance de la faute originelle[52], ce qui conduit en toute rigueur à distinguer cinq états de l'humanité au cours de l'histoire du monde : l'état d'innocence puis, après le péché, celui de la loi de nature, celui de la loi ancienne auquel succède celui de la loi nouvelle, avant la considération de l'état de gloire[53]. Il reste que le schéma fondamental demeure le schéma triple dionysien organisé autour des lois divines : avant la loi mosaïque, sous celle-ci et enfin sous la loi nouvelle qui est loi de grâce. Au regard des conceptions très élaborées des théologiens médiévaux, qui distinguent des séquences aussi bien dans l'Ancienne que dans la Nouvelle Alliance, celle de Thomas d'Aquin est d'un grand dépouillement. Les réactions de saint Thomas aux thèses joachimites manifestent son attachement résolu à cette tripartition dionysienne, et cela illustre sa conception de l'histoire, que deux remarques viennent préciser en conclusion.

D'abord, le propos de Thomas sur l'histoire relève essentiellement de la théologie et non de la philosophie. C'est une préoccupation moderne que de vouloir déceler le sens philosophique du développement des événements humains. Les critiques hégélienne et marxiste de l'histoire ont ainsi sollicité la pensée chrétienne au cours du XXe siècle sur ce sujet, et il est significatif que ces requêtes aient alimenté les études de grands traités patristiques d'économie divine comme le *Contre les hérésies* de saint Irénée et le *De la cité de Dieu* de saint Augustin. La perspective de Thomas est résolument théologique, c'est-à-dire placée dans la lumière

---

50. *Sum. theol.*, III*a*, q. 53, a. 2, c. Cf. dans le même sens *ibid.*, I*a*-II*ae*, q. 106, a. 4, cité plus haut.

51. Cf. *Contra Gent.*, Lib. IV, cap. 55, § 9 (éd. Marietti, n° 3940). Cf. aussi *Sum. theol.*, II*a*-II*ae*, q. 174, a. 6, qui traite des étapes de la révélation prophétique.

52. Cf. *Sum. theol.*, III*a*, q. 13, a. 3, ad 2.

53. Au surplus, Thomas mentionne à plusieurs reprises qu'avant même le temps de l'Incarnation et de la grâce, « il y eut de tous temps des hommes qui relevaient du Nouveau Testament » (*Sum. theol.*, I*a*-II*ae*, q. 106, a. 3, ad 2).

de la Révélation, qui peut éclairer les grandes étapes de l'histoire de l'humanité. Est-ce à dire qu'on ne saurait dégager philosophiquement un sens au devenir de l'histoire humaine, en harmonie avec les conceptions thomasiennes de l'histoire et de l'agir humain ? C'est ce à quoi s'est employé Jacques Maritain en son temps, dans *Pour une philosophie de l'histoire*, ouvrage dans lequel il entendait « signaler la possibilité, et la validité, de certaines lois philosophiques [...] qui éclairent l'histoire humaine et nous la rendent plus intelligible[54] ». Une telle démarche est assurément légitime, mais elle doit être comprise comme s'insérant dans une trame plus large, théologique, de l'histoire de l'humanité. Les deux démarches ne sont nullement contradictoires, mais seule la perspective théologique est explicitement présente chez Thomas d'Aquin, et c'est la plus ultime. On ne saurait lui faire grief de n'avoir pas répondu aux requêtes de nos contemporains, formulées en des termes qui n'étaient pas envisagés à son époque.

En second lieu, il faut noter la portée de la théologie de l'histoire de saint Thomas : celle-ci n'offre pas une lecture théologique de l'histoire humaine, elle l'inscrit seulement dans une périodisation dont la structure d'ensemble est révélée. Cette structure d'ensemble est celle que Thomas emprunte à Denys, dont on a rappelé ici les trois temps. C'est dire que la théologie de Thomas ne prétend pas donner un sens théologique aux événements de l'histoire humaine et à son devenir, pas plus qu'il n'en donne aux événements de l'histoire de l'Église[55]. Mais la théologie de Thomas apporte une inscription des événements du temps à l'intérieur de la connaissance révélée d'une économie divine du salut. Inscription très simple, qui laissera déçus ceux qui cherchent à donner un sens historique à tel événement de l'histoire du monde ou de l'Église, à « déterminer » l'événement. L'événement n'est pas privé de son sens, mais celui-ci ne se comprend que dans son inscription christologique, sa référence à la réalisation actuelle du dessein divin de salut.

Non seulement Thomas s'en tient à une périodisation simple en trois temps principaux, bien plus simple que celle que l'on trouve, par exemple, chez saint Augustin avec ses sept âges de l'histoire du monde,

---

54. Jacques MARITAIN, *Pour une philosophie de l'histoire* (ŒC, vol. X, Paris-Fribourg, 1985, p. 603-761 [p. 751]).

55. M.-M. Dufeil le souligne en commentant l'ouvrage de M. Seckler : « Fort original face à Bonaventure par exemple, Thomas d'Aquin refuse l'ordre de la mystique augustinienne dans la série chronographique du monde et se refuse à déterminer l'événement. Pour lui le sens de l'événement est une intelligibilité et non une inscription dans un *topos* » (« Thomas d'Aquin et la découverte de l'historicité »..., p. 274).

reprise par saint Bonaventure, mais il abandonne sans même s'y référer le concordisme historique entre Ancien et Nouveau Testament auquel nombre d'auteurs de son temps demeuraient encore attachés. Thomas ne conserve de l'apport patristique que la structure tripartite de l'économie de réalisation du dessein divin, abandonnant tous les éléments surajoutés : il fait subir à la théologie de l'histoire un redoutable amaigrissement[56].

La théologie de l'histoire de saint Thomas n'est pas une lecture théologique des événements de l'histoire humaine, elle est celle d'un dessein divin qui se réalise par étapes dans le temps, la dernière et ultime étant celle ouverte par la résurrection du Christ et le don de la grâce. En définitive, le Christ seul apporte l'intelligibilité la plus ultime de l'événement et de l'histoire. Il faut reconnaître que Thomas d'Aquin ne met guère sur la voie d'une intelligibilité de l'événement historique comme tel, en portant sur lui un regard théologique et encore moins philosophique. Point n'est besoin, alors, de se préoccuper de l'avènement du dernier jour, seul compte le jour présent comme réalisation *hic et nunc* du salut dans le Christ. M.-M. Dufeil l'exprime clairement en résumant les propos de M. Seckler à propos du « dernier temps » : « Thomas d'Aquin a le premier aboli l'attente de la fin du monde. La verticale eschatologique est immanente à chaque présent en devenir et non rejetée à une date d'astrologue. L'Église est coextensive à l'Évangile et représente le dernier temps lui-même. [...] L'Église garde l'essentiel de l'histoire, c'est-à-dire du futur[57]. »

fr. François DAGUET, o.p.

---

56. M.-M. DUFEIL, « Thomas d'Aquin et la découverte de l'historicité »..., p. 276 : « Thomas est en somme un sceptique qui refuse les fameuses grandioseries "médiévales" (au vrai tardi-antiques ou XVIIᵉ siècle) des pseudo-Augustin et autres Joachim de Flore, parce qu'il ne cherche pas un poème kérygmatique du plan divin mais la morphologie du réel historique *res in cursu suo*. Jésus apparaît alors comme la lumière concrète qui permet de rendre l'histoire intelligible. »

57. *Ibid.*, p. 276. Dans le même sens : « Le salut chez Thomas devient historique, opposé à l'éternel et immuable salut du fixisme traditionnel qui consistait à échapper au temps. [...] Ainsi la multiplication de l'événement et sa consommation objective définit l'eschatologie interne du présent » (*ibid.*, p. 280-281). On notera la pertinence de l'une de ses remarques : « Thomas ne nomme presque jamais l'histoire et chacun put croire à son ignorance et à son oubli. Seulement la même *epokê* lui est arrivée avec l'Église, notion dont il est le plus profond penseur et maître ; le mot ne manque que par une puissante attention à toutes les variétés de la chose et parce que tout y baigne » (*ibid.*, p. 279).

Résumé. — À plusieurs reprises dans ses écrits, saint Thomas se réfère, explicitement ou implicitement, aux thèses tenues par Joachim de Flore ou ses disciples. En contredisant, parfois sévèrement, les thèses joachimites, Thomas dévoile sa conception de l'histoire, qui s'inscrit dans une perspective théologique, celle d'une économie du salut réalisée définitivement dans le Christ. Ainsi, ce sont surtout les principes d'une théologie de l'histoire qu'il propose, sans pour autant disqualifier les approches contemporaines d'un regard philosophique sur l'histoire, qui relèvent d'une autre démarche, qui ne fut pas honorée à son époque.

Abstract. — On several occasions St Thomas refers either explicitly or implicitly to the well-known theses of Joachim of Flore or his disciples. By contradicting, sometimes severely, the Joachimite theses, Thomas unveils his conception of history which is written into a theological perspective, that of the economy of salvation definitively realized in Christ. Thus, what he proposes is essentially the principles of a theology of history, without however disqualifying contemporary approaches to a philosophical outlook on history, pertaining to another method, which was not in honor in his day.

Fr. François Daguet, directeur de l'Institut Saint-Thomas d'Aquin de Toulouse, a publié Théologie du dessein divin chez Thomas d'Aquin *(Vrin, 2003) et* Du politique chez Thomas d'Aquin *(Vrin, 2015).*

L'eschatologie peut-elle éclairer la protologie?

DU PARADIS CÉLESTE AU PARADIS TERRESTRE

Une urgence pastorale

JE ME SUIS INTÉRESSÉ à cette question pour des raisons d'ordre pastoral. En effet, comme prêtre et comme évêque, je me suis inquiété du silence presque total de la prédication chrétienne actuelle, du moins en nos régions, concernant les fins dernières. À l'exception des funérailles et des célébrations liées à la Toussaint, il en est rarement question dans nos églises. Le souci, en soi louable, des engagements chrétiens présents a occulté le souci de l'au-delà. Quant à la protologie, quant aux questions touchant la chute originelle et ses conséquences et même la question fondamentale du mal, elles sont pour ainsi dire totalement absentes de nos homélies. N'étant plus professionnellement engagé dans la vie intellectuelle philosophique et théologique depuis vingt-quatre ans, mon exposé visera surtout à poser des questions, tout en suggérant quelques références à la pensée de saint Thomas en la matière.

Une nouvelle vision du monde

Sur le plan pastoral, la difficulté à parler de la protologie me semble essentiellement liée à notre représentation de l'origine du cosmos présent et de la vie en son sein. Nos fidèles un peu cultivés ont entendu parler du chanoine Lemaître et de Hubble et de leur théorie du « big-bang », et même les moins cultivés savent quelque chose de Darwin et de sa théorie concernant l'origine des espèces. Pour répondre à leurs interrogations concernant l'innocence primordiale de l'être humain, la chute originelle et ses retombées, nous sommes donc en position moins confortable que saint Thomas. Celui-ci pouvait décrire sereinement

RT 116 (2016), p. 235-248

dans les questions 90 à 97 de la *Somme de théologie* (*Prima Pars*) les origines de l'homme quant à son âme et à son corps, sa condition originelle quant à l'intelligence et à la volonté, son état de grâce et de justice ainsi que ses dons préternaturels. Il était également en mesure d'expliquer, tout aussi paisiblement, dans les questions 98 à 102, comment la génération aurait eu lieu au paradis, en quelle condition les enfants y seraient nés et y auraient vécu et enfin l'extrême convenance que, créé en dehors du paradis, l'homme fût ensuite placé en ce lieu bien corporel, situé non dans le ciel empyrée, mais quelque part, sur cette terre, en Orient.

Une platitude théologique excusable

Le bouleversement total de notre vision du monde a eu pour conséquence que la doctrine de saint Thomas et, plus tard, du concile de Trente, concernant l'état d'innocence, les dons préternaturels d'Adam et la chute originelle a été pratiquement, à de rares exceptions près, abandonnée par la théologie contemporaine, laquelle réduit le plus souvent cette doctrine au simple constat d'un mal « toujours-déjà-là » conditionnant négativement chaque être humain par pression historique et sociologique[1]. Cette platitude n'a d'autre excuse que l'impossibilité de se représenter Adam et Ève comme les premiers hominidés, venant tout juste d'accéder à la conscience de soi, nés fragiles et mortels comme tout être vivant, en dépit de l'infusion en eux de l'âme immortelle créée immédiatement par Dieu, mais dotés quasi miraculeusement des dons préternaturels d'immortalité, de science et d'intégrité au sein d'un paradis terrestre artificiel échappant aux lois de la nature : bref, une sorte de « réserve préternaturelle » qui va durer juste le temps nécessaire (combien au juste ?) pour que nos premiers parents aient l'occasion de commettre le premier péché, après quoi, si l'on peut dire, « tout rentre dans l'ordre », à savoir dans la légalité du monde tel que nous le connaissons et tel qu'il est par nature. On comprend cette difficulté.

---

1. Cf., par exemple, dans la littérature théologique, Gustave MARTELET, *Libre réponse à un scandale*, La faute originelle, la souffrance et la mort, Paris, Cerf, 1986 ; Alfred VANNESTE, *Le Dogme du péché originel*, Louvain-Paris, Nauwelaerts, 1971 ; André-Marie DUBARLE, *Le Péché originel dans l'Écriture*, Paris, Cerf, ²1967 ; ID., « Le péché originel, recherches récentes et orientations nouvelles », *Revue des sciences philosophiques et théologiques* 53 (1969) ; Piet SCHOONENBERG, *L'Homme et le péché*, Tours, Mame, 1967 ; ID., « L'homme dans le péché », dans *Mysterium Salutis*, Dogmatique de l'histoire du salut, vol. 8, Paris, Cerf, 1970, chap. X, p. 9-134. Même réduction décevante du dogme du péché originel chez un philosophe comme Paul Ricœur, dans *Finitude et culpabilité*, t. 2. *La symbolique du mal*, Paris, Aubier, 1960.

Les leçons de l'eschatologie

C'est ici, précisément, que l'eschatologie peut nous être de quelque secours. Certes, selon certaines enquêtes, une minorité seulement de catholiques croient à la survie personnelle de l'être humain au-delà de la mort et moins encore à la résurrection de la chair et à la vie éternelle de l'homme en totalité, âme et corps. Mais ceux qui y croient — et c'est une minorité appréciable — n'éprouvent aucun besoin de situer le lieu de vie des ressuscités, actuellement de Jésus et de Marie, et, à terme, de tous les ressuscités bienheureux, quelque part dans le cosmos, parmi les milliards de galaxies qu'il comporte. De ce point de vue, ils sont plus libres que Thomas, qui se devait de situer le séjour des bienheureux, dès avant la résurrection, mais aussi après, dans ce ciel empyrée dont il nous parle, notamment, aux questions 66 et 102 de la *Prima Pars*. Les chrétiens qui professent avec conviction le *Credo* savent que le séjour des ressuscités se trouve dans un autre univers ou un autre état de l'univers qu'a inauguré la résurrection de Jésus et que, faute de pouvoir le décrire adéquatement, ils appellent, avec l'Écriture, « les cieux nouveaux et la terre nouvelle » (cf. *Ap* 21, 1). Comme les plus avertis sur le plan scientifique savent que certains cosmologues font aujourd'hui l'hypothèse de plusieurs univers, voire d'un « multivers », cela ne leur demande pas trop d'effort d'imaginer, sur un autre plan, l'existence du monde de la résurrection. En tout cas, ils savent que lorsque Marie, dans la gloire de son Assomption, a la bonté de nous apparaître ici ou là, elle ne débarque pas d'un voyage intersidéral et que lorsque le Ressuscité se rend réellement présent à nos vies dans la sainte eucharistie, il ne le fait à la suite d'aucun mouvement local.

Pourquoi cela n'éclairerait-il pas la protologie ? De même qu'Israël, dans les premiers chapitres de la Genèse, a pensé le drame de la chute, la rupture primordiale de l'alliance originelle de la création et la prolifération du mal à partir de son expérience historique des infidélités à l'Alliance et des maux qui en résultèrent, de même encore que Paul a pensé le rôle néfaste du premier Adam à partir de la prolifération de la grâce issue du nouvel Adam, semblablement nous pourrions éventuellement, avec les transpositions voulues, penser la protologie à partir de l'eschatologie. Comme il est impossible en peu de temps de développer cela de manière adéquate, je compte évoquer sommairement cette démarche et m'attarder aux questions délicates concernant les divers états d'une même nature humaine.

La contingence de l'état présent de la nature humaine

La foi au monde nouveau de la résurrection, où le Christ ressuscité ne meurt plus (cf. *Rm* 6, 6) et où il n'y a plus ni mort, ni pleur, ni cri, ni peine, car l'ancien monde s'en est allé (cf. *Ap* 21, 4) nous habilite et même nous invite à penser la situation présente de l'homme comme non constitutive de la nature absolue des choses, voire comme non originelle, mais plutôt comme dérivant d'une chute et d'une blessure infectant la création, sans cependant la corrompre totalement, et permettant de comprendre la vérité de l'affirmation que Dieu n'a pas créé la mort, mais que celle-ci est entrée dans le monde par l'envie du diable et le péché de l'Homme originel (cf. *Sg* 1, 13-15 ; 2, 23-24). Certes, la souffrance, l'égoïsme spontané du cœur humain, les catastrophes naturelles, les maladies et la mort sont naturels dans l'état présent de la création. Mais c'est peut-être tout ce monde présent, avec ses lois physiques et biologiques, qui n'est pas « naturel », en ce sens qu'il n'est pas comme il pourrait et devrait être, ni comme il sera lors du « renouvellement de toutes choses » (*Mt* 19, 28 ; cf. *Ac* 3, 21), ni même comme il fut à l'origine. Voilà qui va nous conduire à la considération des divers états de la « nature » humaine chez Thomas : nature en l'état d'innocence et de grâce, nature déchue, nature rachetée et guérie, nature glorifiée, avec, en arrière-fond, une certaine idée régulatrice de la nature absolue de l'homme, voire de sa nature pure. Mais, pour l'instant, contentons-nous de cette première ouverture qui nous permet déjà de penser le caractère « contingent » de l'état présent de l'existence humaine et du monde, de comprendre donc que cet état n'est pas simplement lié à la nécessaire « finitude » du monde créé, car, même dans le monde nouveau, les créatures demeureront « finies » et, enfin, de prendre au sérieux le texte décisif de Paul dans sa lettre aux Romains (8, 18-23) :

> J'estime en effet que les souffrances du temps présent ne sont pas à comparer à la gloire qui doit se révéler en nous. Car la création en attente aspire à la révélation des fils de Dieu : si elle fut assujettie à la vanité — non qu'elle l'eût voulu, mais à cause de celui qui l'y a soumise[2] —, c'est avec l'espérance d'être, elle aussi, libérée de la servitude de la corruption pour entrer dans la liberté de la gloire des enfants de Dieu. Nous le savons en effet, toute la création jusqu'à ce jour gémit en travail d'enfantement. Et non pas elle seule :

---

2. Ce « celui » peut désigner soit Adam, soit Satan qui l'a tenté, soit Dieu qui, en réponse au péché des anges rebelles et de l'homme, a dû abandonner provisoirement le monde à la vanité du néant.

nous-mêmes qui possédons les prémices de l'Esprit, nous gémissons nous aussi intérieurement dans l'attente de la rédemption de notre corps.

La chute originelle : un événement réel dans un autre état de la création

Dans ce contexte, pourquoi ne pas oser penser la protologie, à l'image de l'eschatologie, en la situant à un autre niveau que celui du monde en sa condition actuelle ? Cela permettrait de penser l'état d'innocence et les dons préternaturels proposés par l'Écriture, par le concile de Carthage, le deuxième concile d'Orange et le concile de Trente sans céder à une représentation naïve, scientifiquement inacceptable. Pourquoi la chute originelle ne serait-elle pas un événement réel, dans un monde réel, non pas à l'intérieur, mais plutôt, à l'origine de certains aspects du monde présent ? Et ce, en reconnaissant à l'avance que le passage du monde originel au monde déchu est tout aussi irreprésentable que le passage de notre monde — le monde ancien, comme dit l'Apocalypse (cf. *Ap* 21, 4) — au monde nouveau et pour les mêmes raisons, parce que nos représentations ne sont adéquates que concernant l'état présent du monde, au moins à l'échelle macroscopique. Et, analogiquement, le statut du premier Adam est aussi peu imaginable et descriptible que celui du nouvel Adam en son état de gloire. Je dis « analogiquement », car il y a aussi une grande différence entre le premier Adam, simple créature humaine encore *in statu viae*, non encore parvenu à la vision béatifique et ne possédant pas encore un corps glorieux, et le nouvel Adam, vrai homme et vrai Dieu, dans l'éclat de sa résurrection.

Prendre au sérieux l'état préternaturel de l'existence humaine

Certes, la voie que je propose ici pose autant de questions qu'elle n'en résout, mais cela n'est pas fait pour déranger une assemblée que la fréquentation de saint Thomas a habituée à envisager à propos de toute affirmation de multiples objections avant d'y chercher patiemment des solutions. Son principal avantage est de pouvoir prendre au sérieux l'état d'innocence et les dons préternaturels de l'humanité originelle sans tomber dans les contradictions qu'implique leur attribution aux premiers hominisés de l'évolution biologique et en maintenant, sans tomber dans la gnose, la continuité autant que la discontinuité entre les divers « états » de la nature humaine, voire en permettant de penser de manière cohérente les composantes essentielles de la nature « absolue » de l'homme.

Thomas et l'état d'innocence

Saint Thomas déploie des vues très précises sur la nature humaine dans son état d'innocence au paradis terrestre. Il affirme non seulement, comme de juste, qu'Adam n'y avait pas encore la vision de Dieu, sans quoi il n'aurait pu pécher, mais qu'il avait aussi une connaissance de Dieu intermédiaire entre celle de l'état présent de la nature humaine et celle de son glorieux état final. C'est pourquoi, à coup sûr, il avait une connaissance meilleure que la nôtre en raison de l'harmonie parfaite entre la connaissance sensible et la connaissance intellectuelle, gratuitement illuminée, par ailleurs, de l'irradiation de la Vérité première[3]. Par ailleurs, il tient que le corps d'Adam, corruptible par nature en l'état d'innocence comme dans l'état présent, était, par un don surnaturel (ou préternaturel) lié, mais non identique, à la grâce originelle, préservé de la mort en vertu de la force accordée ainsi à l'âme, force rejaillissant sur le corps[4]. Il défend également la thèse qu'Adam, au paradis, devait s'alimenter selon les besoins d'une nature animale, non encore pleinement spiritualisée comme elle le sera après notre résurrection. Ce qui impliquait des déjections qui, cependant, se fussent déroulées en parfaite décence[5]! Il soutient, enfin, qu'en l'état d'innocence la génération d'enfants aurait eu sa place, et par la voie de l'union charnelle, mais sans que celle-ci comportât la difformité d'une convoitise immodérée, grâce au parfait contrôle rationnel de l'appétit concupiscible, ce qui augmentait le plaisir sensible, mais sans aucun trouble de l'âme[6].

Thomas et la condition humaine eschatologique

Saint Thomas n'est pas moins prolixe concernant l'état glorieux de la nature humaine après la résurrection. Même si notre principale source

---

3. Cf. *Sum. theol.*, I*a*, q. 94, a. 1.
4. Cf. *ibid.*, q. 97, a. 1.
5. Cf. *ibid.*, a. 3.
6. Cf. *ibid.*, q. 98.

d'information est le *Supplément* à la *Somme de théologie*, non rédigé comme tel par le Docteur angélique, il reflète, malgré tout, fidèlement sa pensée. Elle est très précise concernant l'intégrité des corps ressuscités, les cheveux et les ongles inclus, y compris même les intestins, remplis cependant d'humeurs plus nobles que dans l'état présent, et certaines autres humidités, le critère étant que ressuscite tout ce qui appartient à « la vérité de la nature humaine[7] ». Cependant, comme la résurrection n'est pas ordonnée à l'obtention des fins animales de la nature humaine, mais à la réception de sa perfection ultime dans la vision de Dieu, les opérations de la vie animale, comme manger, boire, dormir et engendrer, n'auront plus cours, même si les organes servant à ces opérations seront toujours présents[8]. Mais le point le plus éclairant me semble être celui de l'impassibilité et donc de l'immortalité des corps ressuscités. Thomas reconnaît que la mortalité n'appartient pas à la nature absolue de l'homme. Elle lui est liée dans l'état déchu de la nature humaine parce que, étant composé d'éléments contraires, le corps humain, comme celui des autres vivants, est exposé à la dissolution, n'en étant plus préservé par un don préternaturel lié à la grâce, comme au paradis terrestre, et n'en étant pas encore exempt en vertu de la gloire de la vision béatifique qui remplira l'âme et lui assurera une victoire totale sur la passibilité du corps. Autrement dit, le corps d'Adam était immortel simplement parce qu'un don préternaturel permettait qu'en lui rien ne résistât à la volonté de l'esprit, tandis que le corps des ressuscités échappera à la dissolution parce que de l'âme glorifiée par la vision de Dieu émanera une perfection surnaturelle qui l'exemptera radicalement et à tout jamais de la mort[9].

Thomas et la condition protologique et eschatologique de l'univers physique

Je retiens enfin un dernier point utile à mon propos, malgré son apparence futile. Thomas est d'avis que, dans l'état d'innocence originelle, les bêtes féroces se nourrissaient déjà de la chair d'autres animaux et que le péché des origines n'a pas changé leur nature, comme si, auparavant,

---

7. Cf. *Sum. theol.*, *Suppl.*, q. 80, a. 1-4.
8. *Ibid.*, q. 81, a. 1 et 4.
9. Cf. *ibid.*, q. 82, a. 1 et q. 84, a. 1.

ils eussent été herbivores[10]. Par contre, dans le monde de la résurrection finale, l'univers, ordonné à l'homme, gagnera en clarté afin de rendre plus transparent le resplendissement de la gloire du Créateur dans l'univers créé, même si, en plus du monde angélique, ce surcroît de lumière concernera uniquement les corps célestes, le mouvement du ciel ayant par ailleurs cessé, les quatre éléments et les corps glorieux, les plantes et les animaux étant exclus de cette transfiguration[11].

Une nature absolue de l'homme et de l'univers calquée sur le monde déchu ?

La question qui me vient à l'esprit en évoquant rapidement ces textes est la suivante. Dans sa conception de la nature humaine et, notamment, de ce qu'on peut appeler la « nature absolue » de l'homme, Thomas n'aurait-il pas projeté trop d'éléments liés à l'état présent de la nature déchue ? Ce qui se comprendrait parfaitement dès lors que c'est la condition concrète que nous connaissons le mieux. Même chose lorsque saint Thomas et tant d'autres après lui se représentent certaines données de notre environnement physique comme des lois inévitables de la nature. N'est-ce pas en vertu d'une projection contestable que nous faisons de la génération et de la corruption (correspondant antique, sur certains points, de l'entropie croissante de tout système physique fermé) une loi de statut quasi métaphysique ? N'extrapolons-nous pas indûment nos expériences de maturation quand nous attribuons à l'univers créé lui-même une loi de croissance, comme si Dieu l'avait librement créé en état de cheminement[12], comme si donc il devait nécessairement être marqué par le mal physique, le rôle de l'homme étant en quelque sorte d'améliorer cet univers à la fois splendide et tragique où la Mère Terre se montre inhospitalière autant que nourricière ? Ne passe-t-on pas abusivement du fait au droit en imaginant que la redoutable loi de la jungle, qui gouverne cruellement la lutte pour la vie de tant d'animaux, ressortit, par nécessité, à la nature même de la vie animale ? Nous sommes, certes, reconnaissants à Thomas d'avoir refusé de dire que la mort fait partie de la nature même du composé humain, dès lors que le corps, de par son union à une âme immortelle, possède une prédisposition à l'immorta-

---

10. Cf. *Sum. theol., Iª,* q. 96, a. 1.
11. Cf. *ibid., Suppl.,* q. 91, a. 2 à 5.
12. Cf. *Catéchisme de l'Église catholique,* nº 310.

lité, mais n'est-ce pas aller trop vite en besogne que de considérer que la lourde intendance de l'existence humaine est si naturelle que, même au paradis terrestre, il fallait lui faire quelques concessions, seul le paradis céleste en étant enfin exempté ? Théologiquement et pastoralement, cela me semble extrêmement risqué.

Le scandale lié à une conception naïve de l'univers créé

En tout cas, je partage le scandale éprouvé par tant de gens à la pensée que l'univers présent, avec son cortège de splendeurs, mais aussi d'horreurs, correspondrait, purement et simplement, à la pensée et à la volonté du Créateur. Dans ce cas, le Créateur serait-il vraiment si puissant ou si bon qu'on le prétend ? N'oublions jamais le mot si profond de Dostoïevski dans *Les Frères Karamazov* (Livre V, chap. IV) : « Si la souffrance des enfants sert à parfaire la somme de douleurs nécessaires à l'acquisition de la vérité, j'affirme d'ores et déjà que cette vérité ne vaut pas un tel prix. » Je comprends aussi le malaise ressenti par tous ceux qui ont été victimes d'épidémies, de tornades, de tsunamis, d'éruptions volcaniques lorsque, dans notre catéchèse ou notre prédication, nous offrons une lecture naïve de la beauté de la nature, célébrons sans nuances notre frère le vent ou notre sœur l'eau ou notre frère le feu ou rendons grâce pour la beauté de la vie animale. Dans son admirable *Cantique des créatures*, saint François a eu la sagesse de ne souffler mot des microbes de toute sorte ni de l'univers impitoyable de la vie animale. Qu'il en soit remercié, car il est une grande partie de l'humanité qui est peu disposée à féliciter le Créateur pour l'existence des virus ou à lui rendre grâce pour le vent des ouragans, l'eau des inondations et les flammes dévorantes des incendies. Beaucoup se demanderont, en effet, si, vraiment, le Créateur ne pouvait faire mieux. Peut-être même certains se poseront-ils la question de savoir si le Créateur ne serait pas un peu sadique d'avoir conçu, en tant que Trinité d'amour, un monde où les vivants ne peuvent subsister qu'en avalant, étouffant, empoisonnant, broyant ou déchiquetant d'autres, même si, dans le cas de l'animal humain, cela se passe désormais dans l'atmosphère feutrée, aseptisée, mais, néanmoins, sordide de nos abattoirs. Est-il raisonnable de penser que tout cela appartient à la « nature absolue » du cosmos et de la biosphère ?

Les ambiguïtés de Thomas et du *Catéchisme de l'Église catholique*

En lisant le *Catéchisme de l'Église catholique*, comme en lisant Thomas, je ne peux me défaire de l'impression d'une tension interne. D'une part, on tente de « justifier » le mal physique aussi loin qu'il est possible en invoquant soit la Providence qui ferait de ce mal l'ingrédient d'un bien supérieur, soit la pédagogie divine qui nous placerait dans cet univers splendide et cruel pour nous amener à la conscience de notre finitude et nous inciter à l'aménagement le meilleur possible de la planète[13]. Ce qui conduit à expliquer le mal, autant que faire se peut, au risque du scandale évoqué à l'instant, par la « nature absolue » des créatures. D'autre part, on est bien contraint par les données de la Révélation de reconnaître que le mal physique, sans parler des autres formes de mal, est lié à un univers déchu, soumis contre sa volonté, à la vanité et à la servitude de la corruption[14]. Semblablement, le contenu eschatologique de la foi nous impose de penser que l'univers et l'homme peuvent exister, non seulement sans l'infection du péché, mais aussi sans la souffrance et la mort[15].

La cosmogenèse et l'anthropogenèse sous le signe de la chute ?

Dans ces conditions, n'est-il pas plus sage et plus éclairant de formuler l'hypothèse que c'est tout le déploiement du cosmos et de la biosphère, depuis le « big-bang » de l'« atome primitif » jusqu'à nos jours, en passant par le surgissement de l'humanité historique, qui est placé sous le signe de la chute originelle, commise non point à l'intérieur de l'univers en son état présent, mais dans le « paradis terrestre », c'est-à-dire dans le même univers, mais en son état d'innocence originelle. Rares sont ceux qui se sont aventurés dans l'exploration de cette hypothèse, sans tomber dans la gnose et la dépréciation de la matière qui lui est liée. Le grand Origène s'y est essayé avec génie, mais en faisant d'excessives concessions à la théorie platonicienne de la chute des âmes préexistantes dans l'univers corporel. Grégoire de Nysse, abstraction faite d'hypothèses hasardeuses sur une reproduction asexuée dans le paradis terrestre, a ouvert des pistes intéressantes en interprétant, comme tant d'autres

---

13. Cf. *CEC*, n° 310 ; et *Contra Gent.*, Lib. III, cap. 71.
14. Cf. *Rm* 8, 20-21 ; *CEC*, n⁰ˢ 385 à 401 ; textes de Thomas évoqués ci-dessus.
15. Cf. *Ap* 21, 4 ; *CEC*, n⁰ˢ 1006-1009 et 1047 ; textes de Thomas évoqués ci-dessus.

Pères, « les tuniques de peaux », accordées par le Créateur à l'homme déchu, comme le symbole non de la condition corporelle en tant que telle (ce qui conduirait à un mépris gnostique du corps et de la matière), mais de l'alourdissement, de l'épaississement, de la corporéité humaine après la chute, c'est-à-dire, selon notre approche actuelle de l'évolution, de la corporéité humaine telle qu'elle surgit, laborieusement, au terme de la biogenèse et de l'anthropogenèse.

Quelques pistes contemporaines

Dans la littérature plus récente, du moins celle qu'il me fut donné de fréquenter, je n'ai guère trouvé de lumières à ce sujet que chez Gaston Fessard, Hans Urs von Balthasar, Vladimir Lossky, Vladimir Soloviev, Nicolas Berdiaev et Olivier Clément, donc dans des traditions inspirées majoritairement de l'Orient[16]. À titre de respiration dans cet exposé qui ne peut entrer dans la forêt touffue de ces questions, je voudrais citer un paragraphe d'O. Clément, citant lui-même quelques lignes passionnantes de Pierre Teilhard de Chardin dans une œuvre de jeunesse, il est vrai, du célèbre paléontologue :

> Les découvertes de la géologie et de la paléontologie s'arrêtent nécessairement aux portes du Paradis, puisque celui-ci constituait une autre modalité de l'être. La science ne peut remonter en deçà de la chute puisqu'elle est incluse dans les conditions d'existence provoquées par celle-ci. Ce que la science appelle « évolution » représente spirituellement le processus d'objectivation, d'extériorisation de l'existence cosmique abandonnée par le premier Adam. Le monde cesse d'être le « corps mystique » d'Adam pour s'effondrer dans la séparation et la mort où Dieu le stabilise, le sauvegarde, l'oriente vers l'incarnation du Christ, nouvel Adam. Il est remarquable que Teilhard de Chardin, qui devait, par la suite, ignorer systématiquement l'état

16. Voici mes principales références : Gaston FESSARD, *La Dialectique des* Exercices spirituels *de saint Ignace de Loyola*, t. 2. *Fondement, péché, orthodoxie*, Paris, Aubier, 1966, p. 79-99 ; Hans Urs VON BALTHASAR, *La Gloire et la croix*, II. *Styles* : 2. *De Jean de la Croix à Péguy*, Paris, Aubier, 1972, p. 184-205 ; ID., *De l'intégration*, Aspects d'une théologie de l'histoire, Paris, Desclée de Brouwer, 1970, p. 98-104 ; Vladimir LOSSKY, *Essai sur la théologie mystique de l'Église d'Orient*, Paris, Aubier, 1944, p. 109-129 ; Vladimir SOLOVIEV, *Les Fondements spirituels de la vie*, Paris, Beauchesne, 1932, p. 23-41 ; 115-169 ; Olivier CLÉMENT, *Questions sur l'homme*, Paris, Stock, 1972, p. 147-155 ; Nicolas BERDIAEV, *Esprit et réalité*, Paris, Aubier, 1943 ; ID., *Le Sens de la création*, Un essai de justification de l'homme, Paris, Desclée de Brouwer, 1955 ; ID., *Essai de métaphysique eschatologique*, Acte créateur et objectivation, Paris, Aubier, 1946. Cf. aussi, dans un sens intermédiaire, Bernard POTTIER, *Le Péché originel selon Hegel*, Commentaire et synthèse critique, Namur, Culture et vérité, 1990.

originel de la création, ait tenté, dans un bref écrit de 1924, *Mon Univers*, de rendre compte plus fidèlement des données de la Tradition : « D'où vient à l'univers sa tache originelle ? Ne serait-ce pas [...] comme paraît l'indiquer formellement la Bible, que le multiple originel est né de la dissociation d'un être déjà unifié (premier Adam) si bien que, dans sa période actuelle, le Monde ne monterait pas, mais remonterait vers le Christ (deuxième Adam) ? Dans ce cas, avant la phase actuelle d'évolution (de l'esprit hors de la matière), se placerait une phase d'involution (de l'esprit dans la matière), phase évidemment in-expérimentale puisqu'elle se serait développée dans une autre dimension du Réel »[17].

Je relierais volontiers cette double citation à une autre, empruntée à V. Soloviev. Ce philosophe et théologien de génie a écrit des pages redoutables, mais d'une parfaite lucidité, sur cette loi de mort qui régit la nature entière et exprime la vérité du mot de saint Jean : « Le monde entier gît au pouvoir du Mauvais » (1 *Jn* 5, 19). Il était, tout comme nous sans doute, saisi d'effroi à la pensée que, dans un univers créé tel par Dieu, selon la vision commune, tant d'animaux sont armés de subtils hameçons, de poisons pénétrants, de mâchoires effrayantes, de crocs acérés, de muscles constricteurs puissants en vue d'éliminer d'autres vivants. Il résumait ce « bellum omnium contra omnes », cette guerre universelle présente dans le cosmos, dans la vie animale et dans l'espèce humaine dans les termes suivants :

> Chaque être de notre monde, depuis le plus petit grain de poussière jusqu'à l'homme, ne fait qu'exprimer par toute sa vie naturelle : moi, seul, j'existe et tout le reste n'existe que pour moi ; se heurtant à un autre être, il lui dit : si j'existe, moi, il n'est, de ce fait, déjà plus possible que toi, tu existes aussi, il n'y a pas de place pour toi à côté de moi. Chaque être parle ainsi, chaque être attente à la vie de tous, voulant exterminer les autres et étant exterminé par eux[18].

Une hypothèse plus éclairante que problématique ?

Notre esprit peut enfin se détendre à la pensée que c'est l'ensemble de l'univers, depuis son début physique (le fameux « big-bang »), qui est, pour une part, contre nature, soumis à une loi de vanité, marqué par la servitude de la corruption, non point en tant qu'univers physique, mais

---

17. O. Clément, *Questions sur l'homme...*, p. 155.
18. V. Soloviev, *Les Fondements spirituels de la vie...*, p. 116.

en tant qu'univers blessé, cassé, dont la dégradation résulte d'une chute originelle, imputable à Satan et à ses anges rebelles ainsi qu'à l'Homme originel ou premier Adam séduit par l'orgueil diabolique, mais que nous avons tous contresignée par nos fautes personnelles.

L'objection faite par Karl Rahner[19] selon laquelle il s'agirait d'un « miracle punitif » incompréhensible peut facilement être écartée si l'on veut bien penser que l'événement métaphysique de « dé-création » correspondant aux conséquences physiques de la chute originelle n'est ni plus ni moins un coup de baguette magique que l'événement métaphysique analogue — et donc non identique — par lequel, en sens contraire, Dieu a ressuscité Jésus, a inauguré en lui le renouvellement de toutes choses et réalisera, à la fin des temps, la « re-création » de l'univers entier, y compris de nos corps.

Dans cette manière de « penser » les choses à défaut de pouvoir se les « représenter » adéquatement, il est, bien sûr, vain de se demander si la chute du premier Adam et de la première Ève a coïncidé temporellement avec la première hominisation de notre histoire biologique présente, puisque, par définition, il ne peut s'agir d'une coïncidence mesurable dans le temps, mais plutôt d'une coïncidence spirituelle et métaphysique. Sinon, autant se demander si, lors de la Résurrection, Jésus s'est assis dans la gloire à la droite de son Père, à l'« instant » même où le tombeau se vidait de son cadavre… De même, il est oiseux de se poser la question de savoir si, en s'éveillant à la conscience humaine de soi, les premiers hominisés issus biologiquement de la vie animale se sont souvenus de leur condition paradisiaque « antérieure ». Entre la condition humaine d'Adam et Ève avant la chute et notre condition humaine présente, il y a, en effet, une continuité et une identité foncières, mais il y a aussi une discontinuité tout aussi réelle qu'il nous est bien impossible d'évaluer psychologiquement dans le cas précis de nos premiers parents. Il y a, semblablement, une continuité et une discontinuité comparables, quoique non identiques, entre Jésus et Marie en leur condition terrestre et les mêmes Jésus et Marie en leur condition glorieuse, comme entre la condition présente de l'humanité et sa condition eschatologique.

Là, d'ailleurs, n'est pas l'essentiel. Le meilleur fruit de nos considérations sur l'eschatologie et la protologie sera plutôt de nous pousser à penser davantage ce que l'on pourrait appeler « l'historicité de la création », en visant par là les trois états du réel créé, à savoir : 1) l'état que nous expérimentons présentement, éprouvante vallée de larmes enca-

---

19. Karl RAHNER, Herbert VORGRIMLER, *Petit dictionnaire de théologie catholique*, Paris, Seuil, 1970 : art. « Péché, premier », p. 349-350 [p. 350].

drée de hauts sommets d'humanité et de culture ; 2) en amont de cet univers livré dès l'origine à la vanité et à la servitude de la corruption, le paradis perdu de l'innocence originelle de l'homme et du cosmos et enfin : 3) le paradis céleste de ce monde nouveau inauguré par Pâques, où la vie fleurit sans plus être soumise à une loi de mort.

Il reste, bien sûr, comme je l'ai déjà noté, que ces hypothèses théologiques soulèvent presque autant de questions qu'elles ne prétendent en éclairer, mais, au moins, peuvent-elles permettre de mieux poser certaines d'entre elles, bénéfice éventuel dont je vous laisse évidemment les seuls juges.

Mgr André-Joseph LÉONARD.

Résumé. — L'article pose la question de savoir si, dans sa conception de la nature humaine et, notamment, de ce qu'il appelle la « nature absolue » de l'homme, saint Thomas n'a pas projeté trop d'éléments liés à l'état présent de la nature déchue. Même chose lorsque saint Thomas et tant d'autres après lui se représentent certaines données de notre environnement physique comme des lois inévitables de la nature. N'est-ce pas en vertu d'une projection contestable que nous faisons de la génération et de la corruption (correspondant antique, sur certains points, de l'entropie croissante de tout système physique fermé) une loi de statut quasi métaphysique ?

Abstract. — This article asks whether, in his concept of human nature, and in particular what is called the "absolute nature" of man, St Thomas did not project too many elements bound with the present state of fallen nature. The same goes for when St Thomas and so many others after him imagine certain data of our physical environment as inevitable laws of nature. Is it not by virtue of a disputable protrusion that we make of generation and corruption (the ancient counterpart, from certain points of view, of the growing entropy of every closed physical system) a virtually metaphysical law ?

S. E. Mgr André-Joseph Léonard, *archevêque émérite de Malines-Bruxelles, est Docteur et maître-agrégé en philosophie de l'Université catholique de Louvain, ainsi que licencié en théologie de l'Université Grégorienne de Rome. Dernier ouvrage paru : L'Église au féminin (Nouan-le-Fuzelier, Éditions des Béatitudes, 2014).*

La prière aux âmes du purgatoire, la prière des âmes du purgatoire

Il EST COMMUNÉMENT admis que ni l'Écriture ni la liturgie ne donnent un fondement à une prière aux âmes du purgatoire. De même, sous réserve d'une étude approfondie et selon notre connaissance, les Pères n'en disent presque rien. De son côté, le Magistère est extrêmement discret. Enfin, les théologiens médiévaux, tel saint Thomas, nient ou réduisent fortement la possibilité de prier les âmes du purgatoire.

À l'inverse, la doctrine concernant la prière *pour* les âmes du purgatoire a fait l'objet de nombreux développements et d'affirmations ancrées dans l'Écriture, la Tradition et le Magistère. Dans l'article du *Dictionnaire de théologie catholique* consacré au purgatoire Albert Michel affirme :

> Tous ces documents, enseignement des Pères, prescriptions des conciles, formules liturgiques, inscriptions épigraphiques, nous amènent, pour l'Église latine, à la même conclusion que pour l'Église grecque : depuis les temps les plus reculés — ce qui nous permet de dire depuis les temps apostoliques — la croyance à l'efficacité des suffrages pour les défunts est un dogme universellement reconnu[1].

Cependant, une affirmation récente du Magistère a retenu notre attention. Le *Catéchisme de l'Église catholique* affirme : « Notre prière pour eux [les morts qui sont au purgatoire] peut non seulement les aider mais aussi rendre efficace leur intercession en notre faveur[2]. »

---

1. Albert MICHEL, art. « Purgatoire », *Dictionnaire théologique catholique*, t. 13, Paris, 1936, col. 1163-1326 [col. 1237].

2. *CEC*, nº 958. Le numéro 959 ajoute : « *Dans l'unique famille de Dieu.* "Lorsque la charité mutuelle et la louange unanime de la Très Sainte Trinité nous font communier les uns aux autres, nous tous, fils de Dieu qui ne faisons dans le Christ qu'une seule famille, nous répondons à la vocation profonde de l'Église" (*Lumen Gentium*, nº 51). »

Si les âmes du purgatoire intercèdent en notre faveur, pouvons-nous les prier ? Entendent-elles, connaissent-elles nos demandes ? Peuvent-elles prier pour nous en raison du simple fait qu'elles gardent mémoire des liens qu'elles avaient avec nous sur la terre ?

Pour traiter cette question, nous procéderons en trois temps : la position de saint Thomas (1) ; les affirmations de mystiques et des *moderni* (2) ; *Spe Salvi* et le Magistère récent (3).

1. La position de saint Thomas

Saint Thomas fonde la prière pour les âmes du purgatoire sur la doctrine du corps mystique et, par conséquent, sur la communion des saints. Dans le *Supplementum* de la *Somme de théologie*, voici comment est rapportée sa position :

> Tous les fidèles unis par la charité « ne font qu'un seul corps, qui est l'Église ». Mais dans un même corps, les membres s'aident les uns les autres[3].
>
> Le lien de la charité, qui unit entre eux les membres de l'Église, n'embrasse pas seulement les vivants, mais aussi les morts qui ont quitté ce monde en état de charité ; car celle-ci ne cesse pas avec la vie, puisque saint Paul l'affirme : « La charité ne passera jamais » (*1 Co* 13, 8)[4].

Le Docteur angélique inclut bien évidemment les âmes du purgatoire dans le courant de la charité mais, de leur condition bien différente de celle des bienheureux, il déduit les affirmations suivantes.

a) En raison de leur état c'est plutôt à nous de prier pour elles qu'à elles de prier pour nous

Dans le traité sur la vertu de religion, saint Thomas affirme :

> Ceux qui sont au purgatoire, bien que supérieurs à nous par leur impeccabilité, sont en état d'infériorité si l'on considère les peines qu'ils souffrent. À ce point de vue, *leur état n'est point celui d'intercesseurs*, mais bien plutôt de gens pour qui l'on prie (*et secundum hoc non sunt in statu orandi, sed magis ut oretur pro eis*)[5].

---

3. *Sum. theol.*, *Suppl.*, q. 71, a. 1, s. c. 2.
4. *Ibid.*, a. 2, c.
5. *Ibid.*, II^a-II^{ae}, q. 83, a. 11, ad 3.

Notons ici que saint Thomas n'exclut pas absolument que les âmes du purgatoire puissent prier pour nous. Il souligne simplement que leur condition les établit plutôt (*magis*) comme ayant besoin de nos prières.

b) Les âmes du purgatoire ne peuvent pas connaître habituellement nos demandes

Toujours dans le traité sur la vertu de religion, saint Thomas affirme que « les âmes du purgatoire ne connaissent pas ce que nous disons ou pensons » :

> Les morts, à ne considérer que leur condition naturelle, ne savent pas ce qui se passe en ce monde, surtout dans l'intime des cœurs. Mais, nous dit saint Grégoire, les bienheureux découvrent dans le Verbe (in Verbo manifestatur illud *quod decet eos cognoscere de eis quae circa nos aguntur, etiam quantum ad interiores motus cordis*) ce qu'ils doivent connaître de ce qui nous arrive, même quant aux mouvements intérieurs du cœur. Or il convient par-dessus tout au rang élevé qui est le leur, qu'ils connaissent les demandes qui leur sont faites oralement ou mentalement. Ils connaissent donc les prières que nous leur adressons, parce que Dieu les leur découvre[6].
>
> *Ceux qui sont en ce monde ou dans le purgatoire ne jouissent pas encore de la vision du Verbe.* Ils ne peuvent donc pas connaître ce que nous pensons ou disons. C'est pourquoi nous n'implorons pas leurs suffrages par la prière, sinon en ce qui concerne les vivants, par nos demandes[7].

Saint Thomas affirme clairement que les âmes du purgatoire ne peuvent pas connaître nos demandes, ce que nous « pensons ou disons » parce qu'elles ne jouissent pas encore de la vision béatifique. Ne voyant pas le Verbe, elles ne peuvent pas non plus voir en lui (*in Verbo*) ce que disent ou pensent les fidèles sur la terre.

À l'inverse, les âmes qui sont au Ciel, bien que par leur condition naturelle, comme les âmes du purgatoire, elles ne puissent pas connaître ce qui se passe en ce monde, surtout dans l'intime des cœurs, « découvrent (*in Verbo manifestatur illud*) [cependant] dans le Verbe ce qu'[elles] doivent connaître de ce qui nous arrive, même quant aux mouvements intérieurs du cœur[8] ».

---

6. *Sum. theol.*, II^a^-II^ae^, q. 83, a. 4, ad 2.
7. *Ibid.*, ad 3.
8. *Ibid.*, ad 2.

Pour bien saisir ce point concernant la connaissance, il faut avoir présent à notre esprit que sur terre, en ce monde, le mode ordinaire de connaissance passe toujours par la connaissance sensible : « Rien n'est dans l'intellect, qui ne fut d'abord dans les sens. » Et c'est par des *species*, abstraites des *phantasmata* ou images de la *res* considérée, laquelle se présente à l'homme par les sens, que l'intellect de l'homme est informé. Or les âmes séparées ne peuvent pas être informées par des *species* qui seraient extraites de la connaissance sensible, puisqu'elles n'ont plus leurs corps[9]. Quel type de connaissance possèdent-elles ?

L'âme humaine est essentiellement une âme *pour* et une âme *d'un* corps, le constituant d'ailleurs dans sa dignité. Séparée de ce corps (qui dès lors n'en est plus un) on pourrait la penser comme intellectuellement plus spirituelle mais en réalité cette « spiritualité » n'est pas celle qui lui convient par nature. En effet, c'est par le corps que la spiritualité de l'âme s'exerce même si l'activité intellectuelle est purement spirituelle. Pour l'âme humaine, l'activité spirituelle est celle de l'âme d'un corps et cela n'est pas un défaut mais correspond à sa nature. Sans son corps, l'âme vit « un peu au-dessus de ses moyens », s'il nous est permis d'employer cette expression ! Plus justement, il faut dire qu'elle ne connaît pas les choses selon sa condition naturelle. Excorporée et en dehors des sens, la dilatation de la pupille de l'intelligence humaine ne se produit pas selon sa nature qui est d'être l'âme d'un corps. Dès lors, cette dilatation qui nous apparaît comme plus spirituelle est quelque peu troublée et anarchique en dehors de sa condition naturelle.

Par ailleurs, l'âme séparée dispose, comme imprimées dans sa mémoire, des *species* acquises *in via* par le biais des *phantasmata* ou images sensibles.

Mis à part ces *species* de la mémoire, comment les âmes séparées connaissent-elles les autres choses *de eis quae circa nos aguntu*, ainsi que le dit saint Thomas ? Distinguons entre les âmes bienheureuses et les âmes du purgatoire.

Pour ce qui concerne les âmes qui sont dans la béatitude, il y a deux possibilités : la première est certaine et établie chez saint Thomas, la seconde n'est pas établie mais pas impensable.

1. La première connaissance *de eis quae circa nos aguntur* : *in Verbo*.

---

9. Cf. S.-Th. Bonino, « L'âme séparée. Le paradoxe de l'anthropologie thomiste », *RT* 116 (2016), p. 71-103.

Les bienheureux découvrent dans le Verbe ce qu'ils doivent connaître de ce qui nous arrive, même quant aux mouvements intérieurs du cœur. Or il convient par-dessus tout au rang élevé qui est le leur qu'ils connaissent les demandes qui leur sont faites oralement ou mentalement. Ils connaissent donc les prières que nous leur adressons, parce que Dieu les leur découvre.

Il nous faut souligner ici que Dieu fait connaître aux âmes bienheureuses certaines des choses de la terre selon ses dispositions et sa providence, uniquement en ce qui concerne ces mêmes âmes.

Finalement, c'est parce qu'ils jouissent de la vision béatifique que les bienheureux connaissent nos demandes. C'est bien en raison d'un état, l'état de béatitude.

L'essence divine qu'ils contemplent joue le rôle d'une quasi-*species* qui informe leur intellect. Cette science leur est naturelle au regard de leur condition de béatifiés, mais préternaturelle au regard de la nature de la connaissance de l'homme lequel est corps et âme.

Cette science n'est pas une exception extraordinaire dans la condition des âmes bienheureuses. Dieu se la doit, en quelque sorte, à lui-même, car son dessein éternel est d'élever gracieusement les hommes à la contemplation de l'essence divine et à une intelligence profonde de la création en son Créateur. C'est donc en raison de ce dessein que les âmes bienheureuses connaissent certaines choses, laquelle science n'est pas pour elles, au Ciel, une sorte de miracle ordinaire *contra naturam*. Dès lors, ces âmes sont constituées comme pouvant prier pour nous et pour les âmes du purgatoire. Saint Thomas lie très clairement la science des choses qui se passent sur la terre à la vision béatifique : *in Verbo manifestatur illud*.

2. Deuxième type de connaissance possible mais difficile à établir : on peut émettre l'hypothèse qu'indépendamment de cette vision *in Verbo*, il existe une autre communication de *species infuses*, laquelle constituerait une science infuse ne découlant pas immédiatement d'une vision de l'essence divine. Elle ne serait pas une connaissance *in Verbo*.

En résumé, il y a, pour l'Aquinate, une dépendance entre la science des choses qui se passent sur la terre et la vision béatifique. Il en conclut que les âmes du purgatoire, n'ayant pas encore la vision de l'essence divine, n'ont pas non plus de connaissance des choses qui se passent sur la terre. Elles ne peuvent les voir *in Verbo*, puisqu'elles ne voient pas le Verbe. Elles ignorent nos sentiments et nos demandes contrairement aux âmes qui sont au Ciel.

La position de saint Thomas est-elle totalement fermée à l'idée d'une prière aux âmes du purgatoire ? Afin de mieux répondre, il nous faut relever deux affirmations en raison desquelles le Docteur angélique laisse entrouverte la porte à une possibilité d'une prière des âmes du purgatoire.

c) Sans connaître nos prières, les âmes en peine peuvent avoir souci des vivants

Rien n'empêche essentiellement qu'elles aient souci de ceux des leurs qui sont restés sur la terre. Dans un article de la question 89 de la *Prima pars*, saint Thomas se demande si les âmes séparées connaissent ce qui se passe ici-bas :

> Les âmes des morts peuvent avoir souci (*cura*) des affaires des vivants, même si elles ignorent leur état ; de même avons-nous le souci des morts, en offrant pour eux des suffrages, quoique leur état nous soit inconnu[10].

Or, il s'agit bien des âmes qui sont au purgatoire. Il faut souligner que saint Thomas les compare aux vivants qui intercèdent pour leurs morts tout en ignorant leur état. Il nous semble qu'ici la porte est ouverte à l'idée d'une prière des âmes du purgatoire. La vie des hommes montre que l'état de souffrance n'empêche pas toujours de penser à autrui, même dans une grande détresse. Si la souffrance du purgatoire dépasse toute souffrance que nous connaissons sur terre, elle est cependant d'un autre genre. Pourquoi l'intercession en faveur de ceux qui ont été offensés par cette âme n'entreraient-ils pas dans le processus de leur purification. Ce souci et cette prière peuvent très bien prendre la forme d'un consentement à la souffrance, conséquente à la reconnaissance et à l'aveu de la faute passée. Certes, il ne s'agit pas ici de gagner des mérites, ce qui est impossible à l'âme du purgatoire, mais de présenter à Dieu la vie de ceux qui sont encore *in via*.

Les souffrances du purgatoire ne sont pas des souffrances « en général », qui n'auraient rien à voir avec l'existence concrète des personnes, mais au contraire, elles lui sont intimement liées.

D'ailleurs, saint Thomas reconnaît qu'« elles peuvent aussi connaître les actions des vivants, non par elles-mêmes, mais soit par les âmes

---

10. *Sum. theol.*, *Iᵃ*, q. 89, a. 8, ad 1 : « Ad primum ergo dicendum quod *animae mortuorum possunt habere curam de rebus viventium, etiam si ignorent eorum statum* ; sicut nos curam habemus de mortuis, eis suffragia impendendo, quamvis eorum statum ignoremus. »

qui, d'ici-bas, arrivent près d'elles, soit par les anges ou les démons; soit encore "par une révélation de l'Esprit de Dieu", comme dit saint Augustin[11] ». On remarquera qu'il ne s'agit que d'un mode miraculeux de connaissance.

La position de saint Thomas peut donc se résumer ainsi[12] :

1. *Quant à la science de l'âme en peine.* Selon lui, ordinairement, l'âme en peine ignore nos demandes et les mouvements de nos cœurs sauf possibilité particulière. Mais cette possibilité n'est pas le régime habituel de l'âme en purgatoire qui, ne voyant pas le Verbe, ne peut savoir de manière habituelle ce que pensent et disent les vivants. Quand l'Esprit de Dieu lui révèle quelque chose à propos de la terre, il s'agit d'une exception, d'une sorte de miracle.

2. *Concernant la possibilité d'intercéder pour nous* : saint Thomas affirme que les âmes du purgatoire peuvent avoir souci des leurs restés sur terre même si elles ne connaissent pas leur situation.

La position de saint Thomas est donc assez clairement exprimée. Il ne nous semble pas qu'elle interdise absolument toute recherche qui aboutirait à une conclusion plus ouverte. Elle nous invite à distinguer entre la prière *aux* âmes du purgatoire et la prière *des* âmes du purgatoire.

Voyons à présent si tel fut le cas dans une certaine tradition mystique et théologique.

---

11. *Sum. theol.*, *I^a*, q. 89, a. 8, ad 1 : « Possunt etiam facta viventium non per seipsos cognoscere, sed vel per animas eorum qui hinc ad eos accedunt; vel per angelos seu daemones; vel etiam Spiritu Dei revelante, sicut Augustinus in eodem libro dicit. »

12. Saint Thomas développe sa doctrine à une époque où la théologie du purgatoire n'est pas si ancienne que cela. N'oublions pas que si la réalité du purgatoire est plus ancienne que le christianisme (cf. *2 M*), que si le terme apparaît déjà chez saint Augustin et d'autres encore sous forme adjective (peines purgatives), le substantif n'apparaît qu'au XIIe siècle et sa théologie commence alors à se développer de manière plus systématique. Certes, et nous le voyons bien, ce ne sont pas seulement dans les lieux où saint Thomas parle du purgatoire qu'il faut chercher sa doctrine, mais aussi dans sa pensée sur l'âme et notamment l'âme séparée ou encore sur la prière. Et là sa philosophie et sa théologie sont à un sommet de développement. Il n'en demeure pas moins que pour ce qui concerne le purgatoire, son application de sa doctrine sur l'âme est étroitement dépendante, et c'est bien normal, de son temps et d'une certaine vision du purgatoire. Sa pensée est imprégnée d'un fonds commun qui laisse en partie percevoir le purgatoire comme un lieu, un état, où l'âme est plutôt coupée et quasi déconnectée de la terre et du Ciel. Saint Thomas affirme que les âmes du purgatoire bénéficient de la communion des saints et sont établies dans la charité et donc dans le lien le plus profond avec les autres êtres : elles font partie de l'Église. Mais la manière de voir combien et comment elles font partie de l'Église ne peut être que tributaire de son temps.

2. La position de certains mystiques et des *moderni*

Dans *Le Purgatoire,* Dante décrit des âmes qui prient pour les vivants. Le poète justifie cette prière par le fait que ces âmes sont confirmées en grâce alors que ceux qui sont *in via* ne le sont pas[13]. Les âmes du purgatoire sont à la fois dans une grande souffrance, et ont besoin de nos prières, mais, en même temps, elles sont dans une consolation indicible car assurées de leur salut.

a) Saint Robert Bellarmin et un passage de l'Écriture

Saint Robert Bellarmin, avec prudence, affirme aussi que les âmes du purgatoire n'ignorent pas nos demandes et intercèdent pour nous. Il fait valoir un passage du deuxième Livre des Macchabées :

> [Judas] arma ainsi chacun d'eux, non pas de la sécurité que donnent les boucliers et les lances, mais du réconfort qu'on trouve dans les paroles de bon conseil. Il leur raconta en outre un songe digne de foi, une sorte de vision qui les réjouit tous.
> Voici ce qu'il avait vu : Onias, jadis grand prêtre, cet homme noble et bon, modeste dans son abord et doux de caractère, distingué dans son langage et adonné dès l'enfance à tout ce qui concerne la vertu, étendait les mains et priait pour toute la communauté des Juifs.
> Ensuite apparut de la même manière un homme remarquable par ses cheveux blancs et par sa dignité, dont le maintien était admirable et tout empreint de majesté. Prenant la parole, Onias disait : « Cet homme est l'ami de ses frères, celui qui prie beaucoup pour le peuple et pour la Ville sainte, Jérémie, le prophète de Dieu. » De la main droite, Jérémie tendit à Judas une épée d'or. En la lui donnant, il s'exprima ainsi : « Reçois cette épée sainte que Dieu te donne. Par elle, tu briseras tes adversaires »[14].

Cet épisode, que nous rapporte le deuxième Livre des Macchabées, évoque l'intercession du grand prêtre Onias qui ne pouvait être dans la vision béatifique. Ce dernier avait donc connaissance de la situation de Judas. De même, Onias affirme que le prophète Jérémie, qui n'est pas encore dans le face à face avec Dieu, « prie beaucoup pour le peuple ».

---

13. Cf. Philippe-Marie Margelidon, *Les Fins dernières*, De la résurrection du Christ à la résurrection des morts, « Sed contra », Paris, Artège-Lethielleux, ²2016, p. 211-212.
14. 2 *M* 15, 11-16.

b) Une certaine tradition dans l'Église

Dès avant le concile de Trente, il faudrait étudier certaines mystiques telle sainte Catherine de Gênes qui, dans son *Traité du Purgatoire* affirme clairement que les âmes du purgatoire connaissent nos demandes et intercèdent efficacement. De même, sainte Catherine de Bologne affirmait qu'elle priait les âmes du purgatoire. Dans les *Révélations*, sainte Brigitte rapporte qu'ayant été conduite par un ange dans le purgatoire, elle entendit ces paroles prononcées par une âme, qui avait été efficacement secourue : « Seigneur, récompensez ceux qui nous assistent dans nos besoins, rendez le centuple à ceux qui nous secourent et nous élèvent à la lumière de votre divinité[15]. »

Après le concile de Trente, nombreux sont ceux qui soutiennent une opinion en faveur de la prière aux âmes du purgatoire. Il faudrait sonder les réactions des fidèles, relire les affirmations très nettes d'une sainte Thérèse de l'Enfant-Jésus et de bien d'autres encore, ainsi que de la pratique répandue dans nombre de monastères[16].

Parmi les théologiens, il faudrait commencer par voir la solution de Jean de Saint-Thomas, de Suárez ou de saint Robert Bellarmin. Il faudrait se pencher sur les analyses du cardinal Billot, du Père Mennessier, commentateur de saint Thomas et bien d'autres encore.

La prière aux âmes du purgatoire est largement répandue chez les *moderni* après le concile de Trente. Suárez constate que la doctrine commune n'enseigne pas qu'il faut prier les âmes du purgatoire[17]. Il énumère les raisons habituelles contre une telle pratique.

---

15. BRIGITTE DE SUÈDE, *Les Révélations de sainte Brigitte, princesse de Suède*, Paris, Gaume frères, 1834, livre 4, chap. 7.

16. Dans un livre de prière classique en Allemagne, que l'abbé C. Kruijen a eu la délicatesse de nous signaler, on trouve l'affirmation suivante : « Im gleichen Augenblick, wo wir den Armen Seelen etwas zugute kommen lassen, heben sich ihre Hände dankbar bittend zum Himmel, und Gott erhört bereitwillig ihr Flehen und sendet Seine Gnade in überreichem Maße über ihre Helfer » (Alfons M. WEIGL, *Aus dem Gebetsschatz der heiligen Kirche*, Altötting, St. Grignion-Verlag, 1998, p. 338). Le livre indique que le texte s'inspire d'un billet de prière : « Nach einem Gebetszettel aus dem Kanisius-Verlag. » Voici une traduction de ce texte : « À l'instant même où nous procurons quelque chose aux âmes du purgatoire [lit. : aux « pauvres âmes »], leurs mains se lèvent vers le ciel, en rendant grâce et en implorant, et Dieu exauce volontiers leur supplication et envoie Sa grâce de manière surabondante sur ceux qui leur viennent en aide. »

17. Francisco SUÁREZ, *De oratione*, Lib. I, cap. 10, nos 25-28 (*Opera omnia*, t. 14, Paris, Vivès, 1859, p. 44-45).

Suárez relève tout d'abord la pratique répandue chez les fidèles de prier les âmes du purgatoire. Cela ne suffit pas à la fonder en vérité mais il faut bien reconnaître que le Magistère ne s'est pas prononcé contre. Pour Suárez, ni les souffrances, ni l'incapacité à mériter n'empêchent la prière.

Saint Robert Bellarmin reste prudent :

> Tout cela est vrai [il parle de l'opinion qu'il défend en faveur de l'intercession des âmes du purgatoire] et cependant il serait exagéré et superflu de prier ordinairement les âmes du purgatoire et de leur demander leur intercession. En effet, elles ne peuvent pas, ordinairement, connaître nos actions et nos besoins particuliers ; elles savent simplement d'une manière générale les dangers que nous courons, tout comme nous ne connaissons qu'en général les tourments qu'elles endurent. Elles n'interviennent pas dans tous les événements ; elles ne voient pas nos prières en Dieu, puisqu'elles ne sont pas bienheureuses, et il n'est pas vraisemblable que Dieu leur révèle de manière ordinaire ce que nous faisons ou demandons[18].

Mais cette prudence ne l'empêche nullement d'affirmer que les âmes du purgatoire peuvent prier pour les vivants[19].

Saint Alphonse de Liguori fait, quant à lui, preuve d'une position théologique moins prudente que celle de Bellarmin. Les âmes du purgatoire connaissent habituellement nos prières. Citons pour exemple un extrait de son traité sur la prière :

> On discute s'il est expédient de se recommander aux âmes du Purgatoire. D'aucuns soutiennent que les âmes en expiation ne peuvent prier pour nous. Ils y sont amenés par l'autorité de saint Thomas qui enseigne que ces âmes, étant là pour se purifier au sein des peines nous sont inférieures et, partant, ne sont pas en situation de prier, mais plutôt de bénéficier de nos prières. Mais de nombreux autres Docteurs, comme saint Bellarmin, Silvius, le cardinal Gotti, Lessius, Medina affirment avec beaucoup plus de probabilité : on doit le croire pieusement, Dieu leur manifeste nos prières afin que ces saintes âmes intercèdent pour nous et qu'ainsi entre elles et nous soit conservé ce bel échange de charité ; Elles prient pour nous et nous prions pour elles[20].

---

18. S. Robert Bellarmin, *De controversiis Christianae fidei, adversus huius temporis haereticos*, t. 2. *De purgatorio*, Lib. II, cap. 15. « Suffragia Ecclesiae defunctis prodesse » (Paris, Tri-Adelphorum bibliopolarum, 1608, col. 647-648).

19. *Ibid.* (col. 647).

20. S. Alphonse de Liguori, *Le Grand moyen de la prière*, trad. R. P. Lupi, « Les plus beaux textes de saint Alphonse », Andrézieux, S.E.J.M., 1945. Nous pourrions citer d'autres exemples comme le saint curé d'Ars.

Dans l'article du *DTC* consacré au Purgatoire, après avoir relevé les arguments contre la prière aux âmes du purgatoire A. Michel écrit :

> La grandeur des souffrances du purgatoire n'est pas, psychologiquement parlant, un empêchement à leur pensée et au mouvement de leur prière en notre faveur. Ces peines sont, subjectivement du moins, toutes spirituelles ; aucune lésion organique, aucun trouble physiologique, ne peuvent donc empêcher l'acte de l'intelligence et de la volonté. Enfin, pourquoi refuserait-on à la charité dont sont animées les âmes du purgatoire l'acte de la prière en faveur des vivants dont elles ont gardé le souvenir et auxquels elles ont conservé leur affection ? Un argument positif semble devoir être pris dans le dogme de la communion des saints. Il y a comme un flux et un reflux dans les communications des Églises [*sic*] triomphante, souffrante, militante. Et en quoi ces communications des défunts aux vivants peuvent-elles consister, sinon précisément dans les prières que ces saintes âmes peuvent offrir à Dieu pour nous ? Et cette raison, remarque à bon droit Billot [*De novissimis*, q. 6, § 1, p. 127], est *universelle*, et le lien de la charité qui unit l'Église souffrante à l'Église militante tombe sous cette loi[21].

Le P. Réginald Garrigou-Lagrange se prononce aussi en faveur de la prière des âmes du purgatoire :

> Dieu se plaît à récompenser nos moindres services. De plus ces âmes après leur délivrance ne manqueront pas, par gratitude, de nous aider, et même avant leur délivrance, elles prient pour leurs bienfaiteurs quels qu'ils soient. Elles ont en effet la charité, qui n'exclut personne, et qui leur fait un devoir spécial de prier pour ceux des leurs qui sont restés sur la terre, même si elles n'apprennent plus rien à leur sujet, comme nous prions pour elles sans savoir si elles sont encore en purgatoire.
>
> L'Église dans sa Liturgie ne prie pas les âmes du purgatoire, il n'est cependant pas défendu de les prier d'une façon privée ; mais cela doit rester accessoire, car il faut surtout prier pour elles. En ce sens, saint Thomas a dit : « Non sunt in statu orandi, sed magis oretur pro eis » (*II*^a-*II*^{ae}, q. 83, a. 2, ad 3)[22].

---

21. A. MICHEL, art. « Purgatoire »…, col. 1317. Le P. Mennessier, commentateur de saint Thomas, distingue entre la prière *formelle* et la prière *interprétative* ; cf. Ignace MENNESSIER, « Appendice I : Notes explicatives », dans S. THOMAS D'AQUIN, *Somme théologique, La religion*, t. 1. 2^a-2^{ae}, Questions 80-87, « Revue des Jeunes », Paris-Tournai-Rome, Desclée, 1953, p. 267 : « Cela veut dire que leurs mérites passés font partie du trésor de la communion des saints et ont valeur devant Dieu. Quand nous prions les saints nous nous appuyons à leur intercession et à leurs mérites. Prier une âme du purgatoire, ce serait, en ce sens, faire appel à ses mérites devant Dieu pour être exaucé de Lui » ; cela s'appuie sur l'« appartenance » de ces âmes « à la communion des saints ».

22. Réginald GARRIGOU-LAGRANGE, *L'Éternelle vie et la profondeur de l'âme*, Paris, Desclée de Brouwer, 1950, p. 279-280.

c) Des traces embryonnaires dans la prière de l'Église mais plus affirmées dans le Magistère récent

La liturgie proprement dite ne donne jamais de rite ou de prière permettant de prier les âmes du purgatoire. Cependant, il n'est pas totalement inintéressant de remarquer qu'il existe une prière indulgenciée de Léon XIII, dans laquelle on demande aux âmes du purgatoire d'intercéder pour nous près de Dieu, de prier « pour le pape, l'exaltation de la sainte Église, la paix des nations[23] ».

Le *Catéchisme de saint Pie X*, dans sa version italienne, *Catechismo della dottrina cristiana*, écrit :

> I beati del paradiso e le anime del purgatorio sono anch'essi nella comunione dei santi, perchè congiunti tra loro e con noi dalla carità, ricevono gli uni le nostre preghiere e le altre i nostri suffragi, *e tutti ci ricambiano con la loro intercessione presso Dio* (Les âmes des bienheureux du paradis et les âmes du purgatoire sont elles aussi dans la communion des saints, et c'est pourquoi, unies entre elles et avec nous par la charité, elles reçoivent, les unes nos prières et les autres nos suffrages, et toutes nous le rendent par leur intercession auprès de Dieu)[24].

Ces réflexions obligent à nous poser les questions suivantes : la dévotion aux âmes du purgatoire est-elle compatible avec la doctrine de saint Thomas ? Est-elle compatible avec le Magistère ? Quelles voies pourrait-on explorer en vue d'une solution ?

3. *Spe salvi* et le Magistère récent

a) Position du problème

Saint Thomas admet une « révélation de Dieu » aux âmes du purgatoire, mais il semble en faire une exception de sorte que si on l'étendait davantage on serait forcé de conclure à une sorte de miracle noétique permanent.

---

23. Cette prière datée du 14 décembre 1889 est contenue dans les *Acta Sanctae Sedis*, vol. XXII, Rome, 1889-1890, p. 744.
24. S. Pio X, *Catechismo della dottrina cristiana*, Verona, Fede e Cultura, 2016, cap. VII, n. 123.

Cependant, s'il n'est pas interdit de chercher une solution théologique, on doit scruter la possibilité d'une science infuse donnée aux âmes en peine de manière plus habituelle. Bien entendu, il s'agit ici de chercher une manière plus habituelle qui ne soit pas *contra naturam* sinon nous aurions affaire à un miracle permanent ou un état charismatique permanent.

Le problème est de savoir si on ne pourrait pas chercher, en raison même des dispositions divines au regard de la situation de l'âme en peine, une possibilité d'une certaine science des autres êtres plus habituelle ?

Nous ne faisons qu'énumérer ici une hypothèse de recherche. Il faut s'aventurer ici très prudemment sous le regard du Magistère.

Partons de cet événement pour le moins marquant dans l'histoire d'une âme : le jugement particulier qui suit la mort de la personne. Le Magistère récent, en particulier l'encyclique de Benoît XVI, *Spe salvi*, nous indique des chemins de réflexion stimulants.

b) L'illumination du jugement particulier : Spe Salvi, n° 47

Certains théologiens récents sont de l'avis que le feu qui brûle et en même temps sauve est le Christ lui-même, le Juge et Sauveur. La rencontre avec Lui est l'acte décisif du Jugement. Devant son regard s'évanouit toute fausseté (*eius coram intuitu omnia mendacia dissipantur*). C'est la rencontre avec Lui qui, en nous brûlant, nous transforme et nous libère pour nous faire devenir vraiment nous-mêmes. Les choses édifiées durant la vie peuvent alors se révéler paille sèche, vantardise vide et s'écrouler[25].

Dans cette rencontre avec Jésus au moment du jugement particulier il y a ce regard. Cela ne signifie pas que les âmes voient l'essence divine mais qu'elles savent de manière éminente qu'elles sont vues par le Verbe. Certes, le regard de jugement et de salut existait déjà sur elles depuis la Croix. Du côté du *terminus a quo*, il ne peut y avoir de changement, mais du côté du *terminus ad quem*, cela est possible.

Lors du jugement particulier, les âmes perçoivent, d'une manière qui nous échappe, le regard du Verbe avec une acuité inégalée jusqu'alors. Et ce regard leur procure une science quant à leur vie sur terre, leur relation avec les autres, et leurs œuvres… Cette *science participée* leur permet d'acquiescer au jugement.

---

25. BENOÎT XVI, Lettre encyclique *Spe salvi*, 30 novembre 2007, n° 47.

Dès lors, c'est précisément sous ce regard qu'elles acquièrent un état. L'état de celles dont le salut est acquis mais non accompli. La purification qu'elles ne peuvent mériter les met davantage dans un état de satis-passion que de satisfaction. Plus que jamais la maturation de la liberté se trouve dans la dépendance. Elles sont ainsi comme constituées dans cet état de souffrance et de dépendance… et d'une souffrance qui s'estom-pera précisément dans cette dépendance.

Ainsi est-il permis de penser que si ce regard du Christ lors du juge-ment les a comme constituées dans cet état, ce même regard du Christ continue de les accompagner dans cet état. Il s'agit donc d'un état de dépendance à l'égard de la prière de toute l'Église, Corps mystique, et du feu purificateur de la charité divine.

Nous sommes d'autant plus incités à penser que ce regard qui, ne l'oublions pas, leur a donné une connaissance, une science, continue de les accompagner ; à ce sujet, Benoît XVI écrit :

> Au moment du Jugement, nous expérimentons et nous accueillons cette domination de son amour sur tout le mal dans le monde et en nous. La souffrance de l'amour devient notre salut et notre joie. *Il est clair que la « durée » de cette brûlure qui transforme, nous ne pouvons la calculer avec les mesures chronométriques de ce monde.* Le « moment » transformant de cette rencontre échappe au chronométrage terrestre – c'est le temps du cœur, le temps du « passage » à la communion avec Dieu dans le Corps du Christ.

> Mais dans la souffrance de cette rencontre, où l'impur et le malsain de notre être nous apparaissent évidents, se trouve le salut. Le regard du Christ, le battement de son cœur nous guérissent grâce à une transformation assu-rément douloureuse, comme « par le feu ». Cependant, c'est une heureuse souffrance, dans laquelle le saint pouvoir de son amour nous pénètre comme une flamme, nous permettant à la fin d'être totalement nous-mêmes et par là totalement de Dieu[26].

À l'instant du jugement, elles reçoivent une certaine science sur les autres choses que Dieu et qui les concerne, certes moins qu'au Ciel, mais non miraculeusement en vertu de « l'état » de jugement dans lequel elles sont alors.

Ce n'est donc pas *in Verbo* qu'elles voient alors les choses de leur vie passée sur la terre et éventuellement de leurs conséquences actuelles. Ce n'est pas non plus par une simple amplification des connaissances acquises *in via* : le jugement particulier ne consiste pas à « doper » les

---

26. *Spe salvi*, n° 47 (nous soulignons).

species acquises et imprimées dans la mémoire pour parvenir à une extra-lucidité ou un réalisme surréaliste.

Cette science est procurée par des *species infuses* au moment du jugement particulier, et non pas *in Verbo*. D'après le texte de *Spe Salvi*, n° 47, elle est devant le regard du Verbe, mais, forcément, sans voir l'essence divine. Dès lors, on pourrait peut-être émettre l'idée qu'elle n'est pas *in Verbo* mais *sub Verbo*. Un peu comme le publicain dans le Temple qui n'osait même pas lever les yeux vers le Ciel, tel serait l'état de l'âme du purgatoire.

Si une science *sub Verbo*, lors du jugement particulier, a établi en quelque sorte les âmes en état purgatif, alors pourquoi ne pas penser qu'une telle science, selon les dispositions de la Providence divine ne serait pas possible tant que dure cet état ? Autrement dit, ce regard du Christ qui les a constituées dans cet état les accompagne dans cet état, à tous les moments-événements qui mesurent la durée qu'est l'éviternité au purgatoire.

On pourrait objecter que la connaissance donnée au jugement particulier concerne la vie passée de celui qui est jugé. Mais les actes de cette vie passée continuent d'avoir des répercussions dans l'histoire, et l'âme séparée, bien que n'étant plus dans le temps *in via*, n'en est pas moins en lien avec ce temps.

Le temps des âmes séparées est discontinu et désormais mesuré non par l'écoulement matériel mais par les événements qui leur adviennent, et surtout l'acte de purification qui est l'action de Dieu et la demande des fidèles. Elles ont bien une place dans l'Église, une place spécifique.

La dépendance du dépendant ne le rend-elle pas apte, sous un certain rapport, à comprendre la dépendance d'autrui ? Ainsi cette prière du dépendant et du souffrant n'est-elle pas toute particulière ? Je ne dis pas plus efficace, ce serait outrancier et injuste car attribuant alors à la peine un caractère méritoire, là où il y a formellement justice et non pas satisfaction libre pleinement volontaire. Au regard de la vision thomasienne de l'univers, de sa variété et de sa hiérarchie, n'est-il pas convenant de le penser ?

La conscience que les âmes du purgatoire ont de leurs péchés, de leurs errements vis-à-vis de leurs proches sur la terre, ne les met-elle pas en état de prier Dieu, non pour elles-mêmes mais pour eux ?

Cette prière n'est-elle pas, en quelque sorte, incluse dans le processus de purification ? Le purgatoire n'est pas une purification « en général » à côté et en dehors de tout lien avec ce qui a été vécu sur la terre et les conséquences que cela peut avoir actuellement dans le temps de ceux qui sont *in via*. Le purgatoire n'est pas étranger à ce qui lie, par ma faute, certaines choses sur terre.

Dieu se plaît à nous mêler à ses affaires. Notre prière est une participation au gouvernement divin, à la Providence éternelle. Et de même qu'il y a une ecclésialité de la grâce, on peut suggérer qu'il y a une ecclésialité de l'indulgence et de la prière pour les âmes du purgatoire, et que celles-ci en perçoivent confusément et vaguement la provenance. Elles la perçoivent dans la présence de l'intention des personnes qui sont intervenues pour elles par le moyen de la prière. Alors, leur souci pour nous et les affaires de la terre, dont parle saint Thomas, n'en est que plus et mieux actualisé. Non seulement elles avaient peut-être reçu des éclairages par d'autres âmes venues au purgatoire ou par les anges, mais encore par le cœur même d'où toute purification provient, le cœur juste et compatissant de Dieu.

Dans cette hypothèse, nous serions en accord avec ce qu'affirme le *CEC* : « Notre prière pour eux [les morts qui sont au purgatoire] peut non seulement les aider mais aussi rendre efficace leur intercession en notre faveur. »

Conclusion

La doctrine unanime du Magistère est d'une grande clarté : c'est aux vivants de prier pour les morts. Quant au sujet qui nous occupe, il nous faut distinguer entre la prière aux âmes du purgatoire et la prière des âmes du purgatoire.

Dès lors, au terme de cette étude, nous concluons par une affirmation et par une hypothèse.

– Une affirmation : au regard de nos analyses, il n'est pas imprudent de penser que les âmes du purgatoire ont souci des leurs restés sur la terre et peuvent intercéder pour eux. Cette prière est limitée et de moindre efficacité que celle des âmes des bienheureux.

– Une hypothèse : le regard du Christ *sous lequel* elles ont été constituées dans l'état purgatif continue de les accompagner durant cet état. La connaissance qu'elles en ont reçue et qu'elles continuent d'en recevoir n'est pas de même nature que celle des bienheureux. Dans cette hypothèse des questions demeurent, pour l'heure, sans réponse : quelle est donc la nature d'une telle connaissance *sous le regard du Verbe* ? Mais on ne peut nier qu'une telle connaissance ait eu lieu, au moins lors du jugement particulier.

Dans cette hypothèse, le lien de la charité est tel que nous pouvons penser que lorsque Dieu « hâte » la purification d'une âme du purgatoire à notre prière, cet acte est comme marqué de notre prière. On peut dire que l'opération de la charité divine est comme colorée, modalisée, par notre demande.

Le pape Benoît XVI, au n° 48 de l'encyclique *Spe salvi* s'exprime en ce sens :

> *Ainsi mon intercession pour quelqu'un n'est pas du tout quelque chose qui lui est étranger, extérieur, pas même après la mort. Dans l'inter-relation de l'être, le remerciement que je lui adresse, ma prière pour lui peuvent signifier une petite étape de sa purification.* Et avec cela il n'y a pas besoin de convertir le temps terrestre en temps de Dieu : dans la communion des âmes le simple temps terrestre est dépassé. Il n'est jamais trop tard pour toucher le cœur de l'autre et ce n'est jamais inutile. Ainsi s'éclaire ultérieurement un élément important du concept chrétien d'espérance[27].

Mais il faut préciser deux points d'une extrême importance :

1. Prier les âmes du purgatoire ne doit pas être plus fréquent et ordinaire que de prier pour elles.

2. Si les âmes du purgatoire connaissent nos demandes et intercèdent pour nous, même dans l'hypothèse où cela serait ordinaire, c'est toujours, non seulement en réponse à nos prières que Dieu leur fait connaître, mais surtout en dépendance de ces prières : nos prières activent et éveillent la possibilité qu'elles ont de prier pour nous.

Les âmes du purgatoire sont fixées dans un degré de charité que l'on pourrait comparer à des braises ardentes. Lorsque nous prions pour elles, le souffle de l'Esprit divin les purifie et les rend davantage ardentes et actives. Autrement dit, notre prière pour elles rend plus efficace leur intercession pour nous.

abbé Emmanuel CAZANAVE.

---

27. *Spe salvi*, n° 48 (nous soulignons).

Résumé. — La foi catholique nous enseigne que nous devons prier pour les âmes du purgatoire. Mais pouvons-nous les prier? Entendent-elles nos demandes? Dans le cas où elles ne connaîtraient pas nos demandes, peuvent-elles quand même intercéder pour nous? À ces questions, saint Thomas répond par la négative même si certains de ses écrits modèrent légèrement cette position. Par la suite les théologiens se diviseront mais nombre d'entre eux ainsi que certains mystiques enseigneront que l'on peut prier les âmes du purgatoire. Enfin, malgré la quasi-absence d'éléments dans l'enseignement de l'Église et dans sa liturgie, le magistère récent enseigne que « notre prière pour eux peut non seulement les aider mais aussi rendre efficace leur intercession en notre faveur » (*CEC,* n° 958). Dans la droite ligne de cette affirmation du *Catéchisme de l'Église catholique,* l'encyclique *Spe salvi* nous incite fortement à penser que l'on peut prier les âmes du purgatoire. En lisant ces documents récents, nous essaierons de comprendre comment ils peuvent aider à penser la possibilité d'une prière adressée aux âmes du purgatoire et/ou une intercession de ces mêmes âmes auprès de Dieu.

Abstract. — The Catholic faith teaches us that we must pray for the souls in purgatory. But can we pray to them? Do they hear our prayers? If they do not know of our petitions, can they still intercede for us? St Thomas gives a negative reply to these questions even if certain writings of his slightly modify this position. After him, theologians are divided, but a number of them, as well as certain mystics, teach that we can pray to the souls in purgatory. Finally, in spite of the near absence of indications in the teaching of the Church and its liturgy, the recent Magisterium teaches that "our prayer for them is capable not only of helping them, but also of making their intercession for us effective" (*CCC,* n° 958). Following straight from this affirmation of the *Catechism of the Catholic Church,* the encyclical *Spe salvi* strongly encourages us to think that we can pray to the souls in purgatory. As we read these recent documents, we will try to understand how they can help us conceive the possibility of prayer addressed to souls in purgatory and/or the intercession of these souls before God.

L'abbé Emmanuel Cazanave, prêtre du diocèse de Toulouse, est chargé d'enseignement à la Faculté de théologie de l'Institut catholique de Toulouse. Docteur en théologie et titulaire d'une Maîtrise en histoire, il enseigne l'eschatologie et la théologie de l'histoire du salut. Il est l'auteur d'un ouvrage à paraître chez Artège en 2017 : Unité de l'univers et unité de l'Église, une lecture de la *Somme contre les Gentils.*

Utrum damnatis prosint suffragia :
Hugues de Saint-Cher, Guillaume d'Alton et Thomas d'Aquin sur la possibilité d'aider les damnés

> *Leur amour, leur haine, leur jalousie ont déjà péri,*
> *et ils n'auront plus jamais part à tout*
> *ce qui se fait sous le soleil (Si 9, 6).*

CETTE REMARQUE pessimiste, attribuée au roi Salomon, n'était que l'un des nombreux versets de l'Ecclésiaste qui intéressaient les exégètes biblistes du Moyen Âge tardif[1]. Apparemment l'ensemble des doctrines de l'Église sur l'au-delà était mis en cause par ce verset, en particulier, le purgatoire et les jugements particulier et général. Ces questions avaient attiré relativement peu l'attention des Pères de l'Église et des théologiens du haut Moyen Âge, à la différence des questions concernant la Trinité, l'Incarnation, les sacrements et la grâce. Pourtant, elles prirent une importance considérable durant le XIIIᵉ siècle, en partie en raison de la négation du purgatoire de la part des albigeois et des vaudois, et en partie en raison de l'hésitation de l'Église grecque d'accepter le langage plus formel de l'Église latine concernant le jugement particulier, qui est le jugement de chaque âme individuelle après la mort, suivi de son admission soit au ciel ou au purgatoire soit en enfer. Une autre raison était l'entrée dans l'Occident latin de la pensée d'Averroès et, plus

---

1. Voir l'étude de Gilbert DAHAN, « L'ecclésiaste contre Aristote ? Les commentaires de Eccl. 1, 13 et 17-18 aux XIIᵉ et XIII siècles », dans *Itinéraires de la raison*, Études de philosophie médiévale offertes à Maria Cândida Pacheco, Édité par J. F. Meirinhos, Louvain-La-Neuve, FIDEM, 2005, p. 205-233.

particulièrement, de la doctrine de l'unicité de l'âme intellectuelle pour tous les hommes (le monopsychisme), qui lui a été attribué faussement, et que les historiens désignent à tort comme doctrine « averroïste[2] ».

Il s'ensuivit la volonté croissante dans l'Église latine d'affirmer plus explicitement la doctrine catholique du jugement divin en ses deux formes, ainsi que les récompenses et les punitions divines dans l'au-delà. En 1270, l'évêque de Paris, Étienne Tempier, a publié une condamnation de treize propositions associées à Averroès, dont trois concernaient l'au-delà[3]. Qui plus est, l'existence du purgatoire, l'efficacité des suffrages pour les âmes du purgatoire, et les deux jugements particulier et général ont été affirmés comme doctrines de foi au concile de Lyon II[4].

L'existence de l'enfer et l'incapacité des damnés à mériter étaient acceptées dans l'Occident médiéval. Cependant, au cours de la première moitié du XIIIᵉ siècle, plusieurs maîtres à l'Université de Paris ont évoqué la possibilité que les damnés puissent bénéficier des suffrages de l'Église. Malgré l'opposition sans équivoque des autorités anciennes tels qu'Augustin et Grégoire le Grand, ils l'ont justifié de plusieurs façons. Mais, à l'exception notable de Guillaume d'Alton, les théologiens de la seconde moitié du siècle ont rejeté sans ambiguïté cette opinion. Ce rejet a trouvé son expression la plus remarquable dans le commentaire thomasien du quatrième livre des *Sentences* de Pierre Lombard.

---

2. Sur la réception l'averroïsme en Occident, voir R.-A. GAUTHIER, « Notes sur les débuts (1225-1240) du premier "averroïsme" », *Revue des sciences philosophiques et théologiques* 66 (1982), p. 321-374.

3. Cf. *Chartularium Universitatis Parisiensis*, t. I, éd. H. Denifle et É. Chatelain, Paris, 1889-1891, p. 486-487. La proposition 7 affirme que l'âme, comme le corps, subit la corruption à la mort ; la proposition 8 affirme que l'âme séparée du corps ne peut pas être tourmentée par le feu corporel ; et la proposition 13 affirme que Dieu ne peut pas rendre le corps incorruptible. Sur ces condamnations et l'importance des questions au sujet de l'au-delà dans la prédication du XIIIᵉ siècle, voir Nicole BÉRIOU, *L'Avènement des maîtres de la Parole*, La prédication à Paris au XIIIᵉ siècle, 2 vol., Paris, 1998, vol. 1, p. 459-465.

4. Cf. CONCILE DE LYON II, 4ᵉˢ session, 6 juillet 1274 (*Denz.*, nᵒˢ 856-859). — Sur le jugement particulier et le jugement général, voir Jérôme BASCHET, « Jugement de l'âme, jugement dernier : contradiction, complémentarité, chevauchement ? », *Revue Mabillon* 6 (1995), p. 159-203. — Sur le développement des doctrines sur le purgatoire au Moyen Âge, voir Claude CAROZZI, *Le Voyage de l'âme dans l'au-delà d'après la littérature latine (Vᵉ-XIIIᵉ siècle)*, « Bibliothèque de l'École française de Rome, 189 », Rome, École française de Rome, 1994 ; Adriaan H. BREDERO, « Le Moyen Âge et le purgatoire », *Revue d'histoire ecclésiastique* 78 (1983), p. 429-452 ; Jacques LE GOFF, *La Naissance du purgatoire*, « Bibliothèque des histoires », Paris, Nrf-Gallimard, 1981 ; Albert MICHEL, art. « Purgatoire », *Dictionnaire de théologie catholique*, t. 13, Paris, 1936, col. 1163-1326.

1. Guillaume d'Alton († c. 1270)

On commencera par considérer le théologien, le dernier chronolo-
giquement, Guillaume d'Alton, successeur de Thomas comme maître
régent dominicain à l'Université de Paris en 1259. Commentant *Si* 9, 6,
Guillaume y lit l'affirmation que les morts ne participeront plus à quoi
que ce soit sous le soleil de notre monde. C'est aussi l'occasion pour
lui d'aborder des questions concernant le ciel, le purgatoire et l'enfer.
Il commence par une brève clarification concernant la signification du
verset. Il y voit contenu à la fois la doctrine du jugement particulier et
du purgatoire, l'efficacité des prières de suffrages et des œuvres accom-
plies en ce monde au bénéfice des âmes séparées. Puis, il aborde la question de savoir si les damnés peuvent bénéficier des suffrages de l'Église
militante :

> *Et ils n'auront plus jamais part à ce siècle, à tout ce qui se fait sous le soleil*,
> de même qu'ils n'ont déjà pas part aux choses d'ici-bas. C'est certain pour
> ceux qui sont dans la gloire. Cependant, si ceux qui sont au purgatoire n'ont
> aucune part aux choses de ce monde, ils ont part aux œuvres [spirituelles]
> qui s'y produisent. De la même façon, si les damnés n'ont aucun usage des
> choses temporelles, il est question de savoir si les suffrages des vivants leur
> sont profitables. Il est communément admis qu'ils ne leur procurent aucun
> avantage. Néanmoins, d'autres ont dit qu'ils [les damnés] en bénéficient
> pour un certain soulagement, mais pas pour leur libération complète. Selon
> eux, il faut à la lettre du texte donnée l'interprétation suivante : *Et ils n'au-*
> *ront plus jamais part à ce monde*, c'est-à-dire en ce qui concerne leur pleine
> libération. Néanmoins, il est communément admis que les suffrages ne leur
> sont d'aucune utilité[5].

Guillaume laisse ouverte la possibilité d'interpréter le verset de
Salomon dans le sens d'une libération incomplète des damnés. Contre
un groupe anonyme de théologiens qui laisse entendre que les damnés
profiteraient des suffrages de l'Église, il partage « l'opinion commune »

---

5. GUILLAUME D'ALTON, *Super Ecclesiasten*, 9, 6 (ms. Basel, Univ. Bibl. B III 20, f° 108ra ;
Madrid, Bibl. Nac. 493, f° 156r-v) : « *Nec habent partem in hoc seculo [...] et in opere quod sub*
sole geritur similiter non habent partem. Hoc est certum de his qui sunt in gloria. Hi autem
qui sunt in purgatorio non habent partem rerum secularium, habent tamen partem ope-
rum que hic fiunt. Dampnati similiter usum rerum temporalium non habent. Set utrum eis
prosint suffragia questio est. Communiter autem tenetur quod in nullo prosint. Secundum
tamen illos qui dixerunt quod prosint ad aliquam allevationem, non ad plenam liberationem, potest littera sic exponi : *non habent partem in hoc seculo*, scilicet quantum ad plenam
liberationem. Tenetur tamen communiter modo quod nichil eis prosint. »

représentée par Augustin[6], Grégoire le Grand[7], puis plus récemment, par Pierre Lombard[8], Hugues de Saint-Cher (dans son exposé de ce même verset dans sa *Postille*[9]), Bonaventure[10] et Thomas d'Aquin. On notera que ce dernier avait déjà abordé la question plusieurs années avant la régence de Guillaume d'Alton, dans son commentaire sur le livre IV des *Sentences* de Pierre Lombard[11]. Pourtant, alors que ses contemporains étaient sans équivoque sur ce point, Guillaume était moins affirmatif. Pour lui et quelques-uns de ses contemporains, « l'opinion commune » avait certes une autorité (*auctoritas*), mais pas autant que celle des *sancti* ou celle de l'Église qu'il aurait pu invoquer pour conclure à l'inutilité des suffrages pour les damnés. Mais il les passe sous silence et s'abstient d'exclure la possibilité que les suffrages leur soient utiles. En bref, alors que Thomas et Bonaventure l'ont exclu, Guillaume a laissé la question ouverte, puisque quelques-uns de ses prédécesseurs l'avaient envisagée.

Qui étaient-ils ? Plusieurs restent inconnus, mais nous en connaissons quelques-uns : Prévostin de Crémone, Guillaume d'Auxerre et Hugues de Saint-Cher. Tous les trois ont pris comme point de départ la

---

6. AUGUSTIN, *Sermones*, Sermo CLXXII (*PL* 38, 1845, col. 936-937).

7. GRÉGOIRE LE GRAND, *Moralia in Iob*, Lib. XXXIV, 19 (*CCSL* 143B, ed. M. Adriaen, 1985, p. 1760) : « Eadem itaque causa est cur non oretur tunc pro hominibus aeterno igne damnatis, quae nunc etiam causa est ut non oretur pro diabolo angelisque eius aeterno supplicio deputatis. »

8. PIERRE LOMBARD, *Sententiae*, Lib. IV, dist. 45, cap. 2 (éd. coll. S. Bonaventurae, t. II, Grottaferrata, 1981, p. 523-524).

9. HUGUES DE SAINT-CHER, *Postillae super totam Bibliam*, In Ecclesiasten. 9, 6 (ed. N. Pezzana, Venetiis, 8 vol., 1703, vol. III, col. 95rb) : « *Simul*, id est, cum ipsis, *peribunt*, quia amplius nulli poterunt nocere, nullam gloriam poterunt habere, nec etiam suffragia Ecclesiae poterunt eis valere. Vnde sequitur : *Nec habent partem in hoc saeculo, et in opere quod sub sole geritur*, id est in mundo. Veruntamen illis qui decesserunt in fide, spe et charitate, quae est communio Ecclesiae, cum cremabilibus tamen, prosunt suffragia Ecclesiae, et in hoc saeculo illi habent partem, et in operibus quae geruntur sub sole. Argumentum quod suffragia non prosunt damnatis. Et in hoc videntur consentire Augustinus et Gregorius. Sed cum Salomon debeat causa reddere, propter quod dixit omnia haec. Responsio : Haec dixit ad ostendendum quod viventes multa sciunt utiliter ad meritum, mortui vero nihil sciunt utiliter ad meritum, licet multa noverint faeliciter ad praemium. Et ex quo mors sic finit omnia » ; cf. AUGUSTIN, *De civitate Dei*, Lib. XXI, 24 (*CCSL* 48, 1955, p. 789) ; et GRÉGOIRE LE GRAND, *Moralia in Iob*, Lib. XXXIV, 19 (*CCSL* 143B, p. 1760). La *Postille* de Hugues a été très probablement rédigée par une équipe de chercheurs sous sa direction à Saint-Jacques ; voir Robert E. LERNER, « The Vocation of the Friars Preacher : Hugh of St. Cher between Peter the Chanter and Albert the Great », dans *Hugues de Saint-Cher († 1263), bibliste et théologien*, Éd. par L.-J. Bataillon, G. Dahan, P.-M. Gy, Turnhout, Brepols, 2004, p. 215-231.

10. BONAVENTURE, *Breviloquium*, Pars VII, cap. 3 (*Opera omnia*, éd. Quaracchi, t. V, 1891, p. 284a).

11. THOMAS D'AQUIN, *In IV Sent.*, dist. 45, q. 2, a. 2, q[la]1 (éd. Parme, t. VII/2, 1858, col. 1121b-1122a) : « Ergo suffragia damnatis in inferno non prosunt. »

distinction 45, chapitre 2, du livre IV des *Sentences* de Pierre Lombard. Le texte sur lequel le Lombard et les auteurs plus tardifs s'appuient est une remarque de l'*Enchiridion* de saint Augustin. Celui-ci distingue trois catégories : les très bons (*ualde boni*), c'est-à-dire les bienheureux dans le ciel, les très mauvais (*ualde mali*), à savoir les damnés, et les pas très mauvais (*non ualde mali*), ceux qui souffrent dans le purgatoire, semble-t-il. Il explique ainsi les effets des suffrages pour les morts :

> Les sacrifices offerts pour les défunts baptisés soit à l'autel soit sous forme d'aumônes le sont pour les très bons (*ualde bonis*), ils sont actions de grâces ; pour les pas très bons (*non ualde bonis*), ils sont offrandes propitiatoires ; et pour les très mauvais (*ualde malis*), même s'ils ne les aident pas, ils sont une espèce de consolation pour les vivants. Et pour ceux à qui ils sont utiles, ils profitent soit pour une rémission complète [du péché et de la peine], soit pour que leur damnation [peine du dam et peine du sens] devienne plus supportable[12].

Selon Augustin, de tels sacrifices aident ni les très bons (*ualde boni*), ni les très mauvais (*ualde mali*), mais seulement les pas très bons (*non ualde bonis*), à savoir les âmes qui sont ni au paradis ni aux enfers. Mais il remarque que ceux qui profitent des suffrages, les *non valde bonis*, obtiennent soit une rémission complète de la peine, soit sa diminution. Mais quand Augustin utilise la formule « afin que leur damnation devienne plus tolérable (*ut tolerabilior fiat ipsa damnatio*) », les théologiens médiévaux comprennent qu'il laisse ouverte la possibilité que les damnés puissent profiter des suffrages de l'Église, possibilité que pourtant il venait d'écarter.

2. Pierre Lombard (c. 1096-1160)

Vers la fin du livre IV de ses *Sentences*, Pierre Lombard propose une interprétation simple du texte d'Augustin. Son objectif principal est le même que celui d'Augustin : affirmer l'efficacité des suffrages pour les âmes qui sont ni au paradis ni aux enfers. Pourtant, dans la triple

---

12. AUGUSTIN, *Enchiridion ad Laurentium de fide et spe et caritate*, cap. 110 (*CCSL* 46, ed. E. Evans, Turnhout, Brepols, 1969, p. 108-109) : « Cum ergo sacrificia, siue altaris siue quarumcumque eleemosynarum, pro baptizatis defunctis omnibus offeruntur, pro ualde bonis gratiarum actiones sunt, pro non ualde bonis propitiationes sunt, pro ualde malis etiam si nulla sunt adiumenta mortuorum qualescumque uiuorum consolationes sunt. Quibus autem prosunt, aut ad hoc prosunt ut sit plena remissio, aut certe ut tolerabilior fiat ipsa damnatio. »

distinction d'Augustin des états des âmes des morts (*ualde bonis, non ualde bonis, et ualde malis*), Lombard introduit une subdivision. Dans la catégorie des pas très bons (*non ualde bonis*), il distingue deux sous-catégories qu'Augustin avait laissées dans l'implicite, d'une part les assez mauvais (*mediocriter mali*) et d'autre part les assez bons (*mediocriter boni*). Alors que les assez bons (*mediocriter boni*) peuvent bénéficier d'une remise totale de leurs peines, les assez mauvais (*mediocriter mali*) ne peuvent bénéficier que d'une atténuation de leurs douleurs, probablement jusqu'au jugement final, à la suite de quoi ils entreront dans la gloire. Bien que le Lombard ne définisse pas ce qu'il entend par ces catégories, il semble que les assez bons et les assez mauvais sont les âmes du purgatoire, selon deux états différents et inégalement capables de profiter des suffrages de l'Église[13].

3. Prévostin de Crémone (c. 1135-1210)

Dans son commentaire des *Sentences*, Prévostin, alors chancelier de Paris, suit Pierre Lombard en prenant comme point de départ les remarques précitées d'Augustin. Mais ici Prévostin évoque une question absente des *Sentences*, à savoir la possibilité que les suffrages de l'Église puissent aussi bénéficier aux damnés : « An suffragia Ecclesie prosint damnatis. » Citant le texte d'Augustin : « Pour que leur damnation devienne plus tolérable (*ut tolerabilior fiat ipsa damnatio*) », il souligne que si seuls ceux qui sont aux enfers souffrent de la peine de la damnation il reste qu'une partie des damnés profitent des prières de suffrage : « Soli autem qui in inferno sunt damnati sunt. Ergo aliquibus qui in inferno sunt prosunt[14]. »

En réponse, Prévostin s'étend sur le sens du terme *damnatio* qui, chez Augustin, renvoie non pas d'abord et seulement à la damnation de l'enfer, mais aussi à la peine du purgatoire. Il ajoute que si l'Église savait qui d'entre les morts avait été condamné à la damnation éternelle, elle ne prierait pas pour lui[15].

---

13. Pierre Lombard, *Sententiae*, Lib. IV, dist. 45, cap. 2 (éd. coll. S. Bonaventurae, t. II, p. 523-524).

14. Prévostin de Crémone, *Praepositini Cancellarii de Sacramentis et de Novissimis* (*Summa Theologicae Pars Quarta*) (ed. D. E. Pilarczyk, Roma, Editiones Urbaniana, 1964, p. 114-119).

15. *Ibid.* (p. 115).

Selon un autre avis, les assez mauvais (*mediocriter mali*) désignent ceux qui sont dits en enfer, mais profitent des prières. En conséquence, si les suffrages profitent à des damnés, ceux-ci ne sont pas en enfer mais plutôt dans le purgatoire. En ce cas, la punition (*pena*) des damnés est limitée, puisque les mérites de l'Église, fondés sur les mérites du Christ, sont potentiellement infinis.

Prévostin s'abstient de trancher, mais il exprime une préférence. Pour lui, les suffrages offerts pour les damnés servent à enlever une partie de leur punition ; ces suffrages sont tellement efficaces que la peine du châtiment (*pena*) peut être ainsi remise. Mais pour éviter l'erreur d'Origène, Prévostin ajoute que la remise totale des peines (*pena*) n'aboutit pas à la libération de l'enfer, parce que les suffrages remettent les peines (*pena*), mais non la blessure du péché. Ainsi la punition du péché (*pena*) est remise, mais la maladie (*morbum*) reste. Deux conséquences en résultent : d'abord, la remise de peine ne dure que jusqu'au jour du jugement dernier, après quoi la punition demeure en vigueur pour l'éternité ; ensuite, les suffrages de l'Église ne peuvent pas diminuer la souffrance du ver de la mauvaise conscience (*vermis male conscientie*), qui est pire encore que la punition (*pena*)[16].

4. Guillaume d'Auxerre (c. 1150-1231)

Guillaume d'Auxerre aborde le sujet à la fin du dernier livre de sa *Summa aurea* (1215-1220). Il mentionne plusieurs arguments et contre-arguments au sujet des suffrages profitables aux damnés[17]. Guillaume commence par une défense de la position de Prévostin, sans pour autant la reprendre à son compte. À l'objection que la solution de Prévostin soulevait concernant la rémission de la peine du dam par la quantité suffisante de suffrages, Guillaume répond sous deux formes. D'abord, la rémission de la peine correspondrait aux mérites du damné acquis sur la terre, indépendamment de son péché, et en fonction de quoi les suffrages sont offerts. Mais comme aucun damné ne mérite la libération de l'enfer, aucun ne peut avoir toute la peine remise. À noter, au passage, la perspective étrange d'un damné capable de mériter malgré (et avec) le

---

16. Prévostin de Crémone, *Praepositini Cancellarii de Sacramentis et de Novissimis* (p. 116).

17. Guillaume d'Auxerre, *Summa aurea*, Lib. IV, tract. 18, cap. 4, q. 1, a. 1 (ed. J. Ribaillier, « Spicilegium Bonaventurianum, 19 », Paris-Grottaferrata, 1985, p. 526-539).

péché qui le conduit en enfer. Ensuite, les suffrages additionnés seraient d'une efficacité décroissante en proportion de la diminution de la peine restante, avec le résultat que l'addition des suffrages ne peut entraîner la libération complète de la peine d'un damné[18].

Donc, sans exclure la possibilité éventuelle que les suffrages puissent aider les damnés, Guillaume pense qu'il est plus probable et plus conforme à l'Écriture que tel ne soit pas le cas. Parmi les arguments en faveur de la possibilité que les damnés puissent être aidés par les vivants, on trouve l'idée, attribuée à saint Augustin, que la punition d'Arius est incertaine parce que le nombre des croyants conduits à la ruine spirituelle à cause de sa doctrine est incertain[19]. Bien plus, tant que l'hérésie d'Arius mène des âmes à la perdition, sa peine va s'aggraver. En réponse, Guillaume concède que la punition d'Arius va s'aggraver tant que les ariens tombent en enfer, tout comme la gloire des bons docteurs de l'Église sera augmentée par les âmes dont le salut résulte de leur bon enseignement. Mais il souligne que de tels changements ne peuvent être qu'accidentels, alors que leur condition mauvaise est immuablement fixée ; en conséquence, il ne s'ensuit pas que les suffrages aident les damnés[20].

À noter, dans l'analyse de Guillaume, et qui figurera dans les considérations des théologiens ultérieurs, la distinction et le rapport étroit entre la peine (*pena*) et la coulpe (*culpa*). La *culpa* est la cause de la *pena* ; en raison de quoi la *culpa* des damnés ne peut pas être diminuée, parce qu'ils sont incapables de recevoir la grâce ; par conséquent, la *pena* ne peut pas être non plus diminuée.

5. Hugues de Saint-Cher (c. 1200-1263)

Nous avons noté qu'Hugues, dans sa *Postille* sur l'Ecclésiaste, se fait l'écho, en quelques lignes, de l'« opinion commune » selon laquelle les damnés sont au-delà de toute aide. Pourtant, dans son commentaire

---

18. GUILLAUME D'AUXERRE, *Summa aurea*, Lib. IV, tract. 18, cap. 4, q. 1, a. 1 (p. 529).

19. Ni les éditeurs de Guillaume d'Auxerre (*ibid.*, p. 534) ni ceux de Bonaventure à Quaracchi ont pu trouver la source de la remarque. Une possibilité distincte demeure le théologien séculier parisien Pierre de Poitiers (Petrus Pictaviensis, † 1205/1206) ; cf. PIERRE DE POITIERS, *Sententiarum libri quinque*, Lib. II, cap. 6 (*PL* 211, 1855, col. 957) : « Eadem ratione praemium Pauli augetur, quia multi ad fidem per ejus doctrinam convertuntur ; et poena Arii augetur, quia multi per eius haeresim decipiuntur. »

20. GUILLAUME D'AUXERRE, *Summa aurea*, Lib. IV, tract. 18, cap. 4, q. 1, a. 1 (p. 534-535).

sur la distinction 45, chapitre 2, des *Sentences* du Lombard, Hugues s'y étend plus longuement — deux folios recto verso, c'est-à-dire huit colonnes[21]. Dans les cinq manuscrits dont nous disposons, on constate que les arguments pour ou contre et les solutions ne sont pas toujours clairement agencés dans une *questio* cohérente. Pourtant, son texte manifeste clairement ce qu'il en pense. Selon lui, il y a trois types de suffrages généraux : les *orationes*, les *laudes*, et le *sacrificium altaris*. Mais il y a de nombreux types de suffrages spéciaux, tels que le jeûne, l'aumône, le pèlerinage, les veillées, etc. Pour Hugues ces pratiques bénéficient à tous les vivants, et à tous les morts du purgatoire ; cependant il reconnaît qu'il demeure des incertitudes concernant le nombre des bénéficiaires, comment, quand, où et à qui précisément ces avantages spirituels sont conférés. Il reconnaît la légitimité des deux opinions, positive ou négative, à propos des suffrages secourant les fidèles damnés (*damnatis fidelibus*). Ces deux opinions sont catholiques, c'est pourquoi il s'emploie à les défendre contre toutes les objections connues[22].

Hugues remarque que les suffrages de l'Église ne sont d'aucun profit pour ceux qui sont morts sans la foi, parce qu'ils n'ont jamais été des fils de l'Église. L'objet de la prière de l'Église, ce sont ses fils et quand l'Église prie pour ceux qui ne sont pas ses enfants c'est afin qu'ils puissent le devenir sur la terre et qu'elle puisse ainsi partager ses bienfaits avec eux[23].

Reste à savoir si la foi formée d'un membre de l'Église le dispose à bénéficier de ses suffrages, même s'il meurt en état de péché mortel et est damné[24]. Hugues présente une douzaine d'arguments en faveur de la proposition selon laquelle les suffrages de l'Église bénéficient aux

---

21. Mss. Assisi, Biblioteca communale 131 [*A*], f° 181va-183va ; Paris, BnF lat. 3406 [*P₁*], f° 148vb-150vb ; BnF lat. 3073 [*P₂*], f° 161rb-163rb ; Vat. lat. 1098 [*V*], f° 195vb-198ra.

22. HUGUES DE SAINT-CHER, *In IV Sent.* (*A*, f° 182va ; *P₁*, f° 150rb ; *P₂*, f° 162vb ; *V*, f° 197rb) : « Solomodo notandum quod tria sunt suffragia Ecclesie generalia, scilicet orationes, laudes, sacrificium altaris. Set specialia multa sunt, scilicet ieiunia, eleemosyna, peregrinatio, uigilie, et huiusmodi. Et quod hec omnia prosint tenet fides Ecclesie, set quantum, et quomodo, et quando, et ubi, et quibus, non est certum uel determinatum. Set quod prosint uiuentibus adhuc in mundo et illis qui sunt in purgatorio, habet fides Ecclesie. Set dampnatis fidelibus duplex est opinio, ut dictum est supra : quedam dicit quod prosunt illis, quedam quod non. Et huic secunde opinioni magis uidetur consentire Augustinus. Vtrumque tamen opinio Catholica est. Vnde utrumque sustinebimus, et respondebimus ad obiecta. »

23. *Ibid.* (*A*, f° 181va ; *P₁*, f° 149ra ; *P₂*, f° 161va ; *V*, f° 196ra) : « Hic patet quod mortuis sine fide nichil prosunt suffragia Ecclesie, quia ipsi nunquam fuerunt filii Ecclesie, neque nomine, neque numero, et ipsa non orat nisi pro filiis postquam mortui sunt, quia ante bene orat quod non filiis ut fiant filii, ut sic posset eis sua beneficia communicare. »

24. *Ibid.* : « Et de illis qui aliquando fuerunt de Ecclesie, si decesserunt in mortali, questio est utrum illis prosint. »

damnés qui étaient ses membres sur la terre. La plupart des arguments s'appuient sur des interprétations douteuses de passages bibliques ou d'écrits des saints (*auctoritates*), mais quelques-uns d'entre eux sont dignes de mention.

Hugues de Saint-Cher rapporte l'idée, attribuée ici à Grégoire le Grand, de la punition d'Arius aggravée tant que son erreur continue de ruiner des âmes. Hugues fait la même réponse que Guillaume d'Auxerre : les changements de son état sont accidentels, non substantiels, ils n'ont donc aucune incidence sur la question de la rémission possible de la peine de la damnation.

Nous avons déjà remarqué que la place de la prière de l'Église figurait largement dans les débats à propos de notre question. De même chez Hugues de Saint-Cher. Un objecteur mentionne un passage de la prière d'offertoire de la messe pour les défunts (*Missa pro defunctis*) du rite romain : « Libérez-les de la gueule du lion, de la main de l'enfer et du lac profond[25]. » À quoi Hugues répond par deux arguments. Le premier est que la gueule du lion, la main de l'enfer et le lac profond correspondent aux diverses douleurs des âmes du purgatoire, pour la libération desquelles l'Église prie. Le second argument souligne que si la gueule du lion, la main de l'enfer et le lac profond désignent les tourments des âmes en enfer, alors la prière de l'Église doit être comprise plutôt comme une action de grâces pour leurs délivrances[26].

Mais ensuite, Hugues ne présente pas moins de vingt-trois arguments en faveur de la thèse selon laquelle aucun des damnés ne peut profiter des suffrages de l'Église. La plupart des arguments sont fondés sur des passages bibliques ou des autorités. À chaque argument favorable Hugues présente un contre-argument. Il ne laisse aucun doute sur sa position : les suffrages ne peuvent jamais profiter aux damnés qui n'ont jamais eu la foi, c'est-à-dire ceux qu'Augustin appelle les très mauvais (*ualde mali*). Mais pour Hugues, les damnés qui ont eu la foi sont un cas

---

25. *Missa pro defunctis*, Offertorium : « Domine, Jesu Christe, Rex gloriae, libera animas omnium fidelium defunctorum de poenis inferni et de profundo lacu ; libera eas de ore leonis... » ; Hugues de Saint-Cher, *In IV Sent.* (A, f⁰ 181va ; P₁, f⁰ 149ra ; P₂, f⁰ 161va ; V, f⁰ 196ra) : « Item, Ecclesia orat dicens : *Libera animas eorum de manu inferni* etc., et constat quod non oraret nisi crederet uel speraret eis prodesse. Ergo prodest eis, quia tota Ecclesia non fallitur in hoc. »

26. Hugues de Saint-Cher, *In IV Sent.* (A, f⁰ 183ra ; P₁, f⁰ 150rb ; P₂, f⁰ 162vb ; V, f⁰ 197va) : « Ad quintum, dicimus quod per os leonis, per manum inferni et profundum lacum, intelliguntur diuerse pene purgatorii a quibus orat Ecclesia liberari animas. Vel potest dici quod Ecclesia ibi gratias agit, unde sensus : "Libera eos de ore leonis", etc., ibi "Gratias ago tibi, quia liberasti eos de ore leonis et de manu enferni et de profundo lacu". »

à part. Puisqu'ils ont été des membres du Corps mystique du Christ, ils sont, dit Hugues, comme des membres amputés d'un corps. Au titre où ils ont eu la foi catholique, ils peuvent bénéficier des suffrages de l'Église. Certes, ces suffrages ne peuvent les libérer totalement de la peine, mais ils peuvent soulager leurs douleurs.

À l'époque, c'était un principe généralement accepté que la peine (*pena*) infligée par Dieu résultait de la culpabilité du péché (*culpa*), et que, par conséquent, aucune peine ne pouvait être atténuée sans une rémission de la culpabilité. Un autre principe généralement admis était que la culpabilité (*culpa*) ne pouvait être remise que par le mérite. C'est là tout le problème. En principe, il semblerait que les damnés soient privés de toute possibilité de mériter quoi que ce soit. Mais selon Hugues, les défenseurs de l'efficacité des suffrages pour les damnés ne considèrent pas les fidèles damnés (*damnatis fidelibus*) comme des très mauvais (*ualde mali*), mais comme des assez mauvais (*mediocriter mali*).

Dans cette perspective, les fidèles damnés sont d'une certaine manière capables de mériter, et cela parce que la foi, étant un don de Dieu, est le principe du mérite[27]. Considérant que la foi vivante des assez bons (*mediocriter boni*) au purgatoire leur donne l'espérance du salut et la possibilité de la libération de leurs douleurs avant même le jugement final, la foi passée et les mérites passés des assez mauvais (*mediocriter mali*), c'est-à-dire des fidèles damnés, peuvent leur donner la possibilité d'un allégement limité de leur châtiment. Certes, ils sont séparés du Corps mystique du Christ, mais parce qu'ils avaient été autrefois membres de ce Corps, ils peuvent bénéficier des suffrages de l'Église[28]. Hugues énumère quatre possibilités pour que les suffrages produisent un tel effet :

1. Par une réduction du nombre des damnés, en ce que chaque arrivée d'une âme damnée ajoute aux tourments de ceux qui sont déjà condamnés, et parce que les suffrages soulagent les souffrances des damnés en leur épargnant l'accroissement de leurs souffrances qu'ils auraient autrement souffert[29].

---

27. HUGUES DE SAINT-CHER, *In IV Sent.* (A, f° 182ra ; P_1, f° 149rb ; P_2, f° 161vb ; V, f° 196va) : « Possent prodesse meruerunt, id est fundamentum merendi, id est fidem habuerunt. »

28. *Ibid.* : « Ad tertium dicimus quod corpus Christi tantum triforme est et non quadriforme, quia fideles dampnati omnino sunt membra in corpora et precisa et ideo non sunt pars corporis mistici, quia tamen fuerunt aliqua pars illius, ualent ad suffragia corporis, id est Ecclesie, non ad uiuificationem, quia dicit Augustinus : "Membrum mortuum non sequitur spiritus", scilicet uiuificans, set ad pene mitigationem, ut dictum est. »

29. *Ibid.* (A, f° 183rb ; P_1, f° 150va ; P_2, f° 163ra ; V, f° 197vb) : « Vno modo per subtractionem, quia per suffragia saluantur multi qui aliter dampnarentur, quibus dampnatis aug-

2. Par un allégement de leurs châtiments. Les suffrages apaisent les douleurs des damnés jusqu'au jour du jugement, dans la mesure où ils ont mérité un tel apaisement pendant leur vie[30].

3. Par un report de leurs châtiments. Hugues cite Prévostin : les suffrages de l'Église peuvent suspendre complètement toutes leurs douleurs externes, mais seulement jusqu'au jour du jugement[31].

4. Par un renforcement. Les suffrages de l'Église sont capables de rendre les fidèles damnés plus forts pour qu'ils puissent mieux supporter leurs souffrances[32].

Il convient de noter que pour Hugues tous ces avantages sont relativement mineurs, car ils soulagent seulement des souffrances accidentelles des damnés fidèles. Il n'est pas question de l'apaisement de l'essentiel de la peine, c'est-à-dire le ver de la conscience et la perte de la vision béatifique[33]. Pourtant, on est frappé par la différence entre sa position ici, et celle de sa *Postille* sur l'Ecclésiaste 9, 6, où, comme nous l'avons vu, l'efficacité des suffrages pour les damnés est exclue. L'explication la plus vraisemblable est que dans son commentaire sur les *Sentences*, Hugues se sentait obligé de rendre justice à ses devanciers : Prévostin et Guillaume d'Auxerre. En revanche, selon toute vraisemblance, ses étudiants en compilant la *Postille* sur l'Ecclésiaste ont retenu une tout autre réponse, fondée sur une raison similaire ; ils l'ont trouvé dans les sources à leur disposition. Celle-ci correspond à la pensée émergente de l'Église sur cette question. Elle consonne avec la perspective des maîtres parisiens plus tardifs, notamment Bonaventure, Albert et Thomas. Guillaume d'Alton est une exception.

Il est relativement rare qu'Albert, Bonaventure[34] et Thomas soient d'accord sur une question qui a divisé les théologiens précédents, mais

---

mentetur pena aliorum qui iam dampnati sunt, et it prosunt, quia subtrahunt augmentum pene quod haberent nisi essent suffragia. »

30. HUGUES DE SAINT-CHER, *In IV Sent.* (A, f° 183rb ; P_1, f° 150va ; P_2, f° 163ra ; V, f° 197vb) : « Item, per modum mitigationis, quia per suffragia mitigatur pena / eorum usque ad diem iudicii, secundum quod ipsi meruerunt dum uiuerent. »

31. *Ibid.* (A, f° 183rb ; P_1, f° 150va ; P_2, f° 163rb ; V, f° 197vb) : « Item, per modum suspensionis, quia per suffragia potest suspendi pena omnino exterior inferni usque ad iudicium per suffragia Ecclesie, ut dicit Prepostinus. »

32. *Ibid.* : « Item, per modum sustentationis, quia per suffragia Ecclesie fiunt fideles dampnati fortiores ad sustinendum penam, licet pena non minuatur. »

33. *Ibid.* : « Vel potest dici quod sicut suffragia prosunt dampnatis, scilicet ad mitigationem pene accidentalis, ita prosunt saluatis ad augmentum gaudii accidentalis, ita prosunt saluatis ad augmentum gaudii accidentalis quod habent de societate aliorum. »

34. BONAVENTURE, *In IV Sent.*, dist. 45, a. 1, q. 1 (*Opera omnia*, éd. Quaracchi, t. IV, 1889, col. 956a-958b).

tel est le cas ici. Tous les trois l'abordent dans leurs commentaires sur la distinction 45 du livre IV des *Sentences*. Hormis une nuance dans les positions d'Albert et de Thomas, tous les trois affirment l'inefficacité des suffrages pour aider les damnés, et pour les mêmes raisons. En résumé :

1. Toute peine (*pena*) résulte d'un péché (*culpa*), de sorte que toute diminution ou rémission complète de peine présuppose préalablement la rémission complète du péché.

2. La coulpe (*culpa*) ne peut être effacée sans la grâce — et donc non sans acte méritoire de conversion —, ce dont les damnés sont entièrement incapables.

3. Les damnés sont incapables de mériter parce que le principe du mérite n'est pas la foi, mais la charité qu'ils ne possèdent pas.

4. Par conséquent, les damnés qui ont fait partie des membres de l'Église ne sont pas plus en mesure de profiter des suffrages de l'Église que ceux qui n'ont jamais eu la foi. En d'autres termes, quelle que soit la foi d'une personne pendant sa vie mortelle, si elle meurt dans le péché mortel elle sera comptée parmi les très mauvaises (*ualde mali*).

5. L'erreur d'Origène ne peut être évitée par Prévostin et les *Porretani* quand ils laissent entendre qu'un suffrage est de soi proportionné et mesuré à la peine de l'âme à remettre. Or on ne voit pas en quoi un suffrage postérieur à la mort serait plus puissant qu'un suffrage antérieur durant la vie mortelle.

6. L'Église ne prie pas pour les damnés, et toute interprétation de ses prières en sens contraire est erronée.

6. Albert le Grand (c. 1200-1280)

Dans trois articles à la fin de son commentaire sur le livre IV des *Sentences*, Albert commence sa discussion en distinguant entre les deux peines principales des damnés, à savoir les souffrances de la peine du sens et les souffrances spirituelles de la peine du dam qu'il appelle « le ver de la conscience[35] ». Il précise que les suffrages ne peuvent rien faire pour soulager les souffrances de la peine du sens. Puis il remarque que la raison de la torture du ver de la conscience est triple : à cause des mauvaises actions commises (*commissis*), des bonnes actions omises (*ommissis*), et pour ne pas s'être considéré comme digne de la bienveillance d'autrui. Les suffrages ne font rien pour la guérison des deux pre-

---

35. ALBERT LE GRAND, *In IV Sent.*, dist. 45, A, a. 3 (*Opera omnia*, éd. Borgnet, t. 30, Paris, 1894, p. 609b-612a); dist. 46, E, a. 1-2 (p. 628a-631b).

mières tortures, c'est-à-dire pour les actions commises et omises. Mais ils peuvent soulager de la troisième, simplement parce que tout bénéficiaire d'un suffrage est alors conscient qu'il est digne de la bienveillance d'autrui[36].

7. Thomas d'Aquin (c. 1224-1274)

Au début de sa carrière universitaire, Thomas commente le livre IV des *Sentences* (1256-1257). La réfutation des arguments en faveur de l'efficacité des suffrages pour les damnés est plus nette que celle d'Albert et de Bonaventure. Certes il admet la plausibilité de l'opinion selon laquelle les suffrages profitent aux damnés de la manière extrêmement limitée indiquée par Albert, à savoir que si quelqu'un parmi les vivants a offert un sacrifice pour eux, ce sacrifice connu d'eux les libère de l'abjection totale qui autrement serait la leur.

Cependant, la plausibilité éventuelle de l'explication albertinienne présuppose une révélation spéciale de ce suffrage pour le damné, ce qui n'est pas la façon normale dont Dieu agit avec l'homme[37]. Saint Thomas attire l'attention sur l'impénétrabilité de la volonté divine, de sorte qu'une telle révélation pour les damnés serait tout à fait incertaine[38]. Dès lors l'opinion la plus sûre et la plus cohérente est que les suffrages

---

36. ALBERT LE GRAND, *In IV Sent.*, dist. 45, A, a. 3 (p. 611a) : « ...duplex sit poena, scilicet sensus et vermis conscientiae. »

37. THOMAS D'AQUIN, *In IV Sent.*, dist. 45, q. 2, a. 2, q[la] 1, c. (éd. Parme, t. VII/2, col. 1123b) : « Quod enim adhuc restat de poena vel gloria corporis, hoc eis rationem viatoris non praebet, cum gloria essentialiter et radicaliter existat in anima; et similiter miseria damnatorum; et ideo non potest poena eorum diminui, sicut nec gloria sanctorum augeri, quantum ad praemium essentiale. Sed tamen modus qui a quibusdam ponitur quod suffragia prosunt damnatis, *posset aliquo modo sustineri*; ut si dicatur quod non prosunt neque quantum ad diminutionem poenae vel interruptionem, vel quantum ad diminutionem sensus poenae; sed quia ex hujusmodi suffragiis eis aliqua materia doloris subtrahitur, quae eis esse posset, si ita se abjectos conspicerent quod pro eis nullam curam haberent vivi : quae materia doloris eis subtrahitur, dum suffragia pro eis fiunt. Sed istud etiam non potest esse secundum legem communem : quia, ut Augustinus dicit in Lib. de cura pro mortuis gerenda, (quod praecipue de damnatis verum est), *ibi sunt spiritus defunctorum ubi non vident quaecumque agunt aut eveniunt in ista vita hominibus;* et ita non cognoscunt quando pro eis suffragia fiunt, nisi supra communem legem hoc remedium divinitus detur aliquibus damnatorum; quod est verbum omnino incertum. Unde tutius est simpliciter dicere, quod suffragia non prosunt damnatis, nec pro eis Ecclesia orare intendit, sicut ex auctoritatibus inductis apparet. »

38. *Ibid.* : « ...et ita non cognoscunt quando pro eis suffragia fiunt, nisi supra communem legem hoc remedium divinitus detur aliquibus damnatorum; quod est verbum omnino incertum. »

ne profitent point aux damnés (*suffragia non prosunt damnatis*). Saint Thomas mentionne l'opinion d'Albert, et malgré son désaccord, il s'abstient de la contredire explicitement par respect pour son maître.

Conclusion

La déférence de Thomas pour Albert rend d'autant plus frappant son manque de considération pour Hugues. Alors que ce dernier avait considéré comme « catholique » et digne de respect l'opinion selon laquelle les suffrages peuvent aider les damnés, Thomas conclut la discussion par une remarque assez piquante. Il apparaît aussi que l'opposition de Guillaume d'Alton à la position de Thomas sur cette question manifeste comme peu crédible la thèse qui voudrait qu'il ait étudié sous la direction de son prédécesseur en tant que maître à Paris[39]. Pour conclure, je donne la parole à Thomas :

> L'avis précité est présomptueux, dans la mesure où il est contraire aux paroles des saints, et vain, manquant du soutien de l'autorité [des Pères]. [Il est] irrationnel aussi, d'abord parce que les damnés en enfer ne sont pas établis dans la charité, grâce à laquelle les œuvres des vivants rejoignent les morts. Ensuite, parce qu'ils sont totalement arrivés à la fin de leur voyage, recevant la récompense ultime pour leurs [dé]mérites, tout comme les saints qui sont dans le ciel[40].

fr. Timothy Bellamah, o.p.

---

39. Voir Timothy Bellamah, *The Biblical Interpretation of William of Alton*, New York, Oxford University Press, 2011, p. 104-105.

40. Thomas d'Aquin, *In IV Sent.*, dist. 45, q. 2, a. 2, q^{la} 1, c. (col. 1123b) : « Est nihilominus et praedicta opinio praesumptuosa, utpote sanctorum dictis contraria ; et vana, nulla auctoritate fulta ; et nihilominus irrationalis : tum quia damnati in Inferno sunt extra vinculum caritatis, secundum quam opera vivorum continuantur defuncti : tum quia totaliter ad viae terminum pervenerunt recipientes ultimam pro meritis retributionem, sicut et sancti qui sunt in patria. »

Résumé. — Pendant la première moitié du xiiie siècle, plusieurs maîtres à l'Université de Paris ont abordé la question de la possibilité pour les damnés de bénéficier des suffrages de l'Église, malgré l'opposition des autorités d'Augustin et de Grégoire le Grand. Durant la seconde moitié du siècle, à l'exception notable de Guillaume d'Alton, les théologiens ont rejeté sans ambiguïté cette possibilité. Ce rejet a trouvé son expression la plus élaborée dans l'un des premiers ouvrages de Thomas d'Aquin, à savoir son commentaire du livre IV des *Sentences* de Pierre Lombard.

Abstract. — During the first half of the 13th century several masters at the University of Paris took up the question of whether the damned could benefit from the Church's suffrages, despite the opposition of such authorities as Augustine and Gregory the Great. Towards the second half of the century, with the notable exception of William of Alton, theologians at Paris unequivocally rejected any such possibility. This new certitude on the question finds its most emphatic expression in one the early works of Thomas Aquinas, namely, his Scriptum on Book IV of Lombard's *Sentences*.

Le *fr. Timothy Bellamah*, dominicain, né à Washington en 1960, enseigne la théologie fondamentale et dogmatique à la Faculté pontificale de l'Immaculée Conception, et au Studium dominicain à Washington. Il est directeur de la revue The Thomist et membre de la Commission Léonine à Paris. Il a publié en 2011 sa thèse The Biblical Interpretation of William of Alton (New York, OUP, 2011). Ses travaux actuels portent sur l'histoire de l'exégèse biblique médiévale.

Du petit nombre des sauvés à l'espérance d'un salut universel

RÉFLEXIONS CRITIQUES AU SUJET D'UNE OPINION THÉOLOGIQUE CONTEMPORAINE CONCERNANT LA DAMNATION

> *Parce que la sentence contre celui qui fait le mal n'est pas vite exécutée, le cœur des fils d'Adam est plein de l'envie de mal faire (Qo 8, 11).*

> *Dans ces matières [les vérités suprasensibles] les hommes se persuadent facilement de la fausseté ou du moins du caractère douteux de ce dont ils ne veulent pas que cela soit vrai (PIE XII, Lettre encyclique* Humani generis).

Introduction

L'INTITULÉ de la présente contribution énonce un déplacement : « Du petit nombre des sauvés à l'espérance d'un salut universel », déplacement qui s'inscrit à son tour dans un contexte que Romano Guardini esquissait avec pertinence dès 1940. Parlant du sens absolu de l'existence et, par suite, du caractère définitif du jugement scellant sans retour l'admission ou le rejet de tout un chacun, le théologien allemand écrivait :

Dans les premiers temps, l'homme a compris cela d'emblée, car il savait faire la distinction entre ce qui est irrévocablement sérieux et ce qui ne l'est pas. Pour l'homme moderne, cette doctrine rend un son bizarre et dur. Il s'est accoutumé à prendre le monde fort au sérieux et à dresser une échelle de valeurs des plus rigoureuses pour mesurer les choses terrestres ; en revanche, l'éternité et la destinée éternelle ont perdu toute importance à ses yeux. Elles se sont estompées en un clair-obscur qu'il qualifie volontiers lui-même de révérence. Il serait plus exact d'y voir de l'indifférence ou de la lâcheté. On est saisi de perplexité lorsqu'à propos d'une circonstance quelconque on voit ce que l'homme moderne prend au sérieux et ce qu'il prend avec insouciance. Il semble parfois que plus les choses se rapprochent du noyau de son existence, moins elles ont de poids pour lui[1].

L'attitude existentielle décrite par Guardini aboutit ainsi à l'exact inverse de celle décrite par saint Paul, lorsqu'il affirme que nous « ne regardons pas aux choses visibles, mais aux invisibles ; les choses visibles en effet n'ont qu'un temps, les invisibles sont éternelles » (2 Co 4, 18). L'absolutisation de la vie terrestre se traduit, entre autres, par l'invocation continuelle du principe de précaution et l'instauration de normes techniques toujours plus nombreuses. Le souci des choses de ce monde évince celui des biens éternels.

Notre propos ne sera pas ici d'enquêter sur les motifs complexes du renversement évoqué par Guardini ou de nous livrer à de subtiles spéculations sur le nombre des sauvés, dont les chrétiens ont toujours su comme par instinct qu'il était le secret de Dieu[2]. Il s'agira plus modestement de documenter tout d'abord brièvement l'évidence que revêtait un salut partiel par le passé (1), pour, ensuite, étudier plus en détail le passage progressif à l'espérance d'un salut universel (2). Puis nous proposerons de confronter l'espérance en question avec des éléments de réflexion critique tirés de l'Écriture sainte, de l'antiquité chrétienne et du Magistère (3). Enfin, la conclusion permettra de préciser la position retenue.

1. L'évidence d'un salut partiel

a) Chez les théologiens

Ce qui frappe, lorsque l'on relit ce qui a été écrit par le passé au sujet de la damnation, c'est l'évidence avec laquelle était admis un salut seulement partiel, sans que soit d'ailleurs ignoré ou nié pour cela que Dieu veut le salut de tous. Qu'il suffise de mentionner à la suite quelques

---

1. Romano GUARDINI, *Les Fins dernières*, trad. Françoise Demenge, Versailles, Éditions Saint-Paul, 1999, p. 39 (original : *Die letzten Dinge*, Die christliche Lehre vom Tode, der Läuterung nach dem Tode, Auferstehung, Gericht und Ewigkeit, « Topos plus Taschenbücher, 461 », Mainz, Matthias-Grünewald-Verlag, ⁴2002 [1re éd. : Würzburg, Werkbund-Verlag, 1940], p. 36-37).

2. *Missale Romanum ex decreto SS. Concilii Tridentini restitutum summorum pontificum cura recognitum*, Editio typica, Città del Vaticano, Libreria Editrice Vaticana, 1962 [réimpr.], Orationes diversae, n° 35, « Pro vivis et defunctis », Secrète, p. 115 : « Deus, cui soli cognitus est numerus electorum in superna felicitate locandus. » Saint Thomas d'Aquin se réfère à ce texte dans *Sum. theol.*, I^a, q. 23, a. 7, c.

auteurs d'époques très différentes. Saint Thomas d'Aquin écrit lapidai-
rement : « "Dieu veut que tous les hommes soient sauvés et parviennent
à la connaissance de la vérité" [1 Tm 2, 4]. Mais cela ne se passe pas
ainsi[3]. » Le premier Écrit sur la grâce du grand Pascal s'ouvre sur cette
affirmation : « *Il est constant* qu'il y a plusieurs des hommes damnés et
plusieurs sauvés[4]. » En 1939, Marcel Richard expose dans le *Dictionnaire
de théologie catholique* : « Tout dans le christianisme évidemment tend
à procurer aux hommes le salut éternel, que tous n'atteignent pas. Il
y a donc des damnés. Contre l'existence d'une punition des pécheurs
après la vie, il n'y a, d'ailleurs, guère d'opposition ni aucune difficulté[5]. »
Enfin, il y a cinquante ans, Louise-Marie Antoniotti écrivait dans la
Revue thomiste : « *Dieu notre Sauveur... veut que tous les hommes soient
sauvés* (1 Tm 2, 4). [...] C'est une vérité incontestable de notre foi. Mais
il est une autre vérité de foi, non moins incontestable : Dieu réprouve
certains hommes[6]. » Relevons à cet endroit que ces affirmations étaient
partagées également par les théologiens de la Réforme.

Par conséquent, ce qui, durant de nombreux siècles, faisait l'objet de
discussions parmi les théologiens n'était pas le *fait* de la réprobation,
mais le *nombre* d'hommes qui en feraient l'objet, ou plutôt la proportion
entre les élus et les réprouvés. Selon qu'ils étaient partisans de l'opinion
sévère ou de l'opinion large, les auteurs concluaient que cette proportion devait être probablement petite ou grande, tout en prenant soin de
différencier leurs projections selon des catégories socioreligieuses (non-
baptisés, chrétiens non catholiques, catholiques, enfants ou adultes). Il
convient d'ajouter qu'au-delà d'un salut partiel, beaucoup de théologiens
estimaient que seul un petit nombre parviendrait au salut. On pourra
lire à ce sujet l'article consacré par Albert Michel au nombre des sauvés
dans le *Dictionnaire de théologie catholique*, où l'on trouvera d'abondantes références[7]. L'historien Jean Delumeau a pu écrire en ce sens :

---

3. THOMAS D'AQUIN, *Sum. theol.*, I*ᵃ*, q. 19, a. 6, arg. 1 : « Deus *vult omnes homines salvos
fieri, et ad agnitionem veritatis venire. Sed hoc non ita evenit.* » Les textes de la *Somme* sont
cités d'après : *Summa theologiae*, Cinisello Balsamo (Milano), Ed. Paulinae, ²1988.

4. Blaise PASCAL, *Écrits sur la grâce*, Premier écrit, I (*Œuvres complètes*, éd. Jacques
Chevalier, « Bibliothèque de la Pléiade, 34 », Paris, Gallimard, 1954, p. 947-1044 [p. 948]) ; le
soulignement est dans le texte.

5. Marcel RICHARD, art. « Enfer », *Dictionnaire de théologie catholique* [en abrégé : *DTC*],
t. 5/1, Paris, 1939, col. 28-120 [col. 92].

6. Louise-Marie ANTONIOTTI, « La volonté divine antécédente et conséquente selon saint
Jean Damascène et saint Thomas d'Aquin », *RT* 65 (1965), p. 52-77 [p. 52].

7. Cf. Albert MICHEL, art. « Élus (Nombre des) », *DTC*, t. 4/2, 1939, col. 2350-2378 et, en
particulier, col. 2364-2367.

« Il faut constater comme un fait historique l'accord sur le petit nombre des élus entre les représentants les plus éminents de la pensée chrétienne occidentale depuis la fin de l'Antiquité jusqu'au XIXᵉ siècle[8]. » Si cette affirmation gagnerait peut-être à être nuancée, force est de constater qu'autour de 1900 la question du nombre des élus demeure en débat. En 1906 encore, le capucin Jean-Baptiste du Petit-Bornand estimait dans un article pondéré que « la plupart des auteurs » retiennent qu'il n'est pas admissible que dans tout l'ensemble du genre humain les élus soient en majorité[9]. Il faudrait cependant ajouter que l'opinion du petit nombre était en perte de vitesse depuis le XIXᵉ siècle, comme on le verra.

b) Dans les catéchismes et les documents de l'Église

Il n'est pas sans importance de relever que l'assurance d'un salut partiel n'était pas seulement le fait de théologiens privés, mais aussi des catéchismes, donc des textes prétendant exposer la foi authentique de l'Église, en évitant ce qui ne relève que de l'opinion théologique. Le fameux *Catéchisme* dit *de saint Pie X* comporte, par exemple, cette question-réponse :

> *Si Jésus-Christ est mort pour le salut de tous, pourquoi tous ne sont-ils pas sauvés ?*
> Jésus-Christ est mort pour le salut de tous, mais[10] tous ne sont pas sauvés parce que tous ne veulent pas le reconnaître, tous n'observent pas sa loi, tous ne se servent pas des moyens de sanctification qu'il nous a laissés[11].

On lit de même dans le *Catéchisme catholique* publié par le cardinal Pietro Gasparri en 1929, à la question 103 : « Tous les hommes sont-ils donc sauvés ? R. Non, tous les hommes ne sont pas sauvés, mais ceux-là

---

8. Jean DELUMEAU, *Le Péché et la peur*, La culpabilisation en Occident (XIIIᵉ-XVIIIᵉ siècles), Paris, Fayard, 1983, p. 317.
9. JEAN-BAPTISTE DU PETIT-BORNAND, « Encore la question du nombre des élus. Simples notes », *Études franciscaines* 15 (1906), p. 400-414, 615-626 ; 16 (1906), p. 147-162, 293-308 [p. 147]. Ajoutons à titre d'exemples deux auteurs défendant encore la thèse du petit nombre des élus au cours des première décennies du XXᵉ siècle : Bernard MARÉCHAUX, *Du nombre des élus*, Dissertation suivie du traité de la prière de saint Alphonse de Liguori, Paris, Poussielgue, 1901 ; Étienne HUGUENY, « Le scandale édifiant d'une exposition mission-naire », *RT* 38 (1933), p. 217-242 et p. 533-567.
10. Nous avons remplacé « et » par « mais », conformément à l'original qui a « ma ».
11. *Catéchisme de saint Pie X*, Premières notions. Petit catéchisme. Grand catéchisme. Instruction sur les fêtes. Petite histoire de la religion, Bouère, Dominique Martin Morin, 2004, p. 112 (original : *Compendio della Dottrina cristiana, prescritto da Sua Santità Papa Pio X alle diocesi della provincia di Roma*, Roma, Tipografia Vaticana, ²1906, p. 106).

seuls qui usent des moyens institués par le Rédempteur pour commu-niquer le mérite de sa passion et de sa mort[12]. » Le cardinal renvoyait en note à cette affirmation du *Décret sur la justification* du concile de Trente : « Bien que lui [le Christ] soit "mort pour tous" [2 *Co* 5, 15], tous cependant ne reçoivent pas le bienfait de sa mort, mais ceux-là seulement auxquels le mérite de sa Passion est communiqué[13]. » Le concile parti-culier de Quierzy, présidé par Hincmar de Reims en mai 853, n'avait pas déterminé autre chose : « Dieu tout-puissant veut que "tous les hommes" sans exception "soient sauvés" [1 *Tm* 2, 4], bien que tous ne soient pas sauvés[14]. »

Ajoutons un texte tiré du *Catechismus Romanus* de 1566, qu'on peut attribuer au magistère ordinaire universel (le *Catéchisme de l'Église catholique* le range parmi les *documenta Ecclesiae*). Interprétant les paroles de la consécration du vin combinant *Lc* 22, 20 et *Mt* 26, 28 (*pro vobis et pro multis*), ce document affirme :

> Si nous en considérons la vertu, nous sommes obligés d'avouer que le sang du Seigneur a été répandu pour le salut de tous. Mais si nous exami-nons le fruit que les hommes en retirent, nous comprenons facilement que beaucoup seulement, et non pas tous, en ont profité. [...] C'est donc avec raison qu'il n'a pas été dit : *pour tous*, puisqu'il s'agissait en cet endroit des fruits de la Passion, qui n'a apporté le fruit du salut qu'aux seuls élus[15].

Il serait évidemment anachronique de rechercher dans ces textes ce qui ne saurait s'y trouver, à savoir une définition portant sur l'existence

---

12. Pietro GASPARRI, *Catéchisme catholique pour adultes*, Précédé du *Catéchisme pour les petits enfants*, Chabeuil, Nazareth, 1959, p. 86 (original : *Catechismus catholicus*, Cura et studio Petri cardinalis Gasparri concinnatus, Typis Polyglottis Vaticanis, [11]1933, p. 117-118).

13. CONCILE DE TRENTE, 6e session (13 janvier 1547), Décret sur la justification, chap. 3 (*Symboles et définitions de la foi catholique*, Éd. par Heinrich Denzinger, Peter Hünermann [et Joseph Hoffmann pour l'édition française], Paris, Cerf, 1997 [abrégé : *Denz.*], n° 1523).

14. CONCILE DE QUIERZY (mai 853), chap. 3 (*Denz.*, n° 623). Le *Catéchisme de l'Église catholique* [abrégé : *CEC*] cite au n° 605 la suite de ce texte, en omettant cependant les mots (soulignés par nous) exprimant la dimension partielle du salut effectif : « Il n'y a, il n'y a eu et il n'y aura aucun homme pour qui il [le Christ] n'ait pas souffert, *bien que tous pourtant ne soient pas rachetés par le mystère de sa Passion* » (*ibid.*, chap. 4 [*Denz.*, n° 624]).

15. *Catechismus Romanus seu Catechismus ex decreto Concilii Tridentini ad parochos Pii Quinti Pont. Max. Iussu editus*, 2, 4, 24 (éd. Pedro Rodríguez, Città del Vaticano, Libreria Editrice Vaticana ; Barañain-Pamplona, Ediciones Universidad de Navarra, 1989, p. 250) : « [Nam] si eius virtutem inspiciamus, pro omnium salute sanguinem a Salvatore effusum esse fatendum erit ; si vero fructum quem ex eo homines perceperint, cogitemus, non ad omnes, sed ad multos tantum eam utilitatem pervenisse facile intelligemus. [...] Recte ergo factum est ut *pro universis* non diceretur, cum hoc loco tantummodo de fructibus passionis sermo esset, quae salutis fructum delectis solum attulit. »

des réprouvés, puisque, à l'époque de leur rédaction, le fait de la réprobation n'était pas débattu. Il s'agissait ici plutôt de documenter l'enracinement ecclésial de l'évidence d'un salut partiel (le *facile intelligemus* du *Catéchisme romain* est éloquent à cet égard).

c) Le caractère problématique de la damnation

Peut-on dire pour autant que l'existence d'hommes réprouvés jouissait d'une possession tranquille par le passé ? La réponse semble moins aisée qu'il n'y paraît. D'une part, les pages qui précèdent permettent de répondre clairement par l'affirmative. Ainsi, pour ne prendre qu'un exemple, quand saint Thomas d'Aquin affirme sereinement que « Dieu réprouve certains[16] » ou même qu'« il y a peu d'hommes sauvés[17] » et que Dieu « élève certains êtres au salut qui fait défaut au plus grand nombre[18] », la damnation de la plus grande partie de l'humanité est pour lui un fait acquis qu'il s'agit moins de justifier que de concilier avec la volonté salvifique universelle[19].

D'autre part, toutefois, même les croyants et les théologiens des siècles passés ont fréquemment éprouvé des difficultés face à l'idée de la damnation. Saint Jean Chrysostome frémit et se trouble quand il doit parler de la géhenne[20]. Saint Augustin reconnaît, lui aussi, qu'il y a là de quoi faire trembler[21]. Le jésuite Leonardus Lessius († 1623) plaçait d'emblée l'éternité des peines infernales parmi les quatre mystères de foi les plus difficiles à croire[22]. L'existence des « miséricordieux », contre lesquels bataillait saint Augustin dans la *Cité de Dieu* (Livre XXI), démontre que les résistances à ce sujet n'ont pas manqué dès l'antiquité chrétienne. Ajoutons cet aveu de Teilhard de Chardin (vers 1926-1927) : « Mon Dieu, parmi tous les mystères auxquels nous devons croire, il n'en est sans doute pas un seul qui heurte davantage nos vues humaines

---

16. THOMAS D'AQUIN, *Sum. theol.*, I^a, q. 23, a. 3, c. (cf. *ibid.*, q. 19, a. 6, arg. 1) : « Deus aliquos reprobat. »

17. *Ibid.*, q. 23, a. 7, ad 3 : « ...pauciores sunt qui salvantur. »

18. *Ibid.* : « ...aliquos in illam salutem erigit, a qua plurimi deficiunt. »

19. Cf. *ibid.*, q. 19, a. 6, ad 1.

20. Cf. Bruno H. VANDENBERGHE, « L'âme de Chrysostome », *La vie spirituelle* 99 (1958), p. 255-281 [p. 268].

21. Cf. AUGUSTIN, *De civitate Dei*, Lib. XXI, 9, 1.

22. Cf. Leonardus LESSIUS [Lenaert LEYS], *De perfectionibus moribusque divinis opusculum in quo pleraque sacrae theologiae mysteria explicantur*, 13, 25, n° 163 (ed. P. Roh, Friburgi Brisgoviae, Herder, 1861, p. 453) : « Quatuor sunt mysteriae nostrae sanctissimae fidei maxime difficilia creditu menti humanae ; mysterium Trinitatis, Incarnationis, Eucharistiae, et aeternitatis suppliciorum. »

que celui de la damnation. [...] nous nous sentons perdus à l'idée de l'enfer[23]. » En ce sens, pour définir l'attitude des siècles passés au sujet de l'enfer, il serait peut-être plus juste de parler d'acceptation générale, tantôt pacifique, tantôt résignée, plutôt que de possession tranquille.

2. L'émergence d'une espérance d'un salut universel

a) Un « adoucissement » progressif des opinions

Abstraction faite de l'hypothèse d'une restauration universelle chez certains auteurs de l'ère patristique, l'unanimité morale quant à l'existence de la réprobation ne sera pratiquement plus remise en cause au cours des siècles postérieurs, excepté dans des contextes hérétiques (voir Jean Scot Érigène, Amaury de Bènes ou les Albigeois). Francisco Suárez († 1617) semble être le premier théologien important qui, tout en maintenant la thèse d'un petit nombre de sauvés pour l'ensemble des hommes, la refusait pour les catholiques en particulier[24]. Il se peut que le fait de ne plus considérer les limbes comme faisant partie de l'enfer des réprouvés proprement dit, et ce à partir du XVIIIe siècle, ait contribué à rendre moins probable la thèse du petit nombre des élus. La contestation de l'enseignement traditionnel de l'enfer ne prendra une certaine importance qu'avec les philosophes du siècle des Lumières, notamment déistes (voir ainsi Rousseau, Hume, Voltaire, Bayle et les encyclopédistes; au siècle précédent on trouve Hobbes et Spinoza et, au siècle suivant, John Stuart Mill)[25]. À ce stade, la remise en cause du dogme est cependant limitée à un étroit cercle d'intellectuels et autres libertins. L'historien Guillaume Cuchet a situé à la seconde moitié du XIXe siècle le triomphe de la thèse du grand nombre des élus (parmi les catholiques)[26]. En 1851, Lacordaire fit encore sensation en défendant publiquement la position en question[27]. Toujours d'après Cuchet, « au total,

---

23. Pierre TEILHARD DE CVHARDIN, *Le Milieu divin*, Essai de vie intérieure, « Œuvres de Teilhard de Chardin, 4 », Paris, Seuil, 1957, p. 189.

24. Cf. A. MICHEL, art. « Élus (Nombre des) »..., col. 2367.

25. Cf. Georges MINOIS, *Histoire des enfers*, Paris, Fayard, 1991, p. 311-319; ID., *Histoire de l'enfer*, « Que sais-je?, 2823 », Paris, Presses Universitaires de France, ²1999, p. 93-94, 108-111.

26. Cf. Guillaume CUCHET, « Une révolution théologique oubliée. Le triomphe de la thèse du grand nombre des élus dans le discours catholique du XIXe siècle », *Revue d'histoire du XIXe siècle* 41 (2010), p. 131-148.

27. Cf. Henri-Dominique LACORDAIRE, *Conférences de Notre-Dame de Paris*, t. IV, Paris, Sagnier et Bray, 1851, 71e conférence, p. 147-183; Guillaume CUCHET, « Une révolution théo-

il semble qu'on puisse considérer que vers 1900, l'ancienne thèse du petit nombre des élus est devenue minoritaire dans l'enseignement ordinaire de l'Église catholique[28] ». Ce processus, une fois lancé, continuera sa trajectoire jusqu'à une quasi-disparition de l'enfer dans la prédication catholique à partir des années 1950. Se fondant sur l'analyse de deux cent quatre-vingts homélies sur les fins dernières, publiées entre 1860 et 1990 dans diverses revues allemandes d'homilétique catholique, le sociologue Michael Ebertz a mis en évidence les rapports entre les modifications de l'image de Dieu, les mutations sociétales et l'érosion, et finalement la mutilation, sinon la dissolution (*Auflösung*), de ce qu'il appelle le « code eschatologique » traditionnel, au sens où, de la tripartition ciel / purgatoire / enfer, il ne reste pratiquement que le ciel[29]. C'est un peu comme si, pour paraphraser saint Jérôme parlant de l'arianisme, après des siècles où l'enfer était considéré comme le lot d'une multitude innombrable, le monde s'était un jour étonné d'être « universaliste[30] ».

b) *Premières hésitations quant à la damnation*

D'après nos recherches, dans le domaine de la théologie catholique les hésitations ayant trait à l'existence des damnés étaient encore bien rares au cours de la première moitié du xxe siècle. Sans prétendre à l'exhaustivité, on peut donner quatre noms, dont trois appartiennent à la Compagnie de Jésus, à savoir Pierre Teilhard de Chardin[31], l'allemand Otto Karrer, qui parlait dès 1934 d'une « possibilité abstraite (*abstrak-*

---

logique oubliée »..., p. 131, 135-138. Quelques années plus tard, le célèbre oratorien anglais Frederick William Faber, en s'appuyant notamment sur Lacordaire, soutint que « la grande majorité des catholiques sont sauvés » (*Le Créateur et la créature, ou Les merveilles de l'amour divin*, II, trad. M. l'abbé de Valette, Paris, Ambroise Bray, 1858, p. 113 et, plus largement, p. 111-170 [original : *The Creator and the creature, or, The wonders of divine love*, London, Thomas Richardson and Son, [4]1856, p. 338 et, plus largement, p. 337-393]).

28. G. CUCHET, « Une révolution théologique oubliée »..., p. 147.

29. Cf. Michael N. EBERTZ, « Die Zivilisierung Gottes und die Deinstitutionalisierung der "Gnadenanstalt". Befunde einer Analyse von eschatologischen Predigten », *Kölner Zeitschrift für Soziologie und Sozialpsychologie. Sonderhefte* 33 (1993), p. 92-125 ; ID., *Die Zivilisierung Gottes*, Der Wandel von Jenseitsvorstellungen in Theologie und Verkündigung, Ostfildern, Schwabenverlag, 2004.

30. Cf. JÉRÔME, *Débat entre un luciférien et un orthodoxe* (*Altercatio luciferiani et orthodoxi*), 19 (« *SC*, 473 », trad. Aline Canellis, Paris, Cerf, 2003, p. 158). « Universaliste » et « universalisme » visent ici non ce qui a trait à la volonté salvifique universelle de Dieu, mais l'affirmation de la possibilité ou même de la réalité d'un salut effectif de tous les hommes.

31. P. TEILHARD DE CHARDIN, *Le Milieu divin*..., p. 189 : « Vous m'avez dit, mon Dieu, de croire à l'enfer. Mais vous m'avez interdit de penser, avec absolue certitude, d'un seul homme, qu'il était damné. Je ne chercherai donc pas [...] à savoir qu'il en [des damnés] existe. »

ten Möglichkeit) » de damnation[32], et Henri Rondet, qui demandait en 1943 : « Il y a des démons en enfer, mais y a-t-il des hommes[33] ? » Enfin, dans un texte philosophique d'Edith Stein datant de 1921 (donc peu de temps *avant* son baptême), mais demeuré inédit de son vivant, la damnation est réduite à une possibilité de principe « infiniment improbable (*unendlich unwahrscheinlich*)[34] ».

En revanche, à partir des années 1950 — et donc dès avant le concile Vatican II — un nombre croissant de théologiens a commencé à se demander s'il existait de fait des hommes damnés. (À ce propos, il serait intéressant d'étudier s'il existe un lien de causalité entre l'émergence de cette question et la « nouvelle théologie ».) Donnons ici deux exemples significatifs tirés d'articles encyclopédiques. En 1956, Gaston Rotureau écrivait dans *Catholicisme* :

> Ce qui est de foi, c'est que l'enfer représente un risque universel pour tout être humain [...]. Quant à savoir dans quelle proportion s'est déjà réalisée et se réalisera cette condition [mourir en état de péché mortel personnel], nous sommes sur ce point dépourvus de toute information proprement dogmatique[35].

En 1957, le jésuite Josef Loosen aboutissait à une conclusion identique dans la seconde édition du *Lexikon für Theologie und Kirche* : « Que des hommes puissent se perdre, il faut clairement l'envisager. La Révélation nous laisse dans l'incertitude quant au fait de savoir si quelques-uns et si peu ou beaucoup se perdent effectivement[36]. »

---

32. Otto KARRER, *Im ewigen Licht*, Betrachtungen über die letzten Wirklichkeiten, München, Ars sacra, 1934, p. 88, cité d'après Leo SCHEFFCZYK, « Der Irrweg der Allversöhnungslehre », dans *Die Letzten Dinge im Leben des Menschen*, Theologische Überlegungen zur Eschatologie, Hrsg. Johannes Stöhr - Internationales theologisches Symposium an der Universität Bamberg, 12-13.11.1992, St. Ottilien, EOS Verlag, 1994, p. 97-106 [p. 99].

33. Henri RONDET, *Y a-t-il un enfer?*, Le Puy, [sans éditeur], 1943, p. 23.

34. Edith STEIN, *„Freiheit und Gnade" und weitere Beiträge zu Phänomenologie und Ontologie (1917 bis 1937)*, Hrsg. Beate Beckmann-Zöller et Hans Rainer Sepp, « Edith Stein Gesamtausgabe, 9 », Freiburg im Breisgau, Herder, 2014 : « Freiheit und Gnade », p. 8-72 [p. 32-33]. Ce texte, situé autrefois vers 1932, avait été publié pour la première fois en 1962 sous le titre erroné : « Die ontische Struktur der Person und ihre erkenntnistheoretische Problematik », dans *Welt und Person*, Beitrag zum christlichen Wahrheitsstreben, Hrsg. Lucy Gelber et Romaeus Leuwen, « Edith Steins Werke, 6 », Louvain, Nauwelaerts / Freiburg, Herder, 1962, p. 137-197 [p. 158-159].

35. Gaston ROTUREAU, art. « Élus (Nombre des) », *Catholicisme*, t. 4, Paris, 1956, col. 33.

36. Josef LOOSEN, art. « Apokatastasis – II. Dogmatisch-dogmengeschichtlich », dans *Lexikon für Theologie und Kirche*, t. 1, 1957, Freiburg, col. 711-712 : « Daß Menschen verlorengehen können, damit muß eindeutig gerechnet werden. Ob einige und ob wenige oder viele tatsächlich verlorengehen, darüber läßt uns die Offenbarung im ungewissen. »

c) Apparition et diffusion de la formule théorique
de « l'espérance pour tous »

L'hésitation quant à l'existence de réprouvés va donner naissance
à ce que l'on a appelé « l'espérance pour tous » — formulation équivoque, il est vrai. Par-là, on entend non pas le devoir moral de désirer et d'œuvrer pour le salut de chacun des hommes vivants en particulier, mais l'opinion qu'il est possible de résumer comme suit : 1) la
damnation est une « possibilité réelle » pour chacun ; 2) la Révélation
et le Magistère n'ayant affirmé la perdition d'aucun homme, on ignore
si cette possibilité est ou sera réalisée effectivement ; 3) on peut (ou on
doit) donc non pas affirmer, mais espérer que tous, absolument parlant,
seront sauvés. Il n'est pas inutile de préciser dès ici qu'il s'agit là d'une
opinion, qui plus est contestable, et non de ce que certains présentent
comme étant presque l'enseignement de l'Église. Karl Rahner formule
cette position de la manière suivante : « Nous devons maintenir côte
à côte, sans les harmoniser, les doctrines de la puissance de la volonté
salvifique universelle de Dieu, de la rédemption de tous par le Christ,
du devoir d'espérer le salut pour tous, et la doctrine de la vraie possibilité de la perdition éternelle[37]. » L'espérance dont il s'agit ne vise pas
seulement le salut de chaque individu, mais un salut universel au sens
collectif, car Rahner tient lui aussi que nous ignorons si la damnation
se réalise effectivement chez des hommes[38]. De son côté, Hans Urs von
Balthasar a beaucoup contribué à la diffusion de la thèse de « l'espérance
pour tous », moins d'ailleurs par le biais du quatrième volume de *La
Dramatique divine*, que par deux opuscules parus en 1986 et 1987[39]. À

37. Karl RAHNER, art. « Hölle », dans *Sacramentum mundi*, Theologisches Lexikon für die
Praxis, t. 2, Freiburg-Basel-Wien, 1968, col. 735-739 [col. 737] : « Wir haben die Sätze von der
Macht des allgemeinen Heilswillens Gottes, der Erlösung aller durch Christus, der Pflicht
der Heilshoffnung für alle und den Satz von der wahren Möglichkeit ewiger Verlorenheit
unverrechnet nebeneinander aufrechtzuerhalten. »
38. Cf. ID., « Principes théologiques relatifs à l'herméneutique des affirmations eschatologiques », dans ID., *Écrits théologiques*, t. IX, trad. Robert Givord, Paris, Desclée de Brouwer,
1968, p. 141-170 [p. 162, n. 1] (original : « Theologische Prinzipien der Hermeneutik es-
chatologischer Aussagen », dans ID., *Schriften zur Theologie*, Bd. IV, Einsiedeln, Benziger,
²1961, p. 401-428 [p. 421, n. 15]). Pour le devoir d'espérer un salut universel, voir aussi ID.,
« Hinüberwandern zur Hoffnung. Grundsätzliches über die Hölle », *Entschluß* 39 (1984/2),
p. 7-11 [p. 8, 10].
39. Cf. Hans Urs VON BALTHASAR, *Espérer pour tous*, trad. Henri Rochais et Jean-Louis
Schlegel, Paris, Desclée de Brouwer, 1987 (original : *Was dürfen wir hoffen?*, Einsiedeln,
Johannes Verlag, 1986) ; ID., *L'Enfer, Une question*, trad. Jean-Louis Schlegel, Paris, Desclée
de Brouwer, 1988 (original : *Kleiner Diskurs über die Hölle*, Ostfildern, Schwabenverlag,

ce titre, il est significatif que l'*Épilogue* de sa grande trilogie en seize volumes s'achève par cette citation d'Hermann-Josef Lauter :

> *Tous* se laisseront-ils vraiment réconcilier ? À cette question ne peuvent répondre aucune théologie ni aucune prophétie. Mais l'amour « espère tout » (*1 Co* 13, 7). Il ne peut donc faire autrement qu'espérer la réconciliation de tous les hommes dans le Christ. Pareille espérance sans limite est non seulement permise au chrétien, mais elle lui est *prescrite*[40].

Il faut reconnaître que la position décrite ci-dessus a rapidement fait école, au point de s'imposer largement[41]. En 1991, le jésuite John R. Sachs parlait ainsi à ce sujet de « la position tenue virtuellement par tous les théologiens catholiques ayant écrit récemment sur ces thèmes[42] ». De son côté, Bernard Sesboüé l'a estimée « largement dominante chez les plus grands théologiens d'aujourd'hui[43] ». Plus récemment, Christoph Johannes Amor a qualifié l'enfer entendu comme « possibilité réelle » (au sens où l'on ignore s'il deviendra réel) de *sententia communis* théologique[44]. Enfin, dans un manuel d'eschatologie récent, Paul O'Callaghan a défendu une position plus nuancée : alors que pour lui non plus la damnation de certains hommes ne doit pas être tenue pour certaine, il estime que le salut de tous est un objet possible de désir, mais non d'espérance chrétienne au sens strict[45].

1987). Voir en particulier le septième et dernier chapitre du second ouvrage, intitulé « Le devoir d'espérer pour tous ».

40. Hermann-Josef LAUTER, *Pastoralblatt*, Köln, 1982, p. 101, cité dans H. Urs von BALTHASAR, *Épilogue*, trad. Camille Dumont, Bruxelles, Culture et vérité, 1997, p. 90 (original : *Epilog*, Trier, Johannes Verlag Einsiedeln, 1987, p. 98).

41. Par exemple, sur les sept ouvrages allemands consacrés à l'eschatologie et recensés dans Matthias REMENYI, « Unaufgeregt innovativ. Aktuelle Beiträge zur Eschatologie », *Theologische Revue* 107 (2011), col. 179-198, aucun ne maintient la double issue du jugement, sans parler d'autres aspects problématiques qu'on y trouve, telles la « résurrection dans la mort » (i.e. coïncidant avec la mort) ou l'annihilation (« mort totale ») des mauvais.

42. John R. SACHS, « Current Eschatology : Universal Salvation and the Problem of Hell », *Theological Studies* 52 (1991), p. 227-254 [p. 233] : « ...the position held by virtually all Catholic theologians who have recently written on these themes. » L'auteur écrit plus loin : « We may and must hope that all men and women will in fact be saved » (*ibid.*, p. 241).

43. Bernard SESBOÜÉ, *La Résurrection et la vie*, Petite catéchèse sur les choses de la fin, Paris, Desclée de Brouwer, 2004, p. 163.

44. Christoph J. AMOR, « Streitfall Hölle. Zur neueren *problem of hell*-Debatte », *Freiburger Zeitschrift für Philosophie und Theologie* 59 (2012), p. 197-222 [p. 221]. Ajoutons cette affirmation d'un théologien carme : « Aujourd'hui, la majorité des théologiens sont d'accord pour affirmer que l'on doit espérer pour tous les hommes une issue heureuse du jugement » (Jean-Baptiste LECUIT, *La Croix*, 13-14 avril 2013, p. 14).

45. Cf. Paul O'CALLAGHAN, *Cristo, speranza per l'umanità*, Un trattato di Escatologia cristiana, Roma, EDUSC, 2012, p. 239, 275-276.

Cela étant dit, la position dite de « l'espérance pour tous » ne peut se prévaloir d'un assentiment unanime. Les derniers opuscules de Balthasar n'avaient d'ailleurs pas manqué de provoquer de vives réactions en sens contraire. En 2000 et 2001, partisans et adversaires de la position « balthasarienne » se sont vigoureusement opposés dans les revues américaines *New Oxford Review* et *First Things*[46]. Il faut constater à ce propos que la discussion autour de l'enfer est fréquemment marquée par un ton polémique. Ainsi, par exemple, tandis que Balthasar taxait d'« infernalistes (*Infernalisten*) » ceux qui maintiennent l'existence effective d'hommes damnés[47], Carlos Miguel Buela critiquait les adeptes d'un enfer « light », en parlant d'« infernovacantistas[48] ».

Parmi les théologiens réputés ayant maintenu la doctrine traditionnelle d'une séparation finale entre sauvés et damnés au cours de la seconde moitié du siècle dernier, on peut mentionner notamment Charles Journet et Leo Scheffczyk (théologien qui gagnerait à être mieux connu dans l'aire francophone), auxquels on pourrait ajouter le dominicain Jean-Hervé Nicolas, du moins à partir de 1988 (l'auteur a modifié sa position)[49]. Bien sûr, il serait aisé de prolonger la liste des auteurs critiques à l'égard de l'universalisme[50].

---

46. Cf. Regis SCANLON, « The Inflated Reputation of Hans Urs von Balthasar », *New Oxford Review* 67 (mars 2000), p. 17-24 ; Dale VREE, « "If Everyone Is Saved…" », *New Oxford Review* 68 (janvier 2001), p. 28-36 (opposés à la position de Balthasar) ; Richard John NEUHAUS, « Will All Be Saved ? », *First Things* 115 (août-septembre 2001), p. 77-80 (en faveur de la position de Balthasar). Voir un aperçu synthétique de ce débat dans Avery DULLES, « The Population of Hell », *First Things* 133 (mai 2003), p. 36-41 [p. 40].

47. H. Urs von BALTHASAR, *Kleiner Diskurs über die Hölle…*, p. 25. Le traducteur a rendu l'expression par « partisan[s] de la solution infernale » (*L'Enfer…*, p. 25).

48. Carlos Miguel BUELA, « Un infierno "light" », *Diálogo* 15 (1996), p. 119-156 [p. 146-147]. L'article est disponible sur http://www.padrebuela.org/un-infierno-light/ (page consultée le 4 mars 2015).

49. Cf. Charles JOURNET, *Le Mal*, Essai théologique, Paris, Desclée de Brouwer, ²1962, p. 231-232, n. 1 ; ID., *L'Église du Verbe incarné*, Essai de théologie spéculative, IV. Essai de théologie de l'histoire du salut, Paris, Saint-Augustin, 2004, p. 262-263, 269-270, 286-287 ; Leo SCHEFFCZYK, « Apokatastasis : Faszination und Aporie », *Internationale katholische Zeitschrift Communio* 14 (1985), p. 35-46 ; ID., « Allversöhnung oder endgültige Scheidung ? Zum Glauben an den doppelten Ausgang der Menschheitsgeschichte », dans *Die letzten Dinge*, Referate der „Internationalen theologischen Sommerakademie 1992" des Linzer Priesterkreises in Aigen/M., Hrsg. Franz Breid, Steyr, Ennsthaler, 1992, p. 95-132 ; ID., « Der Irrweg der Allversöhnungslehre »…, p. 97-106 ; Jean-Hervé NICOLAS, « Miséricorde et sévérité de Dieu », *RT* 88 (1988), p. 181-214, et p. 533-555 [p. 208, 533, 538, 552-553] ; ID., « La volonté salvifique de Dieu contrariée par le péché », *RT* 92 (1992), p. 177-196 [p. 186].

50. Voir ainsi, entre autres : Johann AUER, *Das Evangelium der Gnade*, Die neue Heilsordnung durch die Gnade Christi in seiner Kirche, « Kleine katholische Dogmatik, 5 », Regensburg, Pustet, ³1980 ; Wilhelm SCHAMONI, « Wider den Wahn von der leeren Hölle », *Theologisches* 17 (1987/11), col. 16-21 ; (1987/12), col. 55-59 ; 18 (1988), col. 94-96 ;

d) Vers une remise en cause de la possibilité de la damnation

En réalité, l'expérience démontre que la position théorique de la thèse de « l'espérance pour tous », qui suppose le maintien simultané et jusqu'au bout de la possibilité de la damnation et celle d'un salut universel, est difficile à tenir. Pratiquement, il est possible de constater fréquemment une dérive vers la conviction plus ou moins affirmée que, de fait, tous seront sauvés. Cándido Pozo résumait bien cette *pente* vers l'universalisme :

> Même dans la volonté de sauvegarder la vérité dogmatique de l'existence de l'enfer, on note parfois aujourd'hui une tendance à penser à l'enfer plutôt comme à une hypothèse que comme à une réalité existentielle. On ne veut pas nier l'existence de l'enfer, mais on tend à penser que, en pratique, il n'y a pas de condamnés[51].

Johann Baptist Metz constatait dans le même sens en 1987 : « Il semble que dans la théologie chrétienne actuelle, la doctrine d'une réconciliation universelle reçoive peu à peu le statut d'une hypothèse de fond

---

Johannes ROTHKRANZ, *Die Kardinalfehler des Hans Urs von Balthasar*, Mit einem Vorwort von Prof. Dr. Walter Hoeres, Durach, Pro Fide Catholica, ²1989 ; James T. O'CONNOR, « Von Balthasar et le salut », *Pensée catholique* n° 247 (juillet-août 1990), p. 42-56 (original : « Von Balthasar and Salvation », *Homiletic and pastoral review* 89 [juillet 1989], p. 10-21) ; Louis-Marie DE BLIGNIÈRES, *Les Fins dernières*, Bouère, Dominique Martin Morin, ²1994 ; Anton ZIEGENAUS, *Die Zukunft der Schöpfung in Gott*, Eschatologie [= Leo SCHEFFCZYK et Anton ZIEGENAUS, *Katholische Dogmatik*, VIII], Aachen, MM Verlag, 1996 ; Jean-Marc BOT, *Osons reparler de l'enfer*, Paris, Éditions de l'Emmanuel, 2002 ; François RECKINGER, *Alle, alle in den Himmel?*, Die sperrige Wahrheit im Evangelium, Altenberge, Oros, 2002 ; Manfred HAUKE, « Auf den Spuren des Origenes. Größe und Grenzen Hans Urs von Balthasars », *Theologisches* 35 (2005), col. 554-562 ; Guy PAGÈS, *Judas est en enfer!*, Réponses à Hans Urs von Balthasar et à Hans-Joseph Klauck, Paris, O.E.I.L. / F.-X. de Guibert, 2007 ; Giovanni CAVALCOLI, « La negazione dell'inferno nella teologia di K. Rahner e di E. Schillebeeckx », *Fides catholica* 3 (2008), p. 433-468 ; Guillaume DE MENTHIÈRE, *Quelle espérance d'être sauvé?*, Petit traité de la rédemption, Paris, Salvator, 2009 ; Ignacio ANDEREGGEN, « Inferno vuoto? Un confronto con l'infernologia di Hans Urs von Balthasar », *Fides catholica* 4 (2009), p. 415-444 ; les auteurs (dont Brunero Gherardini) réunis dans *Inferno e dintorni*, È possibile un'eterna dannazione? La verità escatologica dell'inferno e le sue implicazioni antropologico-teologiche, A cura di Serafino M. Lanzetta, Siena, Cantagalli, 2010 ; Philippe-Marie MARGELIDON, *Les Fins dernières*, De la résurrection du Christ à la résurrection des morts, Paris, Artège-Lethielleux, ²2016 ; Ralph MARTIN, *Will Many Be Saved?*, What Vatican II Actually Teaches and Its Implications for the New Evangelization, Grand Rapids (MI) - Cambridge (UK), Eerdmans, 2012.

51. Cándido POZO, *Teología del más allá*, « Biblioteca de autores cristianos, 282 », Madrid, La Editorial Católica, ²1980, p. 453-454 : « Aparece hoy, a veces, queriendo, sin embargo, salvaguardar la verdad dogmática de la existencia del infierno, la tendencia a pensar en él como en una hipótesis más que como en una realidad existencial. No se quiere negar la existencia del infierno, pero se manifiesta la inclinación a pensar que no hay condenados de hecho. »

indiscutée[52]. » Le salut semble être devenu un acquis pour tous, quels que soient leurs choix de vie[53]. Le corollaire logique de cette tendance est que la possibilité de la damnation va être évincée de plus en plus hors du champ du plausible, au point d'en arriver même, parfois, à être niée. De fait, en 2005, Bernhard Lang concluait un article encyclopédique sur l'enfer, en affirmant : « Celui qui prend au sérieux le message du pardon ne peut croire à aucun enfer[54]. » En règle générale, les théologiens ne vont cependant pas aussi loin, mais tendent à réduire la possibilité de se perdre à un cas limite théorique qu'on maintient, en quelque sorte, « pour la forme[55] ». Paul O'Callaghan estime ainsi qu'« aujourd'hui, la majeure partie des auteurs considèrent l'enfer comme une possibilité extrême, une exception[56] ». Pour sa part, Ottmar Fuchs écrit qu'on ne peut exclure que des « hommes d'une méchanceté abyssale (*abgrund-tief böse Menschen*) » puissent se fermer à la réconciliation divine, mais ajoute qu'une telle éventualité paraît « totalement invraisemblable (*völlig unwahrscheinlich*) »[57]. En somme, il semblerait que, aux yeux de beaucoup d'auteurs, et à l'exact opposé de l'enseignement des deux voies en *Mt* 7, 13-14, la difficulté soit maintenant plus grande de se perdre, qu'elle n'était auparavant de parvenir au salut.

Avec Leo Scheffczyk, il est possible d'évoquer au terme de cette révolution copernicienne un contexte « où la doctrine du salut universel répandue diffusément ne laisse même plus émerger une crainte réelle

52. Johann Baptist METZ, « Kampf um jüdische Traditionen in der christlichen Gottesre-de », *Kirche und Israel* 2 (1987), p. 14-23 [p. 16] : « Es scheint, daß in der gegenwärtigen christlichen Theologie die Lehre von der Allversöhnung allmählich den Rang einer unbestrittenen Hintergrundsannahme gewinnt. »

53. Même si le choix de mettre en avant le concile Vatican II comme pivot est contestable, redonnons ces lignes de Karl J. BECKER, *De gratia*, Roma, Pontificia Università Gregoriana, ³1998, p. 187 : « Prima del Concilio era del tutto chiaro che Dio voleva salvare tutti, ma anche, che non salva tutti, perché non appartenevano alla Chiesa, perché non credevano, perché erano peccatori. [...] Adesso si ritiene che tutti difatti si salvano, cattolici o cristiani non-cattolici, pagani o atei. »

54. Bernhard LANG, art. « Hölle », dans *Neues Handbuch theologischer Grundbegriffe*, t. 2, München, 2005, p. 173 : « Wer die Botschaft von der Vergebung ernst nimmt, kann an keine Hölle glauben. »

55. On pense à ces lignes de Louis Bouyer (en 1948!) dans « Christianisme et eschatolo-gie », *La vie intellectuelle* 16 (octobre 1948), p. 6-38 [p. 28] : « Nous conservons un enfer pour nous mettre en règle avec des textes trop clairs; mais nous assurons les gens privément que personne ne risque d'y aller. »

56. P. O'CALLAGHAN, *Cristo, speranza per l'umanità...*, p. 268 : « Al giorno d'oggi la maggior parte degli autori considerano l'inferno come una possibilità estrema, una eccezione. »

57. Ottmar FUCHS, *Das Jüngste Gericht*, Hoffnung auf Gerechtigkeit, Regensburg, Pustet, ²2009, p. 73; voir aussi p. 122-123, 148.

de la perdition d'hommes[58] ». Sur le plan théologique, ce contexte se traduit par le doute plus ou moins prononcé quant à la possibilité même de la damnation. Gustave Martelet affirme, par exemple : « Rien ne nous oblige [...] dans la Révélation à penser qu'une liberté créée, si grande qu'on la suppose, aurait reçu ou pourrait se donner le pouvoir absolu de se perdre[59]. » Balthasar demande pareillement : « La question est de savoir si des hommes peuvent dire radicalement qu'ils ne veulent à jamais rien avoir à faire avec l'amour de Dieu[60]. » Et encore : « Il faut poser la question de savoir si la liberté finie de l'homme [...] peut se détacher de Dieu jusqu'à s'enfermer en elle-même tout entière dans sa décision[61] ? » Par conséquent, il ne saurait surprendre que plusieurs commentateurs attentifs et pondérés aient conclu que la logique interne de la pensée du théologien bâlois aboutit, *volens nolens*, à l'exclusion de la possibilité de la réprobation ou, du moins, à une certitude morale d'un salut universel[62]. Kevin L. Flannery retient, par exemple : « Si Balthasar a raison, nous n'avons pas besoin d'*espérer* un salut universel : il ne pourrait pas *ne pas* être[63]. » Roch Kereszty ne s'exprime pas différemment : « Ma réserve concernant sa position provient du soupçon que la logique de sa pensée ne conduise pas seulement à une espérance, mais à une certitude (consciemment démentie, mais logiquement inévitable) du

---

58. Leo SCHEFFCZYK, « Der eine Heilsweg und die vielen Religionen », dans *Beten alle zum selben Gott?*, Referate der „Internationalen theologischen Sommerakademie 1999" des Linzer Priesterkreises in Aigen/M., Hrsg. Franz Breid, Steyr, Ennsthaler-Verlag, 1999, p. 50-78 [p. 72] : « ...wo ja die atmosphärisch verbreitete Allerlösungslehre eine eigentliche Furcht wegen eines Heilsverlustes von Menschen gar nicht mehr aufkommen lässt. »

59. Gustave MARTELET, *L'Au-delà retrouvé*, Édition nouvelle entièrement refondue, Paris, Desclée, 1998, p. 150.

60. H. Urs von BALTHASAR, Billet du 27 juillet 1984, en réponse à Gerhard Hermes, *Der Fels* 15 (1984), p. 250 : « Die Frage ist, ob Menschen radikal sagen können, sie wollten auf ewig nichts mit der Liebe Gottes zu tun haben. »

61. ID., *La Dramatique divine*, IV. Le dénouement, Namur, Culture et vérité, 1993, p. 274 (original : *Theodramatik*, IV. Das Endspiel, Einsiedeln, Johannes Verlag, 1983, p. 273); traduction légèrement revue d'après l'original.

62. Cf. Michael GREINER, « Für alle hoffen? Systematische Überlegungen zu Hans Urs von Balthasars eschatologischem Vorstoß », dans *Die Kunst Gottes verstehen*, Hans Urs von Balthasars theologische Provokationen, Hrsg. Magnus Striet et Jan-Heiner Tück, Freiburg im Breigau, Herder, 2005, p. 228-260 [p. 260]; Richard SCHENK, « The Epoché of Factical Damnation? On the Costs of Bracketing Out the Likelihood of Final Loss », *Logos* 1 (1997/3), p. 122-154 [p. 135-136].

63. Kevin L. FLANNERY, « How to Think About Hell », *New Blackfriars* 72 (1991), p. 469-481 [p. 473] : « If Balthasar is right, we need not *hope* for universal salvation : it could not *not* be. »

salut de tous[64]. » Plus récemment, Alyssa Lyra Pitstick est parvenue dans sa thèse à une conclusion similaire, estimant que les démentis de l'apocatastase de la part de Balthasar sont aussi rhétoriques que ceux de Barth[65].

3. Éléments de réflexion critique

Parmi les éléments pour une évaluation de l'opinion universaliste, nous privilégierons la révélation néotestamentaire. Dans le dialogue fictif entre Abraham et le mauvais riche, le patriarche avait renvoyé à « Moïse et les Prophètes », et non à quelque révélation particulière, comme preuve décisive de l'existence d'un châtiment éternel (cf. Lc 16, 29-31). À plus forte raison cet argument d'autorité vaut-il pour le Nouveau Testament, dans lequel la doctrine correspondante est développée avec *davantage* de clarté et de rigueur que dans l'Ancien[66]. La parabole lucanienne en question atteste d'ailleurs de manière dramatique pourquoi il est vain de vouloir démontrer la vérité des peines éternelles à celui qui refuse d'accorder crédit au témoignage des Saintes Écritures. Au demeurant, celles-ci évoquent ceux qui se perdent « pour n'avoir pas accueilli l'amour de la vérité qui leur aurait valu d'être sauvés » (2 Th 2, 10).

a) L'Écriture sainte

On s'est réclamé des Saintes Écritures pour défendre aussi bien le petit nombre des élus qu'un salut universel, et même une restitution de tous les êtres doués de raison ou apocatastase. Compte tenu du fait que notre point de départ est celui d'un salut partiel, voire d'un grand nombre de réprouvés, on ne prendra pas ici en considération les passages

---

64. Roch KERESZTY, « Response to Professor Scola », *Communio. International catholic review* 18 (1991), p. 227-236 [p. 229-230] : « My reservation regarding his position comes from the suspicion that the logic of his thought leads not just to hope, but to a (consciously denied but logically inescapable) certainty for the salvation of all. »

65. Cf. Alyssa Lyra PITSTICK, *Light in Darkness*, Hans Urs von Balthasar and the Catholic Doctrine of Christ's Descent into Hell, Grand Rapids (MI) - Cambridge (UK), Eerdmans, 2007, p. 263-274, 337, 343.

66. André DARRIEUTORT et Pierre GRELOT, art. « Impie », *Vocabulaire de théologie biblique*, Sous la dir. de X. Léon-Dufour, Paris, Cerf, ⁷1991, col. 566-568 [col. 568] : « Plus encore que dans l'AT, le châtiment de cette impiété est maintenant une certitude. » Et de même C. POZO, *Teología del más allá...*, p. 432 : « En el Nuevo Testamento, la seriedad del anuncio del castigo escatológico no va a ser, en modo alguno, atenuada; se insistirá netamente en ella. »

scripturaires convoqués par les tenants d'un salut (plus ou moins) universel. Au vu de l'écheveau des argumentations en faveur des thèses en présence, essayons de dégager quelques principes de théologie biblique importants pour notre thématique.

Premier principe : le salut promis par Dieu n'est pas inconditionnel. Déjà l'ancienne Alliance était munie de clauses dont la transgression déclenchait une liste impressionnante de malédictions (cf. *Lv* 26, 14-39 ; *Dt* 28, 15-68). Le psaume 15 (14) décrit le comportement requis pour habiter la sainte montagne de Dieu. Jésus rappelle la nécessité d'observer les commandements pour « entrer dans la vie » (*Mt* 19, 17) et prévient explicitement ses disciples que les seules déclarations incantatoires arguant d'une prétendue proximité spirituelle avec le Christ-Juge ne sont pas à même d'éviter la condamnation au jour du jugement, si l'on persiste dans l'iniquité (cf. *Mt* 7, 21-23 ; *Lc* 13, 25-27). De son côté, *He* 5, 9 enseigne que le Christ « est devenu *pour tous ceux qui lui obéissent* principe de salut éternel ». C'est aussi pourquoi la proclamation du royaume de Dieu est indissociablement liée à l'appel à la *conversion* (cf. *Mt* 3, 2 ; *Mc* 1, 15), conversion dont on ne verrait la nécessité si le salut, et donc le pardon des péchés, étaient acquis d'office. En effet, comme l'observe justement Jean-Hervé Nicolas, « la prédication apostolique dès le commencement a étroitement lié la rémission des péchés par le sang du Christ, qu'elle annonçait, à la conversion et au repentir auxquels tous étaient appelés. Jamais il n'a été dit que le sacrifice du Christ dispensait de la conversion personnelle[67] ». À cet égard, il est important de ne pas confondre salut gratuit et salut inconditionnel. Il vaut la peine de citer ici Herbert Vorgrimler, dont l'affirmation est d'autant plus crédible qu'elle provient de quelqu'un pour qui l'enfer relève du mythe :

> Le bavardage au sujet d'un Jésus doucereux qui aurait annoncé un Dieu inconditionnellement débonnaire, aujourd'hui largement répandu dans les Églises chrétiennes, est incontestablement une projection scientifiquement intenable d'un être-accueilli sans risque. Dans la science historique on ne met nulle part en doute que Jésus a parlé d'une miséricorde de Dieu, certes sans limites, mais non sans conditions, et que pour Jésus la venue du règne de Dieu présupposait nécessairement le jugement de Dieu[68].

---

67. J.-H. NICOLAS, « Miséricorde et sévérité de Dieu »..., p. 200.

68. Herbert VORGRIMLER, *Geschichte der Hölle*, München, Fink, ²1994, p. 13 : « Das in den christlichen Kirchen heute weithin übliche Gerede von einem überaus sanften Jesus, der einen bedingungslos gutmütigen Gott verkündet hätte, ist zweifellos eine wissenschaftlich nicht haltbare Projektion eines risikofreien Angenommenseins. In der historischen Wissenschaft wird nirgendwo bezweifelt, daß Jesus zwar von einem grenzenlosen, aber

Ce qui vient d'être dit vaut aussi pour l'apôtre Paul, pour lequel le salut serait inconcevable sans l'adhésion au Christ par la foi, que tous n'ont pas (cf. 2 *Th* 3, 2; voir aussi *Rm* 10, 16; 1 *Tm* 1, 19; 4, 1; 6, 10.21). Un salut inconditionnel rendrait également vaines les fameuses listes de péchés, dont Paul affirme avec insistance et sans ambages que leurs auteurs « n'hériteront pas du Royaume de Dieu » (*Ga* 5, 21; cf. 1 *Co* 6, 9; *Ep* 5, 6; *Col* 3, 6; 1 *Th* 4, 6)[69]. On remarquera au passage que le corollaire de cette affirmation est que la damnation ne requiert pas une révolte prométhéenne contre Dieu, mais sanctionne n'importe quel péché mortel ou grave maintenu jusqu'au bout[70].

Second principe : pour les auteurs sacrés le salut est l'objet d'un réel souci, à l'opposé de certains théologiens contemporains qui demandent si une damnation éternelle est possible. On pense à la question du légiste en *Lc* 10, 25 : « Maître, que dois-je faire pour avoir en héritage la vie éternelle? » Alors qu'une opinion largement répandue parmi les contemporains du Christ voulait que l'appartenance à la descendance charnelle d'Abraham suffise à garantir le salut, Jésus, à la suite de Jean le Baptiste (cf. *Mt* 3, 9), remettra en cause ce privilège illusoire (cf. *Lc* 13, 28-29). Le salut n'est pas donné pour acquis, il est un objectif difficile (cf. *Mc* 10, 24) soumis au passage d'une « porte étroite » qui, de plus, n'est pas ouverte indéfiniment (cf. *Lc* 13, 24-25). Cette situation exige qu'on « lutte » (*Lc* 13, 24; cf. 1 *Tm* 6, 12) et qu'on travaille avec « crainte et tremblement » à son salut (*Ph* 2, 12).

Troisième principe : le jugement tel que révélé concerne tout homme (cf. *Rm* 14, 10; 2 *Co* 5, 10) et débouche irrémédiablement sur une séparation entre les sauvés et les damnés. « Le retour du Christ sera l'époque des sanctions définitives, [...] ce "jugement" doit s'entendre au sens strict : d'un tri ou d'une discrimination entre les bons et les mauvais », écrit le dominicain Ceslas Spicq[71]. Ce même constat se trouve chez nombre d'exégètes. Friedrich Büchsel écrit : « Le jugement

---

nicht von einem bedingungslosen Erbarmen Gottes gesprochen hat, und daß für Jesus das Kommen der Gottesherrschaft unweigerlich das Gericht Gottes zur Voraussetzung hatte. »

69. Pour les listes de péchés, voir en particulier 1 *Co* 6, 9-10; *Ga* 5, 19-21; *Ep* 5, 5; *Col* 3, 5.

70. Cf. *CEC*, n° 1035; JEAN-PAUL II, Lettre encyclique *Veritatis splendor*, 6 août 1993, n° 70. Matthias Premm dans *Katholische Glaubenskunde*, Ein Lehrbuch der Dogmatik, Bd. IV. Gnade, Tugenden, Vollendung, Wien, Herder, ²1958, p. 628, écrivait : « Also wird über jede schwere Sünde, und nicht etwa bloß über Sünden „mit erhobener Faust", die Hölle als Strafe verhängt. »

71. Ceslas SPICQ, *Théologie morale du Nouveau Testament*, I, « Études bibliques », Paris, Gabalda, 1965, p. 345.

universel est toujours séparation[72]. » Joachim Gnilka est plus lapi-
daire encore dans son grand commentaire du premier évangile : « Le
jugement est séparation[73]. » Commentant la péricope du jugement
dernier en *Mt* 25, 31-46, Gérard Claudel a écrit plus récemment que
« l'acte du jugement [...] consiste essentiellement en une opération de
séparation[74] ». L'existence d'un tel jugement implique logiquement celle
de la réprobation de certains : « Jésus ne parle pas seulement de l'enfer
comme d'une réalité menaçante ; il annonce que lui-même "enverra ses
anges jeter dans la fournaise ardente les fauteurs d'iniquité" (*Mt* 13,
41 s.) et prononcera la malédiction : "Loin de moi, maudits, au feu
éternel !" (*Mt* 25, 41)[75]. »

Quatrième principe : la doctrine de la rétribution établit une
corrélation entre l'existence terrestre et le devenir *post mortem*. On en
trouve une formulation solennelle en *Mt* 16, 27 : « Le Fils de l'homme
doit venir dans la gloire de son Père, et alors il rendra à chacun selon
sa conduite. » Cette rétribution, qui a Dieu ou le Christ pour auteur,
s'applique fondamentalement au bien et au mal commis (cf. *Jn* 5, 29 ;
2 Co 5, 10), selon le principe : « Ce que l'on sème, on le récolte : qui
sème dans sa chair, récoltera de la chair la corruption ; qui sème dans
l'esprit, récoltera de l'esprit la vie éternelle » (*Ga* 6, 7-8)[76]. La parabole
du mauvais riche et du pauvre Lazare en est une illustration saisissante
(cf. *Lc* 16, 19-31). On peut donc dire avec Georg Kraus que « les bonnes
ou les mauvaises œuvres des hommes ont une fonction essentielle, parce
qu'elles sont la mesure pour le salut éternel et la perdition éternelle, lors
du jugement définitif de chacun en particulier[77] ».

72. Friedrich BÜCHSEL, art. « χρίσις », *Theologisches Wörterbuch zum Neuen Testament*,
t. 3, Stuttgart, 1938, p. 943 : « Das Weltgericht ist immer Scheidung. »

73. Joachim GNILKA, *Das Matthäusevangelium*, II, « Herders Theologischer Kommentar
zum Neuen Testament, 1/2 », Freiburg im Breisgau, Herder, 1988, p. 372 : « Gericht ist
Scheidung. »

74. Gérard CLAUDEL, « Le Jugement comme révélation chez Matthieu. Une lecture de
Mt 25, 31-46 », dans *Le Jugement dans l'un et l'autre Testament*, II. Mélanges offerts à Jacques
Schlosser, Textes réunis par Claude Coulot avec la collaboration de Denis Fricker, Postface
de Mgr Joseph Doré, « Lectio divina, 198 », Paris, Cerf, 2004, p. 51-97 [p. 70].

75. Jean-Marie FENASSE et Jacques GUILLET, « Enfers & enfer », *Vocabulaire de théologie
biblique*, [7]1991, col. 352-356 [col. 355].

76. Jean-Pierre LÉMONON, *L'Épître aux Galates*, « Commentaire biblique : Nouveau
Testament, 9 », Paris, Cerf, 2008, p. 190, commente : « L'homme qui choisit des œuvres en
harmonie avec la chair [...] marche vers la dégradation définitive, la mort à jamais. »

77. Georg KRAUS, « Gnadenlehre – Das Heil als Gnade », dans *Glaubenszugänge*,
Lehrbuch der katholischen Dogmatik, Bd. III, Hrsg. Wolfgang Beinert, Paderborn,
Schöningh, 1995, p. 157-305 [p. 291] : « Die guten oder bösen Werke der Menschen haben

Ce principe de la rétribution ou du jugement selon les œuvres a des conséquences importantes. Premièrement, la perspective d'une vie après la mort ainsi entendue ne relativise pas la vie terrestre, comme on l'a souvent reproché au christianisme, mais lui confère, au contraire, toute sa dignité et son sérieux, en lestant les décisions qui y sont prises de leur poids d'éternité. La vie terrestre est décisive parce qu'elle prépare à une condition définitive. Deuxièmement, ce principe institue l'homme comme étant responsable de son salut. Cette responsabilité fondamentale, conséquence d'une vraie liberté (cf. *Si* 15, 14.16-17), doit être maintenue jusqu'au bout, même en cas de choix négatif, ce qui n'exclut pas que, dans des *cas particuliers*, des actes graves puissent être perpétrés par ignorance (cf. *Lc* 23, 34 ; *Ac* 3, 17 ; *1 Tm* 1, 13). On peut citer ici l'exégète John Paul Meier :

> La possibilité de la damnation signifie simplement que Dieu prend l'homme au sérieux et appelle l'homme à répondre à son offre de vie avec un suprême sérieux. L'eschatologie signifie qu'en définitive, nous sommes responsables de nos décisions libres. Seul un enfant en train de jouer reste à crier : « Ce n'était qu'un tir d'essai ; cela ne comptait pas ! » L'eschatologie dit que cela compte[78].

Troisièmement, s'il est vrai qu'« il y a sémination et germination dans le temps de ce qui fructifie dans l'éternité » et que, « dès lors, entre les deux états, il ne saurait y avoir d'hétérogénéité », pour reprendre les mots de Charles Journet[79], on peut se demander si un salut universel ne supposerait pas un monde différent de ce qu'il est en réalité. On objectera qu'on peut vivre mal et se convertir *in extremis*, comme le bon larron, ou que les apparences des hommes et du monde ne reflètent pas nécessairement leur état véritable, puisque des péchés objectivement graves peuvent ne pas l'être, subjectivement parlant. Nous répondons que ces objections valent certainement dans des *cas particuliers*, mais ne sauraient justifier une loi générale englobant toutes les situations. Dans cette éventualité, en effet, le lien entre la vie présente et la vie future

---

eine entscheidende Funktion, weil sie beim definitiven Gericht jedes Einzelnen den Maßstab für ewiges Heil und Unheil bilden. »

78. John Paul MEIER, *Matthew*, « New Testament Message, 3 », Wilmington (DE), Glazier, 1980, p. 305-306 : « The possibility of damnation simply means that God takes man seriously and calls man to respond to his offer of life with supreme seriousness. Eschatology means that, in the end, we are responsible for our free decisions. Only a child playing a game keeps crying : "That was only a practice-shot ; it didn't count !" Eschatology says it does count. »

79. Ch. JOURNET, *Le Mal...*, p. 211-212.

serait rompu, ce qui serait contraire à l'Écriture. Un état du monde totalement équivoque, ne nous disant absolument rien de son état réel, est une impossibilité métaphysique et théologique. Il contredirait en effet le caractère intelligible d'un monde que la raison humaine est capable d'appréhender et de « soumettre » (cf. *Gn* 1, 28), parce qu'ordonné par l'activité créatrice du *Logos* divin. Sans cela, on ne comprendrait pas non plus pourquoi Jésus avait reproché à ses opposants de ne pas savoir interpréter les signes des temps (cf. *Mt* 16, 3).

Parvenu à ce point, il nous semblerait incorrect d'éviter complètement le champ (miné) de la question du nombre des sauvés dans l'Écriture. On devra se limiter ici à quelques brèves observations. On relèvera tout d'abord la présence de ladite question dans le Nouveau Testament. En effet, un inconnu demande à Jésus en *Lc* 13, 23 : « Seigneur, est-ce le petit nombre qui sera sauvé ? » Cette interrogation s'inscrit dans le contexte des spéculations rabbiniques sur l'extension du salut et, plus largement, du courant apocalyptique du judaïsme qui retenait généralement que le monde à venir était réservé à un (très) petit nombre[80]. La réponse de Jésus est plutôt de nature à renforcer l'inquiétude de son interlocuteur. Loin de s'en tenir à une exhortation à lutter pour entrer par « la porte étroite », il ajoute un dit prophétique[81] (passage de l'impératif au futur) : « car beaucoup, je vous le dis, chercheront à entrer et ne pourront pas » (*Lc* 13, 24). La compréhension spontanée d'autres passages suggère que beaucoup d'hommes se perdent ; qu'on pense simplement à *Mt* 7, 13-14 où il est dit que le chemin qui mène à la perdition est plus fréquenté que celui qui mène à la vie.

Ajoutons quelques considérations autour du fameux dit en *Mt* 22, 14 : « Beaucoup sont appelés, mais peu sont élus. » Quoi qu'il en soit de l'interprétation discutée de cet aphorisme, Edmond Boissard relevait la *Wirkungsgeschichte* considérable de ce verset en faveur du petit nombre des sauvés[82]. Pour des raisons philologiques, Boissard voyait en *Mt* 22,

---

80. Quelques citations du quatrième livre d'Esdras (environ entre 70 et 100 de notre ère) devront suffire : « Le Très-Haut a fait le monde présent pour beaucoup (d'hommes), mais le monde futur pour peu (d'entre eux) » (8, 1). « Beaucoup sont créés, mais peu sont sauvés » (8, 3). « Ceux qui périssent sont en plus grand nombre que ceux qui seront sauvés, comme le flot l'emporte sur une goutte » (9, 15-16). Voir encore 7, 47.60-61 ; 8, 55 ; 9, 21-22 ; 10, 10, ainsi que *Testament d'Abraham*, 11, 5-12, où à peine une âme sur 7000 est sauvée.

81. Luke Timothy Johnson parle de « prophetic pronouncement » (*The Gospel of Luke*, « Sacra Pagina Series, 3 », Collegeville (MN), The Liturgical Press, 1991, p. 216).

82. Edmond BOISSARD, « Notes sur l'interprétation du texte "Multi sunt vocati, pauci vero electi" », *RT* 52 (1952), p. 569-585 [p. 569] : « Si, en effet, pendant de longs siècles, la grande majorité des Pères et des théologiens ont parlé du petit nombre des élus comme d'une

14 un sémitisme qu'il proposait de rendre par : « Plus nombreux les appelés, plus rares les élus[83]. » Il s'agirait seulement de signifier qu'il y a moins d'élus que d'appelés, sentence qui se vérifierait déjà, à la limite, si un seul homme se perdait. Joachim Jeremias a maintenu, au contraire, la compréhension spontanée de la finale de la parabole du festin nuptial, s'achevant sur le contraste entre l'ampleur de l'appel et celle de l'élection : « *L'invitation de Dieu englobe tous sans exception*, mais le nombre de ceux qui subsistent dans le jugement final n'est que petit[84]. » Cela n'empêche pas, bien sûr, que ce « petit nombre », relativement parlant, puisse être « immense », absolument parlant (cf. *Ap* 7, 9 ; 19, 1.6). Plus récemment, Ulrich Luz, retenant que dans le texte matthéen grec la pointe se situe précisément sur le « peu » renforçant l'avertissement, proposait le commentaire qui suit :

> Pour Israël comme pour l'Église de la gentilité, il vaut que tous sont invités, mais quelques-uns seulement sont sauvés. L'opposition entre « beaucoup » et « peu » veut renforcer l'avertissement comme en [*Mt*] 7, 13-14. Il ne s'agit donc pas ici d'un principe doctrinal théorique concernant l'élection divine. Pour le juif Matthieu, il est évident que les hommes sont libres dans leur volonté, et qu'ils ont la possibilité d'éprouver à travers leurs œuvres leur vocation par Dieu et d'œuvrer pour leur élection. Sa préoccupation est liée au fait qu'un très grand nombre d'hommes ne font pas cela, comme le montre l'histoire d'Israël et comme le font craindre les expériences dans la communauté[85].

chose généralement admise, c'est dans le texte de saint Matthieu 22, 14, qu'il faut en voir la raison principale. »

83. E. Boissard, « Notes sur l'interprétation du texte "Multi sunt vocati, pauci vero electi" »..., p. 581.

84. Joachim Jeremias, art. « πολλοί », *Theologisches Wörterbuch zum Neuen Testament*, t. 6, Stuttgart, 1959, p. 542 : « *Gottes Einladung umfaßt [...] alle ohne Einschränkung*, aber die Zahl derer, die im Endgericht bestehen, ist nur klein. »

85. Ulrich Luz, *Das Evangelium nach Matthäus*, 3. Teilband, Mt 18-25, « Evangelisch-katholischer Kommentar zum Neuen Testament, 1/3 », Zürich, Benziger / Neukirchen, Neukirchener Verlag, 1997, p. 246 : « Sowohl für Israel als auch für die Heidenkirche gilt, daß alle eingeladen, nur einige aber gerettet werden. Das Gegenüber von "vielen" und "wenigen" will wie in 7,13f die Warnung einschärfen. Es geht dabei also nicht um einen theoretischen Lehrgrundsatz über die göttliche Erwählung. Für den Juden Matthäus ist es selbstverständlich, daß die Menschen in ihrem Willen frei sind und die Möglichkeit haben, durch ihre Werke ihre Berufung durch Gott zu bewähren und für ihre Erwählung zu wirken. Seine Sorge gilt der Tatsache, daß sehr viele Menschen dies nicht tun, wie die Geschichte Israels zeigt und die Erfahrungen in der Gemeinde befürchten lassen. »

De manière plus générale, dans un article publié en 1979, Richard J. Bauckham retenait que l'exégèse contemporaine s'est prononcée nettement en défaveur de l'idée d'un salut universel (absolument parlant) dans le Nouveau Testament[86]. Il est important de relever que cette conclusion est corroborée indirectement par le fait surprenant que beaucoup d'auteurs, *y compris* parmi ceux qui réduisent la séparation eschatologique entre sauvés et réprouvés à une hypothèse, admettent que Jésus a toujours parlé d'un jugement à deux issues. À titre d'exemple, Karl Rahner écrit : « Jésus présente cet enfer de telle manière qu'il se réalise effectivement lors du jugement dernier, tant pour le particulier — comme chez le mauvais riche — que pour un grand nombre d'hommes[87]. » On pourrait encore citer Hans Urs von Balthasar[88], le dogmaticien protestant Emil Brunner[89] ou, plus récemment, Hansjürgen Verweyen[90] (Joseph Ratzinger étant un peu moins affirmatif)[91].

Étant donné la fermeté des évangiles concernant l'issue du jugement, on comprend que c'est généralement aux écrits du corpus paulinien que l'on fait appel pour justifier la perspective d'un salut universel. On invoquera notamment la surabondance de la grâce en *Rm* 5-6 ; 8 ; 11, 32, la résurrection de tous dans le Christ en *1 Co* 15, 22, l'universelle soumission à Dieu en *1 Co* 15, 24-28 ; *Ph* 2, 9-11, ou encore l'universelle récapitulation et réconciliation dans le Christ en *Ep* 1, 9-10 ; *Col* 1, 13-23. La piste paulinienne en faveur de l'universalisme est-elle plausible ? Sur

---

86. Richard J. BAUCKHAM, « Universalism : a historical survey », *Themelios* 4 (1979/2), p. 47-54 [p. 52] : « In this century [...] exegesis has turned decisively against the universalist case. Few would now doubt that many NT texts clearly teach a *final* division of mankind into saved and lost. »

87. K. RAHNER, « Hinüberwandern zur Hoffnung... », p. 8 : « Jesus stellt diese Hölle so dar, daß sie beim Letzten Gericht sowohl für den einzelnen — wie beim reichen Prasser — als auch für eine große Zahl von Menschen tatsächlich eintritt. »

88. H. Urs von BALTHASAR, *Espérer pour tous...*, p. 26 (original : *Was dürfen wir hoffen?...*, p. 24) : « Le Jésus qui a parlé aux juifs du jugement de Dieu l'a toujours présenté, conformément à leur mentalité, comme un jugement à deux issues » ; la traduction, qui a : « deux issues possibles », a été rectifiée d'après l'original.

89. Emil BRUNNER, *La Doctrine chrétienne de Dieu*, Dogmatique, t. I, Genève, Labor et Fides, 1964, p. 374 (original : *Die christliche Lehre von Gott* : Dogmatik, Bd. I, Zürich, Zwingli Verlag, ²1953, p. 380) : « L'Écriture ne parle pas du salut de tous, mais au contraire d'un jugement suivi d'une double issue : salut et perdition. »

90. Hansjürgen VERWEYEN, « Was ist die Hölle ? Fragen in der Spur Hans Urs von Balthasars », *Internationale katholische Zeitschrift Communio* 37 (2008), p. 254-270 [p. 265] : « Die Aussicht auf ein alle Menschen umfassendes Heil, das Gott trotz aller Sünde aus reiner Gnade wirkt, ist nicht Teil dieser [Jesu] Verkündigung. »

91. Cf. Joseph RATZINGER, art. « Hölle – V. Systematik », *Lexikon für Theologie und Kirche*, t. 5, 1960, col. 448.

le plan de la critique interne, on devra, pour commencer, garder à l'esprit que les évangiles sont « le cœur de toutes les Écritures » et occupent à ce titre « une place unique » dans l'Église[92]. C'est à leur lumière que doivent être lus ces « points obscurs » dans les lettres de Paul, dont il est dit en *2 P* 3, 16 que certains les détournent de leur sens, en suggérant notamment que le salut des chrétiens était déjà pleinement acquis, indépendamment de leur comportement moral[93]. Au demeurant, l'Apôtre s'est situé lui-même au sein de la tradition évangélique qui lui venait « du Seigneur » (*1 Co* 11, 23), d'où l'impossibilité de faire de lui l'inventeur d'un nouveau christianisme, pour ainsi dire « paulinien[94] ».

Concernant l'eschatologie paulinienne (qui n'existe d'ailleurs pas comme un ensemble systématique), on notera ensuite avec Peter Stuhlmacher que « le discours répété du Christ comme le juge messianique du monde exclut que Paul ait entretenu l'attente d'une réconciliation cosmique universelle, qui unifie à la fin des temps tous les hommes et toute créature avec Dieu[95] ». Par ailleurs, concernant la question spécifique de la perdition, « même si Paul ne propose pas de description imagée de l'enfer, il parle cependant en toute clarté de la perdition éternelle après le jugement final[96] ». Au lieu de parler de géhenne, terme

---

92. *CEC*, n°s 125 et 127. Cf. CONCILE VATICAN II, Constitution dogmatique *Dei Verbum*, n° 20.

93. Cf. *1 Co* 6, 12 ; et John Paul MEIER, *Jésus et le divorce*, trad. Dominique Barrios, Charles Elhinger et Noël Lucas, Textes inédits traduits de l'anglais par Laure Mistral, Paris, Cerf, 2015, p. 75 (original : *A Marginal Jew*, Rethinking the Historical Jesus, vol. IV. Law and Love, New York, Doubleday, 2009) : « L'un des problèmes récurrents à Corinthe venait de ce que nombre de chrétiens enthousiastes récemment convertis du paganisme s'imaginaient pleinement sauvés en leur être le plus intérieur. Relevés spirituellement d'entre les morts, ils mènent déjà la vie céleste, angélique, des derniers jours ("eschatologie surréalisée") ; le péché n'a donc et ne peut avoir aucune prise sur eux et rien de ce qu'ils font avec leur vieux corps terrestre n'a le moins du monde à voir avec leur salut, déjà accompli. »

94. Cf. Étienne TROCMÉ, « Paul, fondateur du christianisme ? », dans *Aux origines du christianisme*, Textes présentés par Pierre Geoltrain, « Folio histoire, 98 », Paris, Gallimard / Le Monde de la Bible, 2000, p. 390-399 ; BENOÎT XVI, Audience générale, 3 mai 2006. Voir aussi Juan José BARTOLOMÉ, « Paolo come problema. Il "paolinismo" dilemma del cristianesimo », *Salesianum* 71 (2009), p. 7-50, 213-237 [p. 213-237]. P. Stuhlmacher observe que la doctrine de Paul ne peut être isolée ou absolutisée dans le canon, mais a besoin d'être précisée et, en partie, complétée à la lumière de l'ensemble de la tradition biblique (cf. *Biblische Theologie des Neuen Testaments*, I. Grundlegung, Von Jesus zu Paulus, Göttingen, Vandenhoeck & Ruprecht, [3]2005, p. 391).

95. P. STUHLMACHER, *Biblische Theologie des Neuen Testaments*, I…, p. 308 (voir aussi p. 324) : « Die wiederholte Rede von Christus als dem messianischen Weltenrichter schließt aus, daß Paulus die Erwartung einer kosmischen Allversöhnung gehegt hat, die am Ende der Zeiten alle Menschen und alle Kreatur mit Gott vereint. »

96. Josef FINKENZELLER, « Eschatologie », dans *Glaubenszugänge*, Lehrbuch der katholischen Dogmatik, III, Hrsg. von Wolfgang Beinert, Paderborn, Schöningh, 1995, p. 525-671

peu familier aux destinataires de ses lettres, il use pour cela d'un vocabulaire plus abstrait, tel que *phthora* (ruine, destruction, anéantissement, corruption, cf. *1 Co* 3, 17 ; *Ga* 6, 8), *thanatos* (mort, cf. *2 Co* 2, 16 ; 7, 10 ; *Rm* 6, 21 ; 8, 6.13), *apôleia* (perdition, cf. *Rm* 2, 12 ; 9, 22 ; *Ph* 1, 28 ; 3, 19), *apollumenois* (ceux qui se perdent, cf. *1 Co* 1, 18 ; *2 Co* 2, 15 ; 4, 3 ; *2 Th* 2, 10), *olethros* (perte, ruine, anéantissement, cf. *1 Th* 5, 3 ; *2 Th* 1, 9 ; *1 Tm* 6, 9), *katargein* (faire disparaître, détruire)[97], *orgê* et *thumos* (colère, fureur, cf. *Rm* 2, 8). Si Paul n'envisage souvent que le sort des croyants dont il peut supposer un attachement réel au Christ[98], il est cependant conscient que tous n'ont pas ces dispositions : « Il en est beaucoup […] qui se conduisent en ennemis de la croix du Christ : leur fin sera la perdition » (*Ph* 3, 18-19)[99]. Le dossier concernant la damnation dans la littérature paulinienne est donc loin d'être inconsistant et, de ce fait, ne permet pas de faire de saint Paul une voie dépassant la séparation eschatologique présente dans les évangiles.

b) *L'antiquité chrétienne*

On se limitera ici à quelques considérations succinctes, en se concentrant sur la question de savoir si l'espérance d'un salut universel peut se réclamer de certains auteurs de l'antiquité chrétienne. Pour y répondre, nous proposons de procéder schématiquement en trois étapes.

[p. 642] : « Wenn Paulus auch keine bildliche Beschreibung der Hölle bietet, so spricht er doch mit aller Deutlichkeit vom ewigen Unheil nach dem Endgericht. » Voir aussi à ce sujet Simon LÉGASSE, « Saint Paul croyait-il à l'enfer ? », *Bulletin de littérature ecclésiastique* 98 (1997), p. 181-184 ; ID., « Le jugement dernier chez Paul », dans *Le Jugement dans l'un et l'autre Testament…*, p. 255-263 [p. 257-258, 260-261].

97. Sont concernés les « princes de ce monde », hommes et/ou démons (*1 Co* 2, 6), les puissances spirituelles mauvaises et la mort (*1 Co* 15, 24.26), ainsi que « l'homme impie », c'est-à-dire le fils de la perdition (*2 Th* 2, 3.8).

98. Ainsi, selon Ernest Allo, en *1 Co* 15 « Paul ne s'occupe absolument que de ceux qui seront appelés à la vie de gloire, conforme à celle du Christ ressuscité. Il laisse, en tout ce chapitre, les damnés dans l'ombre » (*Saint Paul*, Première épître aux Corinthiens, « Études bibliques », Paris, Gabalda, 1934, p. 442-443).

99. Les commentateurs comprennent habituellement le *telos* de *Ph* 3, 19 comme la « fin », la conclusion d'un processus, au sens où « la destinée des ennemis de la croix, lors du jugement dernier, sera la destruction éternelle » (Camille FOCANT, *Les Lettres aux Philippiens et à Philémon*, « Commentaire biblique : Nouveau Testament, 11 », Paris, Cerf, 2015, p. 175). Focant ne retient pas cette interprétation eschatologique, mais attribue ici à *telos* le sens de « but », de finalité d'une entreprise. La phrase viserait ainsi une interprétation de la situation actuelle des ennemis de la croix du Christ, dont la manière de vivre est perdition pour eux, tant qu'ils la maintiennent (cf. *ibid.*).

Première étape : les Pères apostoliques, postapostoliques et les apologistes (Iᵉʳ-IIIᵉ siècles). Avec Tarald Rasmussen, on peut observer que « le discours sur l'enfer est ici largement marqué par un simple réalisme biblique[100] ». Autant dire que la perspective d'un possible salut de tous les hommes est ici complètement absente. Les premiers chrétiens ont un sens aigu de la rétribution et donc des conséquences ultraterrestres opposées, selon les choix posés au cours de cette vie. Dans la plus ancienne apologie qui nous soit parvenue, Aristide écrit ainsi vers 124/125 :

> Et si un juste d'entre eux quitte le monde, ils se réjouissent, rendent grâce à Dieu, et accompagnent sa dépouille lorsqu'il part de cette contrée vers l'autre. [...] Mais s'ils voient l'un d'entre eux mourir dans son impiété ou dans ses péchés, ils pleurent amèrement sur lui, gémissant de ce qu'il s'en va recevoir sa sentence[101].

Saint Justin Martyr présente la doctrine du châtiment éternel comme déjà traditionnelle : « Selon la doctrine que nous avons reçue, seuls accèdent à l'immortalité ceux qui vivent proches de Dieu une vie sainte et vertueuse, mais ceux qui vivent dans l'iniquité et refusent de se convertir, nous croyons qu'ils sont punis dans le feu éternel[102]. » Le même apologiste, qui parle fréquemment de l'enfer, semble être, au demeurant, le premier à en proposer une justification rationnelle, ainsi lorsqu'il écrit : « Si le Verbe de Dieu a indiqué à l'avance que certains, anges et hommes, seraient assurément châtiés, c'est parce qu'il savait déjà qu'ils deviendraient irrémédiablement mauvais, et non point parce que Dieu les avait créés tels[103]. »

Une compréhension généralement très littérale de l'adage *extra Ecclesiam nulla salus* dans tout le premier christianisme[104], de même que l'hostilité d'un monde persécuteur, peuvent expliquer une indéniable

---

100. Tarald RASMUSSEN, art. « Hölle – II. Kirchengeschichtlich », *Theologische Realenzyklopädie*, t. 15, 1986, p. 449 : « Die Rede von der Hölle ist hier weithin von einem einfachen biblischen Realismus geprägt. »

101. ARISTIDE, *Apologie*, 15, 9 [traduction du texte syriaque] (SC 470, trad. Bernard Pouderon, Marie-Joseph Pierre et Bernard Outtier, Paris, Cerf, 2003, p. 243).

102. JUSTIN, *Apologie pour les chrétiens*, I, 21, 6 (SC 507, trad. Charles Munier, Paris, Cerf, 2006, p. 191).

103. ID., *Dialogue avec Tryphon*, 141, 2 (Éd. Philippe Bobichon, édition critique, vol. I, Introduction, Texte grec, Traduction, « Paradosis. Études de littérature et de théologie anciennes, 47/1 », Fribourg, Academic Press Fribourg / Éditions Saint-Paul, 2003, p. 561). Pour la séparation eschatologique, voir *ibid.*, 45, 4 ; 117, 3.

104. Cf. Robert JOLY, *Christianisme et philosophie*, Études sur Justin et les apologistes grecs du deuxième siècle, Bruxelles, Éditions de l'Université de Bruxelles, 1973, p. 165, n. 51.

sévérité en matière de salut à cette époque. Se référant aux apologistes du IIe siècle, Robert Joly va jusqu'à écrire que « les premiers chrétiens croyaient très naturellement — puisqu'ils ne formaient que de petites minorités — que la majorité des hommes iraient en enfer[105] ». On peut aussi citer dans le même sens Henri-Irénée Marrou :

> Les chrétiens d'autrefois n'éprouvaient pas à l'égard de l'enfer la pusilla-
> nimité dont témoigne l'apologétique moderne ; plus loyaux que n'est parfois
> celle-ci, ils ne dissimulaient rien des sévérités dogmatiques, estimant sans
> doute au contraire que la gravité de l'enjeu donnait à l'option chrétienne
> tout son sérieux[106].

Seconde étape : les Pères de l'Église et autres auteurs chrétiens des premiers siècles. Il est incontestable qu'il a existé, surtout en Orient, un courant non négligeable en faveur d'une restitution universelle ou apocatastase, comprenant la destruction finale du mal et la réintégration de toutes les créatures douées de raison, même de celles condamnées à la géhenne, dans leur état de félicité originelle. On pense en particulier à Clément d'Alexandrie, Origène, Grégoire de Nazianze (partiellement), Grégoire de Nysse, Ambroise de Milan (partiellement) et Jérôme (partiellement). Quelques remarques à ce sujet :

1. Les écrits des auteurs mentionnés présentent souvent une certaine ambiguïté dans la mesure où ils combinent une perspective universaliste avec des textes plus classiques intégrant le châtiment éternel. Ainsi, pour ne parler que de Clément d'Alexandrie, selon un fragment arménien du *Quis dives salvetur*, « les hommes qui persistent dans le mal défendu [...] seront jetés dehors, ligotés avec de lourdes chaînes, puis conduits dans le feu éternel. Beaucoup se repentiront alors inutilement[107] ». Aussi, Carlo Nardi et Patrick Descourtieux vont-ils jusqu'à écrire que « l'eschatologie clémentine présente sans ambiguïté la double possibilité de perdition et de salut[108] ».

2. Les hésitations quant à l'existence d'un châtiment éternel *ne surviennent qu'au IIIe* siècle avec Clément d'Alexandrie, représentant en ce sens un phénomène second, en discontinuité avec une tradition déjà

---

105. R. JOLY, *Christianisme et philosophie...*, p. 182.

106. Henri-Irénée MARROU, « Commentaire », dans *À Diognète* (SC 33, trad. H.-I. Marrou, Paris, Cerf, ²1965, p. 217).

107. CLÉMENT D'ALEXANDRIE, *Quel riche sera sauvé ?*, 42, 15 (fragment 69) (SC 537, trad. Patrick Descourtieux, Paris, Cerf, 2011, p. 221).

108. Carlo NARDI et Patrick DESCOURTIEUX, « Introduction », dans CLÉMENT D'ALEXANDRIE, *Quel riche sera sauvé ?...*, p. 45.

consolidée, d'où les résistances que rencontrera l'universalisme dès ses débuts. Se référant à la doctrine sur l'enfer des auteurs antérieurs à Clément d'Alexandrie et Origène, Giovanni Filoramo a reconnu avec justesse qu'« avec l'école d'Alexandrie et en particulier avec Origène, cette fidélité aux données bibliques connaît une *rupture* significative[109] ». On peut regretter, en ce sens, que Balthasar ait pratiquement fait l'impasse sur ces auteurs, lorsqu'il a voulu souligner le fondement patristique de l'universalisme. Plus récemment, Ilaria Ramelli s'est employée à démontrer la présence de l'idée d'apocatastase chez de très nombreux auteurs chrétiens, à partir du Nouveau Testament jusqu'à Scot Érigène. En dépit de la grande érudition et de l'ampleur de cette recherche, les sondages effectués au sujet de saint Justin et de saint Cyprien, dont l'auteur omet les nombreux textes sur la damnation éternelle, suggèrent une tendance à tirer certains auteurs dans un sens universaliste[110].

3. La perspective de restauration universelle développée par certains Pères ou d'autres auteurs de l'antiquité chrétienne ne correspond *pas* à la thèse de « l'espérance pour tous » contemporaine. Trois différences, au moins, les distinguent. La première concerne la géhenne. Celle-ci est confondue en quelque sorte avec le purgatoire chez certains auteurs anciens : des hommes y sont condamnés, mais en sont finalement libérés après de très longues et très pénibles peines purificatrices. Au contraire, les partisans contemporains de l'espérance d'un salut universel maintiennent généralement le caractère définitif des peines de l'enfer, mais espèrent que personne n'y soit condamné. Les premiers remettent donc en cause l'éternité de l'enfer (« enfer temporaire »), tandis que les seconds doutent de l'existence de la damnation de certains hommes (« enfer vide »). La seconde différence concerne l'étendue du salut espéré, les premiers englobant, en règle générale, toutes les créatures raisonnables, démons compris, tandis que les seconds se limitent ordinairement au salut de tous les hommes. La troisième différence porte sur le degré de certitude du salut universel : alors que certains anciens le considéraient comme une issue nécessaire au terme de l'histoire du salut, certains contemporains se contentent généralement de le présenter comme un objet d'espérance.

---

109. Giovanni FILORAMO, art. « Enfer », *Dictionnaire encyclopédique du christianisme ancien*, t. 1, Paris, Cerf, 1990, p. 816-818 [p. 817] (nous soulignons).

110. Cf. Ilaria L. E. RAMELLI, *The Christian Doctrine of* Apokatastasis, A Critical Assessment from the New Testament to Eriugena, « Supplements to Vigiliae Christianae, 120 », Leiden, Brill, 2013, p. 64, 236.

Troisième étape : le discernement de la « grande Église ». De manière générale, on peut retenir avec Joseph Ratzinger que, si l'attente d'une restauration ou réconciliation universelle n'a certes pas été absente chez plusieurs auteurs importants des premiers siècles chrétiens, « la tradition de la grande Église a pris une autre voie », constatant que cette attente provenait fondamentalement du système philosophique et non de l'Écriture[111]. (On pense notamment au schéma cyclique d'inspiration platonicienne, selon lequel la fin est toujours semblable au commencement[112].) En ce sens, bien que les hésitations anciennes de certains auteurs quant à l'existence d'une peine éternelle ne puissent être minimisées, elles sont cependant loin d'avoir pu former un réel consensus. Il est significatif à cet égard que la grande synthèse dogmatique élaborée en Orient par saint Jean Damascène à la fin de l'âge patristique s'achève sur un schéma traditionnel de séparation eschatologique, lors de la résurrection des morts et du jugement dernier[113]. La même chose vaut pour saint Grégoire le Grand, avec lequel l'eschatologie patristique latine parvint à sa configuration définitive. Nous en concluons que l'espérance d'un salut universel, tel qu'on l'entend aujourd'hui, n'a de fondement ni dans l'antiquité chrétienne ni dans la tradition subséquente, au cours de laquelle la double issue du jugement ne sera plus remise en cause.

c) Le magistère ecclésiastique

Le Magistère est habituellement le parent pauvre dans la discussion autour de la possibilité d'un salut universel. En règle générale, les théologiens se contentent d'affirmer rapidement que le Magistère se limite à enseigner *primo*, l'existence de l'enfer, *secundo*, son éternité et *tertio*, que celui qui meurt en état de péché mortel est damné, en s'empressant toutefois d'ajouter que l'Église n'a jamais affirmé d'une personne concrète qu'elle se trouve effectivement dans cet état, alors qu'elle a canonisé beaucoup de ses membres. Cette dernière affirmation n'implique cependant pas que la réalisation de la damnation dans l'absolu demeure incertaine, étant donné que la Révélation peut évidemment

---

111. Joseph RATZINGER, *La Mort et l'au-delà*, Court traité d'espérance chrétienne, trad. Henri Rochais, Paris, Fayard, ²1994, p. 224 (original : *Eschatologie – Tod und ewiges Leben*, « Kleine katholische Dogmatik, 9 », Regensburg, Pustet, ⁶1990, p. 177).

112. ORIGÈNE, *Traité des principes*, I, 6, 2 (SC 252, trad. Henri Crouzel et Manlio Simonetti, Paris, Cerf, 1978, p. 196) : « Semper [...] similis est finis initiis. »

113. Cf. JEAN DAMASCÈNE, *La Foi orthodoxe*, 100 (IV, 27) (SC 540, trad. Pierre Ledrux et Georges-Matthieu de Durand, Paris, Cerf, 2011, p. 310-312).

affirmer l'existence de réprouvés sans en dévoiler l'identité. Au reste, si l'Église ignorait jusqu'à l'existence des réprouvés, comment pourrait-elle reconnaître que Dieu peut en dévoiler l'identité par une révélation particulière[114]? On peut avancer, pour le moins, les deux motifs suivants pour lesquels l'autorité ecclésiastique ne procède pas à des canonisations « à rebours ». En premier lieu, les réprouvés ne possèdent pas le rôle d'exemplarité des saints, qui est d'entraîner les hommes exclusivement vers le salut. En second lieu, il manque dans leur cas le critère du miracle (ou du martyre), compte tenu du moindre pouvoir du mal par rapport au bien surnaturel de la grâce et surtout de la *séparation* des réprouvés d'avec la communion des saints et d'avec le Christ, véritable auteur des miracles (cf. *Ac* 3, 6.12-16).

Si le Magistère n'a pas défini qu'il existe (ou existera) des hommes damnés, ce n'est pas en raison d'une incertitude à ce sujet, mais au contraire parce que cette existence allait de soi. Il est clair, par ailleurs, que seule « quelques vérités (*quaedam veritates*) » ont fait l'objet d'une définition en bonne et due forme[115]. (L'existence de Satan, par exemple, n'a pas été définie en tant que telle, parce que même les hérétiques ne la niaient pas[116].) De très nombreux textes magistériels s'inscrivent clairement dans un schéma de séparation eschatologique, présupposant ainsi l'existence de réprouvés. Contentons-nous ici de deux exemples. Le Symbole *Quicumque*, dit de saint Athanase (ve siècle), qui bénéficiera d'une réception exceptionnelle, affirme qu'à la venue du Christ « tous les hommes ressusciteront *avec* [dans] leurs corps et rendront compte chacun de leurs actes; ceux qui ont bien agi iront dans la vie éternelle, *mais* [!] ceux qui auront mal agi, au feu éternel[117] ». La définition de foi du concile de Latran IV (1215) établit :

114. Cf. JEAN-PAUL II, Audience générale, 28 juillet 1999, n° 4.

115. CONGRÉGATION POUR LA DOCTRINE DE LA FOI, *Nota doctrinalis* Professionis fidei *formulam extremam enucleans*, 29 juin 1998, n° 3 (*Acta Apostolicae Sedis* 90 [1998], p. 544-551 [p. 545]).

116. « Foi chrétienne et démonologie », *La documentation catholique* 72 (1975), p. 708-718 [p. 717] : « Il est vrai qu'au cours des siècles l'existence de Satan et des démons n'a jamais fait l'objet d'une affirmation explicite de son magistère. La raison en est que la question ne se posa jamais en ces termes : les hérétiques et les fidèles, appuyés également sur l'Écriture, s'accordaient à reconnaître leur existence et leurs principaux méfaits. » Les affirmations magistérielles concernant la réalité diabolique présupposent son existence (voir notamment *DH*, n°^{s} 286, 457, 800, 1333). Paul VI avait affirmé l'existence du diable au cours de l'Audience générale du 15 novembre 1972. Voir aussi JEAN-PAUL II, Audience générale, 28 juillet 1999, n° 4.

117. Symbole *Quicumque* (vers 430-500), § 40-41 (*Denz.*, n° 76 [les crochets sont dans l'édition citée]). Le théologien protestant Wilfried Härle considère que, contrairement aux

Il [le Christ] viendra à la fin des temps juger les vivants et les morts et rendre à chacun selon ses œuvres, aussi bien aux réprouvés qu'aux élus. Tous ressusciteront avec leur propre corps qu'ils ont maintenant, pour recevoir, selon ce qu'ils auront mérité en faisant le bien ou en faisant le mal, les uns un châtiment sans fin avec le diable, les autres une gloire éternelle avec le Christ[118].

Il serait parfaitement arbitraire d'affirmer que ces textes, et d'autres du même genre, voulaient dire, *en fait*, que les justes entreront dans la vie éternelle, tandis que, *s'il devait y en avoir*, les impies hériteraient de la mort éternelle. Avec le grand dogmaticien Michael Schmaus, il convient de retenir, au contraire, que « dans ces textes, on ne constate pas seulement avec autorité que Dieu a menacé les impies de l'enfer éternel. Bien plus, les dépositaires du magistère ecclésiastique professent en eux, au nom de toute l'Église, la révélation du Christ au sujet de l'enfer[119] » Cette affirmation vaut également pour la condamnation de l'apocatastase lors du synode de Constantinople en 543 : « Si quelqu'un dit ou pense que le châtiment des démons et des impies (*asebôn anthrôpôn*) est temporaire, et qu'il prendra fin après un certain temps, ou bien qu'il y aura restauration (*apokatastasin*) des démons et des impies, qu'il soit anathème[120]. » Là encore, il serait tout à fait artificiel d'accorder une existence objective aux démons et seulement hypothétique aux hommes impies nommés dans la foulée, comme si le texte avait déclaré : « Si quelqu'un dit ou pense que le châtiment des démons et, *s'il y en a*, des impies est temporaire… » Ce qui vient d'être dit est corroboré par la manière dont le concile de Florence (1442) mentionne et confirme la condamnation de l'apocatastase par le second concile de Constantinople en 553 :

Elle [la très sainte Église romaine] embrasse aussi, approuve et reçoit le cinquième saint synode, le deuxième de Constantinople, [...] où beaucoup d'erreurs d'Origène et de ses adeptes, surtout sur le repentir et la délivrance

---

Symboles des apôtres et de Nicée, l'*Athanasium* soutient explicitement la doctrine de la double issue du jugement (cf. *Dogmatik*, Berlin, De Gruyter, ³2007, p. 611, n. 23).

118. CONCILE DE LATRAN IV (11-30 novembre 1215), « Définition contre les albigeois et les cathares », chap. 1 (*Denz.*, n° 801).

119. Michael SCHMAUS, *Katholische Dogmatik*, IV/2. Von den letzten Dingen, München, Hueber, ⁵1959, p. 453 : « In diesen Texten wird nicht bloß autoritativ festgestellt, daß Gott den Gottlosen die ewige Hölle angedroht hat. Vielmehr bekennen sich in ihnen die Träger des kirchlichen Lehramtes im Namen der ganzen Kirche zur Offenbarung Christi von der Hölle. »

120. CONCILE DE CONSTANTINOPLE (543), Édit de l'empereur Justinien, *Anathématismes contre Origène*, § 9 (*Denz.*, n° 411).

des démons *et des autres damnés* [*aliorumque damnatorum*], ont été réprouvées et condamnées[121].

Il s'agit là d'un excellent exemple manifestant clairement la conscience qu'a l'Église de ce que les diables ne sont pas les seules créatures damnées (voir aussi les textes du magistère ordinaire ou extraordinaire cités plus haut, dans la section intitulée « L'évidence d'un salut partiel »). On notera au passage que le *Catéchisme de l'Église catholique* parle au moins à deux reprises des « damnés » sans employer le conditionnel, notamment lorsqu'il affirme que « Jésus n'est pas descendu aux enfers pour y délivrer les damnés ni pour détruire l'enfer de la damnation mais pour libérer les justes qui L'avaient précédé[122] ».

Conclusion : quelle espérance ?

L'un des reproches que l'on peut faire aux tenants de la thèse de « l'espérance pour tous » est de laisser cette formule trop imprécise. S'agit-il d'espérer le salut de chaque personne sur le plan individuel ou de tous les hommes au sens collectif ? L'espérance concerne-t-elle tous les hommes vivants, encore *in statu viae*, ou englobe-t-elle également les hommes défunts, déjà *in statu termini*, de même que les hommes à venir, et par conséquent la totalité absolue des hommes qui auront existé ? Enfin, l'espérance dont il est question correspond-elle à la vertu de l'espérance théologale proprement dite ou désigne-t-elle plutôt un « grand désir » ou un souhait humain ?

Pour notre part, il convient de rappeler tout d'abord que l'espérance théologale repose sur la foi en les promesses divines, comme la résurrection des morts[123] ; or un salut universel ne fait *pas* partie de ces promesses[124]. Au contraire, le dernier livre inspiré ne s'achève pas sans

---

121. CONCILE DE FLORENCE, Session XI (4 février 1442), Bulle d'union des Coptes *Cantate Domino*, dans *Les Conciles œcuméniques*, Les décrets, t. II-1. Nicée I à Latran V, Sous la direction de Guiseppe Alberigo, Paris, Cerf, 1994, p. 1187 (nous soulignons).

122. *CEC*, n° 633. L'autre référence se trouve au n° 1031 : « L'Église appelle *Purgatoire* cette purification finale des élus qui est tout à fait distincte du châtiment des damnés. » Le premier texte renvoie notamment à la 3ᵉ session du concile de Rome (25 octobre 745) (*Denz.*, n° 587).

123. Cf. Bernhard MAYER, art. « ἐλπίς », *Exegetisches Wörterbuch zum Neuen Testament*, Bd. 1, Stuttgart, ³2011, col. 1069. La condition païenne implique, par conséquent, l'absence d'espérance (cf. *Ep* 2, 12 ; *1 Th* 4, 13).

124. Cf. L. SCHEFFCZYK, « Apokatastasis : Faszination und Aporie »…, p. 44 : « Diese [übernatürliche Tugend der Hoffnung] beruht auf dem Fundament des göttlichen Glaubens.

mentionner l'expulsion des agents d'iniquité hors de la Jérusalem céleste et leur condamnation à la seconde mort : « Dehors les chiens et les magiciens, les impudiques et les meurtriers, les idolâtres et quiconque aime ou pratique le mensonge ! » (*Ap* 22, 15 ; cf. 21, 8.27).

Parce que le Christ est mort pour tous et parce que le salut est promis à tous ceux qui se convertissent, croient au Christ, reçoivent le baptême et font le bien (voir par exemple *Mc* 16, 16 ; *Jn* 3, 16 ; 5, 29)[125], il est possible d'espérer pour chaque homme vivant en particulier qu'il soit sauvé, même pour celui qui, au moment présent, ne remplit pas les conditions du salut (en effet, « on ne doit désespérer de personne en cette vie, si l'on considère la toute-puissance et la miséricorde de Dieu[126] »). Par contre, nous concluons des développements précédents que le donné scripturaire, traditionnel et magistériel ne permet pas d'appliquer la catégorie de l'espérance proprement dite à un salut de tous les hommes, absolument parlant, ce qui n'empêche aucunement d'entretenir un désir *a priori* que tout homme soit sauvé. Avec Leo Scheffczyk, il faut considérer « l'espérance pour tous » comme relevant d'un souhait humain, d'une certaine tendance naturelle qui peut nous faire désirer même ce qui est impossible (comme de ne pas mourir, cf. *2 Co* 5, 4)[127]. Selon saint Thomas, « l'homme, en effet, peut désirer même des choses qu'il ne juge pas possible d'obtenir, mais de ces réalités-là il ne peut pas y avoir d'espérance[128] ». De ce point de vue, l'espérance visera à ce que la volonté

Sie ist die Kraft, mit der sich der Glaube, der noch nicht am Ziele ist, auf die ihm gegebenen Verheißungen ausspannt. Weil aber der Glaube der Kirche die Verheißung der Nichtexistenz der Hölle nicht in sich trägt, kann sich aus ihm auch keine übernatürliche Hoffnung erheben. »

125. À titre d'illustration, voir cette formulation puisée au hasard d'un manuel classique d'Adolphe Tanquerey, *Précis de théologie ascétique et mystique*, Paris - Tournai, Desclée & Co., [7]1923 et 1924, p. 2* (Appendices) : « Pour entrer dans ce royaume [...] il faut faire pénitence, recevoir le baptême, croire à l'Évangile et pratiquer les commandements. » La doctrine relative à la possibilité du salut en l'absence d'appartenance visible à l'Église est ici présupposée. On pourra lire à ce sujet François Daguet, « Le salut des non-chrétiens : un cas d'herméneutique du dogme », *RT* 110 (2010), p. 73-111.

126. Thomas d'Aquin, *Sum. theol.*, II^a-II^{ae}, q. 14, a. 3, ad 1 : « De nemine desperandum est in hac vita, considerata omnipotentia et misericordia Dei. »

127. Cf. Leo Scheffczyk, « Irdische Zukunftserwartung und göttliche Verheißung. Zur Identifizierung der christlichen Hoffnung », dans ID., *Gesammelte Schriften zur Theologie*, III. Glaube in der Bewährung, St. Ottilien, EOS Verlag, 1991, p. 501-524 [p. 520-521] ; ID., « Allversöhnung oder endgültige Scheidung ? »..., p. 95.

128. Thomas d'Aquin, *Compendium theologiae*, II, cap. 7 (*Abrégé de théologie [Compendium theologiae] ou Bref résumé de théologie pour le frère Raynald*, trad. Jean-Pierre Torrell, o.p., Paris, Cerf, 2007, p. 602-603) : « Potest enim homo desiderare etiam ea quae non aestimat se posse adipisci, sed horum spes esse non potest » (nous avons substitué « quae » à « que » et « aestimat » à « estimat »).

(conditionnelle) universelle de salut fructifie en un salut effectif chez le plus grand nombre d'hommes possible.

Pour autant, le maintien d'une discrimination eschatologique entre sauvés et réprouvés n'interdit pas de reconnaître des aspects valables dans l'opinion discutée dans la présente contribution. Si nous considérons que l'espérance d'un salut universel relève, en réalité, d'un souhait ou d'un désir *a priori*, celui-ci n'est cependant pas privé de signification ou de valeur. Il peut être compris, positivement, comme un écho, en quelque sorte, de la volonté salvifique universelle de Dieu et, négativement, comme une manifestation de la répugnance naturelle que suscite en nous la réalité de la damnation éternelle, et qui ne peut certainement pas être traitée par le mépris. D'aucuns ajouteraient peut-être que le fait de suspendre son jugement quant à l'existence de la damnation correspondrait davantage à l'humilité qui s'impose face au jugement réservé à Dieu[129]. Il est possible de répondre à cela, d'une part, qu'il convient d'accueillir la révélation divine non seulement avec humilité, mais aussi avec un esprit de foi et de courage, et, d'autre part, qu'il serait faussement humble de persister à déclarer inconnu ce que Dieu a révélé (cf. *Dn* 12, 2 ; *Jn* 5, 29 ; 15, 15). Et puis, saint Paul aurait-il manqué d'humilité pour avoir affirmé : « Il en est beaucoup, je vous l'ai dit souvent et je le redis aujourd'hui avec larmes, qui se conduisent en ennemis de la croix du Christ : leur fin sera la perdition » (*Ph* 3, 18-19) ?

Par ailleurs, s'il est juste d'évaluer la thèse de « l'espérance pour tous » avec l'empathie requise, une approche équilibrée ne manquera pas d'identifier également les aspects problématiques, bien réels, de la thèse en question. On songe notamment au risque de projeter un monde onirique où le péché mortel ne serait jamais réalisé ou dans lequel tous les pécheurs se convertiraient avant leur mort, comme aussi au risque d'une perte de zèle pour le salut des âmes, dont la perte est considérée « infiniment improbable ». La thèse de « l'espérance pour tous » est séduisante, certes, mais elle nous semble aussi d'autant plus dangereuse qu'elle risque de réduire l'avertissement de l'enfer à un *flatus vocis*. Car s'il n'est pas sûr que même un seul homme soit damné, cette incertitude vaut également pour les plus grands criminels de l'histoire. Par conséquent, l'homme de la rue, qui ne se range certainement pas

---

129. Dans *L'Échelle sainte*, saint Jean Climaque avait écrit qu'« il est dangereux de sonder curieusement l'abîme des jugements divins ; car les curieux naviguent sur le vaisseau de l'orgueil », non sans ajouter cependant : « Il faut pourtant en dire quelque chose, à cause de la faiblesse de beaucoup » (degré 26, 115) (*L'Échelle sainte*, « Spiritualité orientale, 24 », trad. Placide Deseille, Bégrolles-en-Mauges, Abbaye de Bellefontaine, 2007, p. 284).

parmi les Eichmann, les Beria ou autres Vassili Blokhin, ne se sentira plus réellement concerné par la possibilité de se perdre, et vivra en conséquence. En effet, si cette possibilité est considérée comme infinitésimale, elle n'influera pratiquement pas sur l'organisation concrète de notre vie. Ainsi, la plupart des gens n'hésitent pas à prendre l'avion, tout en sachant qu'il existe une probabilité, certes infime, mais réelle, qu'il s'écrase. À plus forte raison le prendront-ils dans l'hypothèse où l'on ignorerait si un seul avion s'est jamais écrasé.

Par analogie avec le pari pascalien, nous dirions pour clore notre propos que, abstraction faite du fondement de l'existence de la réprobation dans l'Écriture, la Tradition et — dans une certaine mesure — le Magistère, l'affirmation de cette existence est plus avantageuse que sa mise en doute. En effet, tandis que celle-ci tend à favoriser un relâchement dangereux pour le salut dans le cas où il y a des damnés, celle-là favorise la vigilance, bénéfique même dans le cas où il n'y en aurait pas. À l'heure où le principe de protection et autres normes de sécurité sont invoqués de manière obsessionnelle et imposés souvent de manière tyrannique dans les moindres détails de la vie quotidienne, il serait pour le moins étrange (comme l'avait bien vu Guardini), pour ne pas dire absurde ou scandaleux, que de jauger l'enjeu éternel de notre vie avec plus de légèreté que les choses de ce monde qui « passe » (1 *Jn* 2, 17).

Mgr Christophe J. KRUIJEN.

Résumé. — Par le passé, il allait de soi que tous les hommes ne seront pas sauvés, et même, généralement, que seul un petit nombre d'entre eux le sera. Après une lente érosion de ces convictions, surtout à partir du xixe siècle, depuis les années 1950 s'est diffusée parmi les théologiens l'opinion contraire selon laquelle il est possible d'espérer un salut universel, et donc que personne ne sera damné. Bien que largement répandue, l'opinion dite de « l'espérance pour tous » ne fait pas l'unanimité et peut être contestée à partir des données de la Sainte Écriture, de la tradition des Pères et du Magistère.

Abstract. — In the past it was considered self-evident that all men are not saved and even that, generally speaking, only a small number of them will be saved. Following the slow erosion of these convictions especially from the 19th century on, the contrary opinion has, since the 1950's, spread among theologians, according to which it is possible to hope for universal salvation, in other words, that no one will be damned. Even if widespread, this opinion "hoping that all be saved" is not unanimous and may be opposed from the data of Holy Scripture, the tradition of the Fathers and the Magisterium.

Mgr Christophe J. Kruijen est prêtre du diocèse de Metz. Sa thèse de théologie (Angelicum, Rome, 2009), rédigée sous la direction du P. Charles Morerod, o.p., porte sur le salut universel et la damnation dans la théologie contemporaine (prix « Henri de Lubac » 2010; publication en cours). Il travaille auprès de la Congrégation pour la doctrine de la foi depuis 2009.

Le *Prognosticum futuri saeculi* de Julien de Tolède : le plus ancien traité systématique d'eschatologie chrétienne[1]

1. Le milieu socio-politique et religieux de l'Espagne wisigothique dans lequel vécut Julien de Tolède

L'ÉVÊQUE THÉOLOGIEN, Julien de Tolède, vécut une vie brève mais intense, dans un milieu historique, politique et religieux caractérisé par la domination des Wisigoths sur la péninsule ibérique avec Tolède comme capitale impériale.

Les événements, qui ont conduit les Wisigoths, au début du Vᵉ siècle, à la conquête de l'Espagne puis, un peu plus d'un siècle après, à la chute de leur empire lors de l'invasion de l'Espagne par les Arabes en 711 après Jésus-Christ, sont trop complexes pour être résumés dans cet article.

Je dirai seulement que dans d'autres zones d'Europe les envahisseurs barbares avaient entraîné dévastation et mort ; par contre l'invasion des Wisigoths, marquée au siècle précédent par l'âpreté de la conquête, donna vie dans l'Espagne du VIᵉ siècle à une nouvelle société civile et religieuse, à une nouvelle culture, à un art nouveau et à une nouvelle vie politique, bref à l'intégration entre les deux ethnies hispano-romaine et wisigothique. Cela n'a pu se réaliser que grâce aux souverains wisigoths qui ont trouvé plus sage d'assimiler la structure sociale centenaire, la culture, les

---

1. On se reportera à ma monographie : GIULIANO DI TOLEDO, *Prognosticum futuri saeculi – Il preannuncio del mondo che verrà*, Introduzione, traduzione dal latino, commento teologico a cura di Tommaso Stancati, o.p., Napoli, Editrice Domenicana Italiana, 2012. L'ouvrage a été publié aussi en langue anglaise, mais sans le texte latin, en 2010 : JULIAN OF TOLEDO, *Prognosticum futuri saeculi – Foreknowledge of the World to come*, Translated, edited and introduced by Tommaso Stancati, o.p., « Ancient Christian Writers, 63 », New York, The Newman Press / Mahwah (NJ), The Paulist Press, 2010.

RT 116 (2016), p. 319-338

lois et la langue de la société hispano-romaine, plutôt que d'imposer, par la violence aux populations indigènes, leurs coutumes tribales.

Mais l'intégration culturelle et religieuse fut due, aussi et surtout, à l'Église catholique d'Espagne : elle déploya ses meilleures forces pastorales et théologiques pour favoriser l'unité politique et religieuse du pays. Elle obtint la renonciation à l'hérésie christologique arienne, à laquelle les envahisseurs avaient adhéré depuis longtemps. La décision historique d'abjurer l'arianisme et d'adhérer à la foi catholique eut lieu au temps du roi wisigoth Reccared, et elle fut prononcée solennellement pendant le troisième concile de Tolède (589). De manière paradoxale, les Wisigoths, envahisseurs-vainqueurs devinrent envahisseurs-vaincus.

À partir du Vᵉ siècle jusqu'au début du VIIᵉ, l'Espagne connut un âge d'or et de grande lumière intellectuelle dans l'obscurité presque totale du reste de l'Europe. Il suffirait de dresser une brève liste des évêques exceptionnels de cette période pour comprendre le niveau atteint : Profuturo et Martin de Braga, Léandre et Isidore de Séville, Jean de Biclaro, Braulio de Saragosse, Eugène II et Ildefonse de Tolède, Fructueux de Braga, Taio de Saragosse et en dernier lieu, mais certainement pas le moins important sur le plan historique et théologique, Julien de Tolède.

Le haut niveau pastoral et théologique atteint par l'épiscopat hispano-wisigothique se manifeste aussi dans l'admirable coutume ecclésiale, très répandue et fréquente à cette époque, de la célébration d'innombrables conciles (diocésains, provinciaux et nationaux), qui traitaient des problèmes habituels théologiques et pastoraux, mais très souvent aussi des problèmes sociaux et politiques. Cela prouve la grande maturité du gouvernement ecclésial. C'est une véritable expression de la collégialité épiscopale et de la « renaissance » hispano-wisigothique.

De nombreux auteurs ont vu, dans cette collaboration entre l'Empire hispano-wisigothique et l'Église catholique, c'est-à-dire entre le trône et l'autel, qui s'est développée dans toute la péninsule ibérique, la naissance d'un rêve politique, vraiment caressé par quelques esprits particulièrement attentifs aux signes des temps. Ce rêve consistait dans l'élaboration d'une théologie de l'histoire applicable à la situation historique, en vertu de laquelle on pouvait déduire qu'un dessein de la Providence était en train de se réaliser. Ce n'est pas par hasard si pour Isidore de Séville les Wisigoths se considéraient comme les héritiers de l'empire romain ; ce n'est pas un hasard non plus que pour ces derniers l'Église catholique soit devenue le correspondant idéal, en raison de son existence pluriséculaire et de son expérience humaine et sociale, dans le domaine du droit, qualités exceptionnelles très utiles pour le jeune État impérial. Rien d'étonnant donc que l'Église hispano-wisigothique ait participé pleinement, par ses évêques et ses conciles, à la vie politique nationale et à l'élection, consécration et couronnement du roi de l'Empire, comme Julien l'a fait à maintes reprises, en qualité d'évêque de la ville royale. Sans doute, de là est née l'idée que si la Rome ancienne avait vu s'affaiblir sa position centrale et son rôle, la nouvelle Espagne était alors prête, peut-être par la volonté de Dieu, à reprendre ce rôle de centre du nouveau monde et de la nouvelle Église catholique en Occident. Cette nouvelle société mondiale aurait donc été garantie par les Wisigoths et par l'Église d'Espagne.

Du point de vue historique et théologique, l'époque hispano-wisigothique représente, au moins dans les intentions de ses protagonistes, plus un prodrome du Moyen Âge que l'épilogue de l'antiquité chrétienne.

2. La brève vie et les œuvres de Julien de Tolède (642-690)

Julien de Tolède fut le dernier des grands évêques de l'Espagne. Nous connaissons sa vie et ses œuvres grâce à la *Vita Iuliani seu Elogium*, écrite seulement quelques années après sa mort par l'évêque Félix, deuxième successeur de Julien sur la chaire de Tolède.

Le biographe montre combien l'évêque Julien eut une importance remarquable sur le plan politique, religieux et surtout théologique. En effet, il ne fut pas un obscur auteur provincial de la péninsule ibérique. Grâce à l'éducation et à la formation classique et théologique reçues des maîtres illustres à l'École épiscopale de Tolède, il devint d'abord diacre puis prêtre et enfin évêque de Tolède et Primat d'Espagne pendant dix années (680 à 690). Il présida ainsi quatre conciles nationaux en Espagne. Selon le jugement de nombreux spécialistes, Julien fut non seulement l'écrivain le plus savant et fécond de son temps mais également le théologien le plus compétent de l'Espagne du VIIᵉ siècle.

L'évêque Félix nous informe qu'il écrivit dix-sept œuvres de caractère historique, poétique, liturgique et surtout théologique (de christologie et d'eschatologie). Il ne nous fournit aucune information sur la famille de Julien, ni sur son lieu et sa date de naissance, alors qu'une autre source postérieure, la *Chronique* d'Isidore Pacense (VIIIᵉ siècle) soutient que, si toutefois la famille de Julien était juive, ses parents étaient déjà chrétiens. La question d'une éventuelle ascendance juive de Julien est encore débattue aujourd'hui.

Vraisemblablement, Julien naquit dans la ville impériale de Tolède, *Caput Hispaniae*, en l'année 642 ; le jour et le mois de sa naissance ne sont pas connus avec précision. Il fut baptisé dans la cathédrale de Tolède. Il fréquenta en tant qu'adolescent, avec grand profit, les deux cycles d'étude de l'École épiscopale de Tolède, guidé par d'éminents professeurs comme Ildefonse et Eugène II, le *praeceptor noster*, comme l'appelle avec vénération le même Julien[2]. Sa formation et son éducation classique et ecclésiastique ont duré plusieurs années.

Durant ses années d'étude, Julien a établi d'excellentes relations d'amitié avec son contemporain Gudila, un noble wisigoth. Ensemble, dans l'ardeur de leur jeunesse et ayant été manifestement fascinés par la vie monastique, ils projettent de se faire moines. Par la suite, ils décidèrent d'abandonner ce désir et ils devinrent clercs du diocèse de Tolède. Les deux inséparables amis réalisèrent un chemin commun jusqu'à l'ordination diaconale. Mais Gudila, l'ami fraternel, mourut soudainement.

Dès lors, Julien continua seul sa carrière ecclésiastique jusqu'à devenir *primicerius* du diocèse de Tolède. Il poursuivit également en solitaire ses études et approfondit ses connaissances en matière biblique, liturgique, patristique, canonique et théologique, s'appuyant sur les écrits d'Isidore de Séville, en particulier sur les trois livres des *Sententiae*, mais surtout sur les œuvres d'Augustin et de Grégoire le Grand, ainsi que sur la collection canonique et théologique, dite la *Hispana*. Cette dernière existait déjà du temps de Julien et était tout autant consultée par des savants, des théologiens, des canonistes, y compris ceux de la chancellerie de l'Empire.

Les exceptionnelles aptitudes intellectuelles et pastorales de Julien lui valurent d'excellentes relations avec les autorités ecclésiastiques et avec le pouvoir monarchique. En 673, Julien écrivit sa première œuvre : l'*Historia Wambae regis*, de caractère historique. Il la dédia au roi guerrier wisigoth Wamba qu'il exalte pour avoir libéré d'insurrections et de trahisons, le nord de l'Espagne. Ce fut précisément ce dernier qui, en 680 à la mort de l'évêque Quiricus, et selon la coutume d'alors, choisit Julien pour qu'il soit consacré évêque de la ville et de la cour impériale de Tolède.

La nomination de Julien ouvrait un champ d'action plus intense et fut d'une importance exceptionnelle, parce que Tolède était depuis presque un siècle Église métropolitaine et elle avait vingt diocèses sous sa juridiction. En tant que Métropolite, Julien était aussi l'évêque qui

2. *Prognosticum*, Lib. III, cap. XVII.

examinait les candidats et les consacrait pour les diocèses vacants de toutes les provinces de l'Espagne : Carthagène, Tarragone, Narbonne, Bétique, Lusitanie et Galicie. Ce n'est donc pas par hasard que même l'Église de Rome, à plusieurs reprises, ait reconnu le rôle de tout premier plan de l'évêque de Tolède dans la structure ecclésiastique de la péninsule ibérique.

Mais ce fut lors du XIIe concile de Tolède, célébré en 681, que Julien réussit à obtenir que le canon VI des actes conciliaires énonce et définisse le Primat de l'évêque de Tolède sur toutes les églises de l'empire hispano-wisigothique. Il s'agissait du pouvoir d'élire, d'examiner et de consacrer dans la ville impériale des évêques d'autres provinces ecclésiastiques pour remplacer les évêques défunts.

Dans ce sens, il est significatif que les XIVe et XVe conciles nationaux de Tolède, célébrés en 684 et 688, approuvent les deux *Apologeticum* écrits par Julien. Ces derniers avaient été écrits à l'occasion de la rude *querelle* soutenue par la Curie romaine et le pape Benoît II au sujet de doctrines christologiques sophistiquées. C'est dans ces circonstances que le second *Apologeticum* de Julien devint précisément une décrétale conciliaire. La primauté de l'évêque de Tolède finit par être considérée comme symbole de l'indépendance nationale de l'Église d'Espagne, primauté obtenue sans avoir consulté ou entendu au préalable l'Église de Rome.

De nombreux historiens du XIXe siècle ont vivement critiqué le comportement de Julien sur le plan politique en l'accusant d'avoir été un évêque intrigant et sans scrupule, surtout à l'occasion de certaines circonstances politico-sociales dramatiques de l'Empire, comme ce fut le cas de la déposition du roi Wamba en octobre 680 et à l'occasion de l'élection et de la consécration du nouveau roi Ervige, provoquant ainsi la déchéance, voire la chute de l'Empire. L'historiographie contemporaine a cependant fortement redimensionné ces accusations, et d'autres le concernant.

Malgré ses multiples engagements pastoraux, Julien a su trouver du temps pour écrire de nombreux ouvrages. Certains sont d'une importance considérable pour l'histoire, la grammaire hispanique, l'exégèse biblique, l'étude de la pensée des Pères de l'Église et bien sûr pour la théologie. Il exerçait ainsi non seulement son magistère épiscopal mais aussi un magistère scientifique du fait de sa brillante intelligence et de ses prédispositions à l'étude. Heureusement, parmi les dix-sept œuvres attribuées à Julien, les cinq plus importantes — *Prognosticum futuri saeculi, Apologeticum de tribus capitulis, De comprobatione sextae aetatis, Antikeimenon* et *Historia Wambae regis* — ont survécu au fil des siècles et sont parvenues jusqu'à nous. À celles-ci, il faut ajouter l'*Elo-gium Ildephonsi* et l'*Ars grammatica* récemment attribués à Julien. En l'état actuel des études, l'œuvre la plus caractéristique de la personnalité théologique de Julien de Tolède est, sans doute, le *Prognosticum futuri saeculi.* Cet ouvrage, du fait de sa très vaste diffusion manuscrite, a réel-lement contribué au développement de l'eschatologie dogmatique.

Julien mourut à Tolède, de mort naturelle, probablement dans sa rési-dence épiscopale, aux ides de mars, le dimanche 6 mars 690, à l'âge de 48 ans, après dix ans de ministère épiscopal. Il fut enterré avec tous les honneurs dus à son rang dans l'église de la sainte martyre Leocadia de Tolède. À partir de 875, Julien de Tolède est vénéré et inscrit au mar-tyrologe du moine Usuarde. Actuellement, le calendrier mozarabique fixe la fête liturgique de saint Julien au 14 janvier, pour éviter que la mémoire du saint ne tombe en carême. Dès l'invasion arabe, afin d'em-pêcher leur profanation, les corps des saints évêques, y compris celui de Julien, furent déplacés vers le nord de l'Espagne, aux environs d'Oviedo (Asturies). Mais ses restes mortels ont été si bien cachés qu'avec le temps, le souvenir du lieu de sa sépulture s'est perdu.

3. Le *Prognosticum futuri saeculi* : le plus ancien traité systématique d'eschatologie chrétienne

Le *Prognosticum futuri saeculi* est une brève œuvre théologique, écrite par Julien en 688 après J.-C. Elle est répartie en trois livres, consacrés aux thèmes les plus importants de l'eschatologie chrétienne. C'est en fait le résultat d'un dialogue théologique entre Julien et Idalius, évêque de Barcelone, sur des sujets eschatologiques. Ce dialogue eut lieu durant un concile national à Tolède, probablement pendant la semaine sainte de l'an 687. L'œuvre est précédée de deux lettres d'Idalius : l'une adressée au même Julien et l'autre à l'évêque de Narbonne. Le texte du *Prognosticum* est précédé du *Praefatio* de Julien dédié à Idalius, et d'une émouvante *Oratio ad Deum* du même Primat d'Espagne.

La caractéristique la plus surprenante du *Prognosticum* est que cette petite œuvre, en dépassant les prévisions les plus optimistes de son auteur, a eu une diffusion manuscrite extraordinaire, surtout entre les IXe et XII/XIIIe siècles. On peut donc affirmer avec certitude, grâce aux connaissances actuelles, qu'il y n'avait pas une seule bibliothèque de la période médiévale en Europe qui ne possédât une ou plusieurs copies manuscrites du *Prognosticum*. Une telle diffusion fait penser que l'évêque de Tolède devait être reconnu pendant cette même période comme la plus grande autorité théologique en matière d'eschatologie. Il n'est donc pas exagéré d'affirmer que le *Prognosticum* peut être considéré comme *un manuel sur la vie future ayant eu une très grande influence sur le Moyen Âge* théologique, et que cette œuvre singulière peut être insérée, à bon droit, dans la liste des principales sources de la théologie auxquelles le concile Vatican II nous exhorte à retourner, pour nous alimenter de leur riche doctrine.

Au XVIe siècle, trois éditions imprimées du *Prognosticum* furent éditées et deux autres entre le XVIIIe et le XIXe siècle. En 1976, Jocelyn N. Hillgarth a publié une édition critique des œuvres principales de Julien comprenant entre autres le *Prognosticum*[3].

Ainsi Julien fut le premier théologien qui, à travers ses œuvres, a transmis aux générations médiévales, et au-delà, une pensée dogmatique concernant les fins dernières sous une forme synthétique et systématique. Pour cela, il rassembla en unités théologiques les meilleures des affirmations eschatologiques de la tradition biblique et patristique y ajoutant une série d'arguments rationnels qui lui étaient propres, ainsi que des commentaires théologiques sur les textes scripturaires et patristiques qu'il utilisait comme ayant autorité. On peut, à juste titre, dire de Julien qu'il est *le Père* de l'eschatologie catholique systématique et que son *Prognosticum* peut être considéré comme le plus ancien traité d'eschatologie chrétienne.

Après un débat théologique riche et serré, marqué par une certaine atmosphère mystique, les conclusions du dialogue entre les deux évêques, Idalius et Julien, donnèrent à ce dernier l'idée d'écrire le *Prognosticum*. Le dialogue eut pour objet les vérités eschatologiques faisant partie de la foi catholique. Tout le déroulement du dialogue est raconté par Julien dans le *Praefatio* du *Prognosticum* dans un langage mystique, mais aussi avec des références précises sur la méthode appliquée au cours des débats et aux notes prises par un *notarius*. De fait, les deux évêques avaient repéré les problématiques générales devant figurer par la suite dans un volume et mis par écrit les titres des problèmes à traiter dans les chapitres de chacun des trois livres dont l'œuvre devrait être composée. Ensuite, Julien bâtit les chapitres avec des textes bibliques, patristiques, avec ses arguments et ses propres commentaires. Le dialogue occupa

---

3. JULIEN DE TOLÈDE, *Prognosticorum futuri saeculi libri tres* (*CCSL* 115, ed. J. N. Hillgarth, Turnhout, Brepols, 1976, p. 9-126).

une seule journée, Julien ayant fait appel à sa seule mémoire pour les passages bibliques et les citations des Pères de l'Église.

Faute de temps, la structure du premier livre, consacré à l'origine de la mort, ne fut pas élaborée par les deux évêques au cours de leur dialogue théologique. Cette tâche fut assignée à Julien qui s'en acquitta avec diligence. Le *Prognosticum* fut écrit par Julien dans un laps de temps relativement bref suivant immédiatement le dialogue théologique avec Idalius. Il est probable que Julien soit parvenu à l'écrire entre Pâques et la fin de l'automne de l'an 687.

4. Le contenu des trois livres du *Prognosticum futuri saeculi*

Le livre I du *Prognosticum futuri saeculi,* consacré au problème de la mort, s'intitule *De origine mortis humanae*, et contient vingt-deux brefs ou très brefs chapitres, dans lesquels Julien affronte les questions les plus brûlantes, concernant l'épineux sujet thanatologique (très actuel dans l'eschatologie ainsi qu'en bioéthique). Premièrement, comment et pourquoi la mort est-elle entrée dans le monde ? D'après les Saintes Écritures et les Pères, Julien affirme que la mort n'est pas causée par la volonté du Créateur ni par la nature, mais par le péché de l'homme qui a changé *in peius* (chap. II) et a sérieusement affaibli la nature humaine. Dieu Créateur répond à cette situation par le projet de rédemption que le Christ est venu accomplir sur la terre, en libérant les créatures humaines du péché et de ses conséquences dont la mort (chap. I-II). La réponse à cette question est celle de la tradition patristique. Elle s'appuie sur l'enseignement de l'apôtre Paul aux Romains (*Rm* 5, 12), qui affirme que la mort dépend du péché originel de l'homme. Encore de nos jours, le *Catéchisme de l'Église catholique* au n° 1008 enseigne que Dieu destinait l'homme créé à ne pas mourir et qu'il aurait été *exempté* de la mort s'il n'avait pas péché.

Dans ce livre on trouve, dans l'ordre logique et *per argumentum*, toute une série de chapitres consacrés à d'autres questions liées à la mort humaine :

1. Pourquoi la mort a-t-elle été infligée aux hommes pécheurs ? (chap. II-III).

2. Une recherche poussée et une solution étymologique, d'inspiration clairement isidorienne, sur le mot latin *mors* (chap. IV).

3. L'homme a-t-il été créé mortel ou immortel ? (chap. III). Sur cette question Julien propose une solution quelque peu complexe.

4. Sont distinguées ensuite trois sortes de mort : la mort prématurée, la mort jeune et la mort naturelle (chap. v). Cette distinction n'ôte en rien l'aspect âpre et dur de la mort, pouvant engendrer une certaine acrimonie.

5. Cette amertume est produite par la séparation dramatique et angoissante du corps et de l'âme au moment de la mort (chap. vi).

6. L'auteur indique, en outre, comment on peut transformer cette amertume en bonté, grâce à une vision christologique. Celle-ci peut faire de la mort une opportunité de pénitence, de demande de pardon et de mérite personnel.

7. Il expose les divers motifs pour lesquels les chrétiens ne doivent pas craindre la mort, mais au contraire, *more paulino*, en un certain sens, ils doivent la désirer. Julien conclut son raisonnement en affirmant : « … quod mors nec bonum aliquid sit, et tamen bonis bona sit » (chap. viii). La mort n'est certes pas bonne en soi, mais elle peut certainement l'être pour les bons puisqu'elle les fait entrer dans la vie éternelle.

8. Il fait également allusion à la mystérieuse présence de ceux qu'on appelle *les anges psychopompes* au chevet des mourants. Il fait aussi référence à l'importance des aides et des suffrages que l'Église terrestre met à disposition de ces derniers, pour qu'ils échappent à la seconde mort, celle qui suscite le plus d'inquiétude (cf. chap. x).

9. Puis Julien explique comment il faut se préparer à la mort en se détachant de la vie terrestre et comment il faut aider les malades à mourir dans la dignité chrétienne, ajoutant un détail de grande portée psychologique : la pensée que dans l'au-delà nous attendent nos défunts et le Christ lui-même (cf. chap. xv-xvii).

10. Finalement, Julien traite de l'ensevelissement des morts. Il montre en outre que l'on peut aider les morts par l'intermédiaire ou grâce au patronage des martyrs ou encore en offrant à Dieu des suffrages en leur faveur. Le fondement biblique, 2 M 12, 40-46, que Julien choisit pour justifier les nombreux suffrages pour les fidèles défunts est particulièrement important. Ce texte, bien qu'appartenant à l'Ancien Testament, est encore aujourd'hui le texte utilisé, par le Magistère universel de l'Église[4], comme la référence biblique la plus pertinente pour la théologie des suffrages pour les défunts et, par conséquent, pour la théologie de la purification ou, mieux, la guérison des âmes après la mort corporelle (chap. xviii-xxii).

---

4. Cf. *Catéchisme de l'Église catholique*, n° 1032.

Tout le livre I présuppose manifestement la ferme croyance chrétienne en la survivance et la subsistance de l'âme après l'événement de la mort. N'eut été ce fondement, les conséquences eschatologiques seraient sûrement catastrophiques.

Le livre II a un titre qui en explique le contenu : « De l'âme des défunts. Que leur advient-il avant la résurrection finale des corps ? (*De animabus defunctorum quomodo se habeant ante ultimam corporum resurrectionem*). » Ce livre comporte trente-sept chapitres. On peut le considérer comme le cœur de l'œuvre de Julien de Tolède, mais aussi comme le noyau le plus problématique de la thématique eschatologique. C'est le thème que Julien de Tolède cherche le plus à démontrer et à approfondir : il s'agit de ce que nous pouvons savoir concernant la situation intermédiaire dans laquelle vivent les âmes des trépassés. Selon Julien, après la mort corporelle et avant les tout derniers événements de l'histoire, il y a une sorte de *status animarum*, une situation pleine et même très pleine de vie. En citant le *Consolationes* de Cassien, Julien affirme clairement que « les âmes ne sont pas oisives après leur séparation d'avec le corps (*animae non sunt otiosae post separationem huius corporis*) » (chap. xv). Cette affirmation est particulièrement vigoureuse et chère à Julien, puisqu'elle lui permet, d'abord d'exclure toute velléité d'*hypnopsychisme* (ou *sommeil des âmes* dans l'attente des événements derniers). Elle lui permet surtout de fonder, sur le plan anthropologique et théologique, une doctrine selon laquelle une pareille situation des âmes peut garantir l'existence d'une théologie de la purification *post mortem*. Ainsi les âmes des défunts peuvent plus facilement atteindre la fin ultime.

1. Les thèmes abordés dans le livre II concernent, d'abord, la question de la localisation des lieux de l'au-delà, c'est-à-dire du paradis ou de l'enfer (cf. chap. i-vii). Julien affronte ce sujet avec un remarquable esprit critique et une orientation extrêmement moderne, qu'on peut qualifier de démythologisante. Il affirme par exemple qu'il est tout à fait *inutile et vain* de chercher l'enfer sous la terre. Il en va de même quant à l'entrée des âmes aux états métahistoriques (cf. chap. viii-x). On dirait que Julien est entièrement convaincu que ni l'Écriture Sainte ni la Tradition ne nous donnent une lumière suffisante pour une représentation physique, matérielle ou géographique de l'au-delà.

2. Dans le chapitre viii, un des plus importants du traité, il réaffirme non seulement que la rétribution des âmes des défunts se fait immédiatement au moment du décès, mais une fois de plus, il considère la sur-

vivance et la subsistance de l'âme, après la mort, comme des principes préalables.

3. Ensuite, Julien parle explicitement (chap. x) de la situation de ces âmes qui ne sont pas admises immédiatement au ciel, parce qu'elles ne sont encore ni prêtes ni parfaites, et qu'elles doivent subir un pénible délai de grâce (ou un retard), *dilationis damnus* (chap. VIII), dans l'accomplissement de leur destin de gloire. Il s'agit, évidemment, du supplément de purification ou maturation ou plutôt d'une *thérapie* et d'une *guérison* de l'âme, obtenue aux moyens des peines médicinales (*poenis medicinalibus*) appliquées par le divin médecin (chap. x). Les conciles de Lyon (1274) et de Florence (1439) parleront plus tard de *poenis purgatoriis seu catharteriis*. Au terme de cette cure divine, les âmes obtiennent leur statut final ou l'entrée dans le Royaume de Dieu.

4. Il convient de noter que, pour expliquer la situation des âmes des défunts, Julien n'utilise pas le terme « purgatoire » comme substantif mais simplement comme adjectif. De plus, il entend la purification plus au sens de thérapie que de peine ou satisfaction, comme cela était le cas à l'époque patristique et le sera encore plus tard chez de nombreux théologiens scolastiques.

5. Enfin, Julien applique à l'eschatologie intermédiaire de la *survivance* des âmes après la mort, l'ecclésiologie du corps mystique. Il met l'accent sur l'importance de l'aide de l'Église terrestre aux âmes soumises à la thérapie du médecin divin ; et inversement sur l'importance de la prière d'intercession des âmes en état de purification au profit des membres de l'Église terrestre (chap. XXVI-XXVIII). Julien parle de ce pouvoir de suffrage de l'Église terrestre, lorsque, par exemple, il dit : « L'Église qui, ici, supplie pour eux avec efficacité (*ecclesia pro eis hic efficaciter supplicante*) » (chap. x), concernant leur état de perfection par rapport au désir de la sainteté de Dieu lui-même à l'égard des êtres humains.

6. Par ailleurs, Julien envisage la possibilité concrète de la purification *post mortem* par l'évocation d'un feu purificateur. Il y consacre plusieurs chapitres (cf. chap. XI, XVIII-XXIII).

7. L'affirmation énergique de Julien en faveur d'une anthropologie unitaire est d'une importance fondamentale. Il écrit : « Les âmes des défunts désirent recevoir leur corps (*defunctorum animae desiderent corpora sua recipere*) » (chap. XI).

8. Par ailleurs, sur la base de l'autorité de la Bible et des Pères de l'Église, il affirme la vitalité (cognitive, volitive, affective, sensitive, etc.) dont sont dotées les âmes des défunts dépourvues de leur corps. « L'âme après la séparation du corps n'est pas privée de ses sens (*non sit anima*

post separationem corporis privata sensibus suis) » (cf. chap. XVI-XVIII, XXIII-XXXVII).

9. Cette insistance à propos de la vitalité des âmes séparées de leurs corps, jusqu'à ce qu'elles obtiennent la vision de Dieu est, sans doute, la contribution anthropologique et eschatologique la plus intéressante et la plus profonde du *Prognosticum*, compte tenu de l'agnosticisme ou du scepticisme concernant la « vie de l'âme après la mort », très répandus à l'époque de Julien.

Pour finir, le livre III intitulé « De la dernière résurrection des corps (*De ultima corporum resurrectione*) » traite en soixante-deux chapitres de toute une série de questions concernant la phase finale de l'eschatologie, en particulier à propos de la résurrection. Julien tient à mettre en évidence le réalisme anthropologique de la résurrection des morts et montrer comment la chair et le corps humain auront, dans le plan de Dieu, un destin d'éternité. Il dément et démythifie de manière critique un certain nombre de *fabulae* au sujet de la résurrection finale des morts qui avaient contaminé les vérités de la foi chrétienne à propos de la résurrection :

1. Il insiste avec sévérité pour qu'« en aucune manière on écoute ceux qui racontent que je ne sais quel corps ressuscitera aérien plutôt que chair (*nullo modo audiendi sunt, qui pro carne nescio quod corpus resurrecturum fabulantur aereum*) » (chap. XVIII). Ce sont des fables, rien de plus, et elles doivent être remplacées par une vision eschatologique authentiquement chrétienne.

2. Julien passe ensuite aux questions relatives au jugement dernier et à la Parousie du Christ Juge (chap. I-XV). Il précise que la christologie est le fondement de la résurrection, et qu'il faut interpréter les événements de la fin qui ne sont mystérieux qu'en apparence. On se réfère, par exemple, à ce qu'on appelle *la vallée de Josaphat*, ou à un moment qu'il est impossible de connaître à l'avance (chap. X) lorsqu'interviendra la Parousie du Christ. Le Seigneur apparaîtra dans sa chair désormais glorieuse, il sera précédé de son instrument de salut terrestre : sa Croix.

3. Les modalités du jugement, le sort de Satan, la résurrection des morts et les conditions dans lesquelles la résurrection aura lieu — « en un clin d'œil (*in ictu oculi*) », selon l'apôtre Paul mais aussi selon saint Jérôme (cf. chap. XV) — sont bien évidemment des réalités dignes d'intérêt. Mais la simplicité et la vitesse du *clin d'œil* qui les provoquera dépassent toute tentative de les décrire. Le *Prognosticum* est certes une œuvre d'eschatologie qui a été délibérément voulu comme anti-apocalyptique.

4. Julien prend ensuite en considération les *curiositates* qui se réfèrent aux qualités des corps ressuscités : leur taille, leur âge, leur poids, l'absence de déformations. Les ressuscités reviendront-ils de l'au-delà comme hommes et comme femmes ? Il traite de la non-nécessité de nourriture et de boisson, de vêtements pour les ressuscités. Il s'interroge aussi sur la situation après la dernière résurrection de ceux dont le corps a connu une destruction violente par le feu ou sous la dent de bêtes féroces, etc. (cf. chap. xx-xxviii). Une curieuse question concerne même le sort final des cheveux et des ongles des ressuscités (chap. xxxi). Julien semble suggérer que ce genre de question doit être interprété avec beaucoup d'esprit critique.

5. L'auteur fait aussi une réflexion très intéressante (et très actuelle) concernant la défense des fœtus avortés. D'après lui, les fœtus provenant d'avortements figurent parmi les futurs bénéficiaires d'une parfaite résurrection (cf. chap. xxvii).

6. Il met l'accent sur les modalités du jugement universel (chap. xxiii-lxiv). Enfin, il traite de toute une série de questions relatives à la rétribution définitive des damnés et des bienheureux, et des conséquences cosmiques des événements de la fin (chap. xxviii-lxii).

7. Les dix derniers chapitres (liv-lxii) sont, eux, consacrés à la vision de Dieu et à la manière dont elle aura lieu. Elle est *la fin sans fin* durant laquelle nous louerons Dieu à l'infini.

Il est important de souligner que le *Prognosticum* témoigne que déjà au viie siècle on considérait comme un acquis que la doctrine eschatologique chrétienne comportait une double dimension : la première intermédiaire qui va de la mort de l'homme jusqu'au jour de la résurrection, la deuxième terminale qui couvre les derniers événements relatifs à l'état de l'homme et de l'univers. Ces deux dimensions renvoient à la volonté divine universelle : Dieu veut que tous les hommes soient sauvés (cf. 1 *Tm* 2, 4). Celle-ci n'implique nullement chez Julien ni apocatastase ni prédétermination au salut. Il envisage pour les âmes qui en ont besoin un processus ecclésial d'assimilation totale au Christ entre la mort et la résurrection qui requiert la collaboration de Dieu et de l'homme.

Cette vision eschatologique a l'avantage, pas toujours perceptible dans d'autres doctrines, de nouer la dimension individuelle (l'homme en son âme) et la dimension collective de la vie humaine. Aucune œuvre n'avait fourni une vision large, globale et équilibrée de l'eschatologie. La fréquente référence à la pensée eschatologique de Julien dans la théologie ultérieure est la preuve de son influence et de sa légitimité.

5. La « nouvelle » méthodologie théologique de Julien de Tolède

Avec Isidore de Séville et Taio de Saragosse, Julien de Tolède marque le début d'une nouvelle méthodologie théologique qui s'appuie sur la double autorité de l'Écriture et des Pères. Cependant, il n'hésite pas à faire appel à la culture humaine, à des références et des citations de la culture classique. Julien semble reconnaître et promouvoir la théorie de la complémentarité entre culture classique et culture chrétienne, déjà soutenue par de nombreux Pères de l'Église.

En ce qui concerne l'usage des textes patristiques, il n'est pas secondaire de constater qu'à maintes reprises, dans le *Prognosticum*, Julien choisit de faire parler l'Écriture Sainte ou les Pères, avant son commentaire ou son argumentation, même s'il affirme qu'il serait capable de dire avec ses propres mots les mêmes choses enseignées soit par l'Écriture soit par la Tradition. Il préfère faire parler les « autorités », les faisant passer avant son argumentation personnelle. C'est pour cette raison qu'il écrit à son confrère Idalius : « Cependant, tu trouveras non mes exemples ni mon enseignement, mais ceux des Anciens. Si cependant quelquefois ma voix se fait entendre, je n'ai rien écrit d'autre avec mon propre style que ce dont je me souviens avoir lu dans leurs livres (*In quo tamen non mea sed maiorum exempla doctrinamque reperies ; et tamen si alicubi parum aliquid uox mea insonuit, non aliud quam quod in eorum libris legisse me memini, proprio stylo conscripsi*) » (*Praefatio Iuliani*).

Si dans les premiers cinq siècles du christianisme, les auteurs ecclésiastiques, afin de justifier leurs thèses, s'étaient presque appuyés exclusivement sur l'autorité de l'Écriture Sainte, à partir de la moitié du VIe siècle, l'autorité des Pères est aussi considérée comme une donnée sûre, comme le montre, par exemple, la *Confessio rectae fidei* de l'empereur Justinien (527-565). Cette œuvre contient de nombreuses références patristiques et conciliaires qui, outre les textes scripturaires, lui permettent de fonder la doctrine de la foi orthodoxe.

Le *Prognosticum* sera parmi les premières œuvres, en Occident, à utiliser cette nouvelle méthodologie. Julien donnera aux Pères le nom de Maîtres et Docteurs, ou plus simplement le nom de *Maiores*, alors qu'il se qualifiera lui-même ainsi que les autres écrivains de son temps de *Minores*. C'est à cette époque que les Pères grecs et latins commencent à être considérés comme *doctores defensoresque Ecclesiae*, comme l'a écrit Lucinien de Carthage. Une pensée semblable est aussi présente chez d'autres auteurs, par exemple Venance Fortunat. Il appelle les Pères, des

« nouveaux maîtres », et il soutient que ces nouveaux maîtres, comme Hilaire, Grégoire, Ambroise et Augustin, doivent être classés parmi les plus grands philosophes de l'âge classique, tels Platon et Aristote.

Il n'est pas étonnant que les sources littéraires des différentes œuvres de Julien soient si abondantes. Pour la rédaction du *Prognosticum*, Julien a puisé dans les œuvres de nombreux auteurs latins et grecs : Augustin, Grégoire le Grand, Jérôme, Isidore de Séville, Cyprien, Cassien, Hilaire, Julien Pomère, Paul Orose, Ambroise, Fulgence de Ruspe, Abdia et Eugène II de Tolède. Les auteurs grecs mentionnés, même s'ils ne sont pas nombreux, sont cependant significatifs : Athanase, Origène, Cyrille d'Alexandrie, Épiphane, Eusèbe de Césarée et Jean Chrysostome. Ils sont cités dans leur traduction latine à quelques exceptions près. Dans tous les cas, la plus grande partie des Pères cités appartient à la période post-nicéenne, alors que ceux de la période anté-nicéenne se réduisent à trois : Origène, Cyprien et Abdia.

Dans la structure du *Prognosticum*, les titres des chapitres sont la partie la plus intéressante et la plus créative de l'œuvre de Julien, surtout du point de vue méthodologique, car ils révèlent et explicitent sa synthèse. Ces titres sont en effet de véritables thèses auxquelles Julien est parvenu grâce à l'étude biblique et patristique des questions qu'il discutera par la suite avec l'évêque Idalius. Le *Prognosticum* est un bon exemple de ces nouveaux traités (*studiosa brevitas*) appliqués à l'eschatologie. Il n'est pas une simple anthologie de textes patristiques, comme certains le prétendent, il a sa propre structure logique qui répond à un projet théologique et qui est le résultat d'un débat entre Julien et Idalius.

L'objectif de l'auteur est d'établir un *corpus* doctrinal en matière eschatologique qui évite de tomber dans le travers d'un livre de visions, de légendes ou de récits de voyages dans l'au-delà.

Julien a mis fin à la conviction très répandue de son temps, selon laquelle on ne peut pas dire grand-chose sur les problèmes eschatologiques, à moins d'avoir recours aux visions, aux rêves ou aux récits de voyages dans l'au-delà. Le *Prognosticum* prouve que non seulement ces questions peuvent être abordées, mais que précisément, elles peuvent faire l'objet d'une étude : construire un système théologique, mais aussi logique et rationnel au sujet des réalités finales concernant Dieu, l'homme, et l'univers.

Le *Prognosticum*, plus qu'une série de textes patristiques, doit être considéré comme le premier traité d'eschatologie chrétienne écrit en Occident à la fin de l'âge patristique et au début du mouvement de la renaissance théologique et intellectuelle du Moyen Âge. Il s'insérera dans les grandes synthèses philosophico-théologiques de la scolastique. Parmi les milliers de lecteurs du *Prognosticum*, nous pouvons, en effet, énumérer les plus importants théologiens du haut et bas Moyen Âge : d'Alcuin à Bède le Vénérable, d'Hugues de Saint Victor à Pierre Lombard, d'Aymon de Harbertstadt à Buchard de Worms et encore avant, Albert le Grand et Thomas d'Aquin, à leurs *Summae* et à leurs *Commentaires des Sententiae* du Maître Pierre Lombard. Ils ont lu le *Prognosticum*, ils l'ont évalué, étudié et, souvent, cité dans leurs œuvres.

De tels auteurs, dans l'élaboration de leurs traités *De novissimi*, préféreront, à bon escient, utiliser le *Prognosticum*, parce qu'il leur offrait une synthèse thématique, valide sur le plan doctrinal, fiable et utile. Ils voyaient en Julien une autorité reconnue et digne de foi. Cette large utilisation du *Prognosticum* à l'époque scolastique et son impressionnante diffusion démontrent aussi que son eschatologie, dans les quatre ou cinq derniers siècles, n'avait été ni dépassée ni remplacée par la production carolingienne ni par les premières synthèses médiévales, comme celle d'Hugues de Saint-Victor. Il est significatif, en ce sens, que le rédacteur de l'édition critique du texte du *Prognosticum*, disposant de plus de 170 manuscrits complets de l'œuvre de Julien, a supposé qu'au moment de sa plus grande diffusion, il devait y avoir, dans les bibliothèques de l'Europe médiévale, entre 1500 à 2000 manuscrits du *Prognosticum*, nombre extraordinaire pour un traité de théologie si spécifique.

Le *Prognosticum* a un indubitable caractère didactique et pastoral. Julien a pensé qu'il pouvait rassembler dans un texte bref une synthèse destinée à faire la lumière sur des réalités difficiles concernant l'état des âmes entre la mort et les derniers événements de l'histoire et de la résurrection. Il a ainsi construit une synthèse eschatologique remarquable. Il n'est pas à exclure que, parmi ses objectifs, il y ait eu un motif académique, dans le sens où le *Prognosticum* fut aussi destiné à des étudiants ou à des clercs, dont la *ratio studiorum* prévoyait l'étude de la doctrine catholique sur les fins dernières.

En outre, il est concevable que Julien ait écrit également son *Prognosticum* pour un autre motif : l'absence ou le « presque silence » du Magistère ecclésial en matière eschatologique, mis à part les vérités fondamentales présentes dans les symboles de la foi des premiers siècles. S'imposait alors le besoin d'avoir un texte plus complet que les symboles de la foi, pour valoriser et réunir ce que l'Écriture et les Pères avaient énoncé en matière eschatologique de manière dispersée dans leurs œuvres.

Cette affirmation pose en soi la question de savoir si le *Prognosticum* peut être conçu aussi comme une œuvre dogmatique? Si par dogmatique nous entendons un document de la foi orthodoxe de l'Église catholique, alors la synthèse de Julien peut être définie comme un texte de nature dogmatique. Il contient la doctrine de toute l'Église d'Espagne sur ce sujet. On peut le considérer comme un catéchisme et comme une mystagogie. L'œuvre de Julien est la première codification sous la forme d'une *Summa* ou d'un *Tractatus* historico-dogmatique. Cela signifie aussi que l'enseignement du *Prognosticum* est le trait d'union entre le contenu de la Sainte Écriture, les Pères et les élaborations théologiques de l'époque carolingienne, monastique ou scolastique.

Il faut souligner que Julien n'a pas créé *ex nihilo* une nouvelle doctrine, mais il a utilisé un matériel préexistant pour construire un « édifice » théologique nouveau. Il n'eut jamais l'objectif d'enseigner à ses lecteurs des choses ignorées et inconnaissables.

6. La contribution la plus originale du *Prognosticum futuri saeculi* à l'eschatologie chrétienne : la doctrine de la purification ultraterrestre

La contribution la plus originale du *Prognosticum* consiste dans l'élaboration d'une *eschatologie intermédiaire* entre la mort et la résurrection. Tout le livre II traite de l'individu, ou de l'âme individuelle, ou des âmes séparées du corps. Julien, s'appuyant sur quelques données bibliques et patristiques, entend souligner la survivance et la subsistance de l'âme séparée.

Sur l'âme, il a été beaucoup écrit à l'époque classique et chrétienne, mais sans souci d'organisation systématique et sans clarification de nombreux points controversés, par exemple de savoir si les âmes, une fois libérées du corps, jouissent déjà, et dans quelle mesure, de leurs conditions ultimes.

Julien, s'appuyant sur la pratique liturgique ecclésiale des suffrages pour les défunts, déjà mentionnée dans la Sainte Écriture et largement présente dans la foi de l'Église catholique dès les premiers siècles, considère que la *lex orandi* exprime quelque chose de la *lex credendi*. Naturellement, il ne néglige pas les données qui se trouvent dans l'Écriture et chez les Pères, concernant la résurrection des morts et la Parousie. Il cherche donc à lier l'une et l'autre eschatologie, celle des âmes individuelles et celle de la communauté des êtres humains ressuscités de la mort, dans une unique vision eschatologique. De cette manière, il a réussi à maintenir ces deux dimensions, distinctes et unies dans « un merveilleux équilibre entre les deux éléments de cette dualité » (C. Pozo), car chacun des deux éléments contribue à rendre visible une anthropologie intégrale, correspondant à celle voulue par Dieu, Créateur et Rédempteur de l'homme.

Cette affirmation de Julien manifeste le début d'un développement de l'eschatologie chrétienne qui conduira lentement à la construction d'une doctrine plus complète. Il trouve dans l'Écriture le texte le plus solide à propos du suffrage des défunts : 2 M 12, 40-46, en ajoutant, toutefois, que même si nous ne découvrons pas dans l'Écriture un texte fondateur, l'Église pourrait promouvoir sur ces points de par son autorité une doctrine novatrice mais authentique. La possibilité de la purification après la mort, que Julien soutient, en est une preuve. Elle doit être interprétée comme une extension métahistorique de la providence de Dieu et de la rédemption christologique, puisque Dieu veut qu'aucun de ses fils ne se perde. À ceux qui sont imparfaits et quittent ce monde comme tels, il est donné une nouvelle chance, un supplément de grâce par lequel ils obtiennent le pardon divin pour les péchés véniels. Cependant, Julien met en garde contre le danger de confondre l'image du feu comme symbole de purification, avec le feu de la damnation auquel la prédication ou les discours eschatologiques de Jésus font allusion, en utilisant un langage allégorique. Pour le Primat de Tolède, il ne peut y avoir de confusion sur ce point, parce que la purification conduit à la gloire, tandis que la damnation est la privation éternelle de la fin dernière.

Le *Prognosticum* est à la fin du VIIe siècle « l'exposé le plus clair et le plus complet du haut Moyen Âge sur le futur Purgatoire[5] ». La contribution de Julien est d'autant plus remarquable qu'elle tranche avec la vision parfois dualiste de la période patristique.

7. Théologie, anthropologie, recréation de l'univers dans l'eschatologie du *Prognosticum futuri saeculi*

Un dernier aspect positif du *Prognosticum* doit être noté en conclusion : Julien n'a pas fondé son système eschatologique d'abord sur les *eschata*, mais plutôt sur des réalités ultimes. à savoir la destinée de gloire ou de perdition des créatures humaines. Il faut souligner que l'eschato-

---

5. Jacques LE GOFF, *La Naissance du Purgatoire*, Paris, Gallimard, 1981, p. 137.

logie de Julien de Tolède est trinitaire. C'est en effet aux trois Personnes divines que la double fin de l'eschatologie est attribuée, celle de la création et, après le drame du péché des origines, celle de la rédemption et de la glorification de l'homme.

Mais, en même temps, l'eschatologie qui dérive du *Prognosticum* est une *eschatologie christologique et pneumatologique*, par le fait que les deux missions divines, celle du Fils éternel et celle de l'Esprit Saint, situent dans un contexte historique l'eschatologie de Dieu par rapport à l'homme et à l'univers. En effet, le Christ et l'Esprit sont entrés dans l'histoire humaine pour réaliser tout ce qui a été vu et décidé avec le Père, dans l'éternité divine, concernant l'élévation de l'homme créé en l'état surnaturel. Cela signifie que, sans les missions historiques et immanentes du Verbe et de l'Esprit Saint, il n'y aurait eu aucune fin ultime, mais l'homme aurait abouti à la « non-réalisation » de sa destinée finale.

L'eschatologie du *Prognosticum* est aussi une *eschatologie ecclésiologique*. En effet, c'est dans et pour l'Église, animée par l'Esprit, que les croyants anticipent l'espérance eschatologique de la fin dernière, par la Parole de Dieu et les sacrements.

Ainsi l'eschatologie de Dieu devient *l'eschatologie de l'homme intégral*, ou *eschatologie anthropologique* de l'homme créé âme et corps. À travers elle, les dimensions spirituelle et corporelle font partie de droit, d'une réalité anthropologique unique, réalisée par le Rédempteur Jésus Christ. Julien établit une distinction entre l'eschatologie de l'âme, codifiée pour la première fois dans le *Prognosticum*, et l'eschatologie du corps, qui est une élaboration plus traditionnelle, pour constituer deux niveaux de l'unique eschatologie globale reliés entre eux.

En dernier lieu, l'eschatologie du *Prognosticum* est une *eschatologie cosmique*, en tant qu'elle concerne et implique la dimension actuelle de l'univers vers sa fin ultime. Comme le cosmos est présent dans le plan de la création depuis les origines, maintenant que nous sommes dans la phase de la recréation ou de la rédemption à travers les missions du Verbe, de l'Esprit et de l'Église, le cosmos se trouve inclus dans la dimension finale et eschatologique et constitue, sans doute, le commencement d'une nouvelle histoire des relations entre Dieu et l'homme, pour *un ciel nouveau et une terre nouvelle*.

fr. Sergio Tommaso STANCATI, o.p.

Résumé. — On méconnaît dans l'histoire de la théologie chrétienne la doctrine du *Prognosticum futuri saeculi*, écrite au VIIᵉ siècle par l'évêque théologien Julien de Tolède, pendant la domination wisigothique de la péninsule ibérique. Le *Prognosticum* a exercé une grande influence sur les auteurs des *Summae* des siècles suivants. Il se compose de trois livres. Le premier livre est consacré à l'origine de la mort humaine; le deuxième à la délicate question de la situation des âmes entre la mort corporelle et la résurrection finale; et le troisième à la résurrection universelle et à la fin dernière : la contemplation de l'essence de Dieu. Julien de Tolède a inauguré une nouvelle méthodologie théologique fondée sur l'Écriture Sainte, qui fait appel, de manière remarquable, à l'autorité des Pères, et à la rationalité argumentative et interprétative.

Abstract. — In the history of Christian theology, the doctrine of the *Prognosticum futuri saeculi*, written in the 7th century by the bishop theologian Julian of Toledo, is ignored. Written in the Iberian peninsula during the Visigothic domination, the *Prognosticum* exerted a great influence over the authors of the *Summae* in the following centuries. It is composed of three books. The first is dedicated to the origin of human death; the second to the delicate question of the situation of souls between bodily death and the final resurrection; and the third to the universal resurrection and the last end : the contemplation of the Divine Essence. Julian of Toledo inaugurated a new theological methodology founded on Holy Scripture, which refers in a remarkable way to the authority of the Fathers as well as to the use of argumentative and interpretative reason.

*Le **fr. Sergio Tommaso Stancati** est dominicain de la province Saint-Thomas en Italie. Docteur en théologie, il est professeur ordinaire en théologie dogmatique à l'Université Angélique à Rome. Il a récemment publié : Escatologia, morte e resurrezione (Napoli, 2006); Ecclesiologia biblica e dogmatica (Napoli, 2008). Il a édité le Prognosticum futuri saeculi de Julien de Tolède, qui est considéré comme le plus ancien traité d'eschatologie chrétienne.*

Recensions

Guillaume DERVILLE, *Histoire, mystère, sacrements*. L'initiation chrétienne dans l'œuvre de Jean Daniélou, « Sed contra », Paris, DDB, 2014, 1 vol. de 830 p.

Il y a une théologie cohérente des sacrements, en particulier des sacrements de l'initiation, dans l'œuvre, apparemment disparate, du cardinal Daniélou. Celui-ci n'a pas élaboré de synthèse sacramentologique, mais si ses écrits répondent à des objectifs divers, à des moments séparés dans le temps, en des contextes et des publics variés, il n'en reste pas moins que sa pensée possède une continuité remarquables. Mgr Derville s'emploie à le montrer, soulignant très clairement les infléchissements (latéraux à dire vrai), les progrès et les développements, et les motifs doctrinaux qui peuvent en être la raison. Évitant les conjectures hasardeuses, l'A. soutient son propos par de très nombreux textes abondamment cités; le résultat est convaincant. C'est dire que les longues analyses, parfois répétitives d'un chapitre à l'autre, dessinent cette unité et cette cohérence, qui allient heureusement théologie et herméneutique de l'Écriture, doctrine et contemplation, sens spirituel et réflexion pratique. Dès le départ, le jeune jésuite discerne entre l'économie du salut et l'unité sacramentelle une corrélation étroite, une relation de fondement à ce qui est fondé, et qui se reproduit, se vérifie et se prolonge dans l'économie de grâce de la vie de l'Église. L'histoire du salut est le déploiement d'un plan divin, d'un mystère qui se continue et se réfracte dans les mystères sacramentels tout au long de l'histoire de l'Église jusqu'à la fin des temps, et dont elle vit dans ses profondeurs visibles et invisibles. Cinq larges et gros chapitres constituent ce livre. Le premier chapitre, le plus court, intitulé « Les sources » fournit des éléments biographiques utiles pour comprendre la genèse et la variété des œuvres répertoriées et présentées ensuite. Les notes sont très précises et procurent les indications nécessaires sur les circonstances, les versions et les éditions d'ouvrages peu diffusés, parfois inédits, du cardinal entre 1940 et 1974 (p. 19-84). Le deuxième chapitre (p. 85-244) commence par dessiner l'horizon de compréhension à partir duquel Daniélou pense l'économie des mystères sacramentels, à savoir l'histoire du salut en son unité d'origine divine. Il nous fait passer du concept d'histoire du salut à son principe trinitaire et paternel, c'est-à-dire de l'histoire dramatique du péché au salut par le Christ qui, par la perfection des mystères de sa vie, est le centre de cette histoire, le principe de récapitulation de la création et des alliances, celui qui réalise les annonces, les figures et les prophéties bibliques — d'où l'usage de l'exégèse typologique et anagogique de l'Écriture. Le Christ est celui par qui l'histoire humaine qui est histoire de péché et de grâce, histoire des présences et sollicitations miséricordieuses de Dieu, devient pleinement intelligible et trouve en lui et par lui son unité supérieure et son accomplissement eschatologique. Cette histoire se déroule par étapes selon une logique de croissance dans un temps linéaire et orienté, qui passe par des âges dont les transitions et les événements décisifs marquent des seuils, en lesquels se discernent des lignes de fractures à l'intérieur d'une continuité substantielle en raison de la permanence et de l'unité originelle du dessein divin. Daniélou utilise le concept de progrès en l'adaptant finement à l'histoire du salut. Si loi du progrès il y a, celle-ci ne se réalise pas de manière uniforme car l'histoire de l'homme est chaotique — l'histoire de l'homme en ses progrès est aussi l'histoire de ses régressions et de ses péchés. Pour Daniélou, à l'encontre de toute forme de progressisme, l'histoire humaine est foncièrement ambivalente. Il se garde de tout optimisme idéologique. Le seul principe d'unité de l'histoire, dans laquelle l'homme avance et progresse vers sa fin divine, est le salut. Daniélou offre une théologie de l'histoire profondément biblique, traditionnelle (patristique), que les thomistes, dont il n'était pas, ne désavoueraient pas. Au passage, on notera les nombreuses références à saint Thomas, toujours positives, très ciblées certes et parcellaires mais qui manifestent la proximité thématique — à défaut d'être scolastique — entre Daniélou et le maître d'Aquin. Le chapitre 3 (p. 245-394) aborde la manière dont Daniélou rend compte de l'actualisation permanente et ecclésiale de cette histoire sainte avec sa représentation sacramentelle. « Les sacrements du mystère » en sont les signes septiformes dont le symbolisme institué renvoie à l'histoire des interventions divines qui se reproduisent de manière nouvelle dans le temps qui suit les mystères de la croix et de la résurrection du Sauveur. Daniélou insiste sur le réalisme sacramentel de la loi nouvelle, où l'efficience sacramentelle est toujours subordonnée (loi de sacramentalité) à la fonction premièrement signifiante des sacrements qui incorporent visiblement et invisiblement au Christ en son Corps ecclésial. Tous les sacrements sont référés aux mystères sauveurs dont ils sont, en vertu de l'Incarnation, la participation, la continuation et le moyen d'appropriation dans le temps. Ce temps de salut est ainsi le vecteur de la grâce, sa scansion la plus profonde. La liturgie, qui rythme le temps sacramentel du salut, symbolise et déploie l'efficience sacramentelle grâce à laquelle l'homme sauvé par le Christ parvient au terme de son itinéraire personnel et collectif, au-delà de l'histoire, à son accomplissement eschatologique. Le cardinal avait une pénétration très profonde de la vitalité originale des sacrements chrétiens. Ils sont au centre de la vie de l'Église puisque c'est d'eux qu'elle tire son énergie vitale, sa respiration divine la plus profonde en la communiquant à tous ceux qui reçoivent d'elle la grâce du salut qui y est contenue. Le quatrième chapitre (p. 395-552) traite des sacrements du baptême et de la confirmation comme sacrements de la gloire dans l'histoire. L'exégèse typologique des sacrements est sollicitée, car la compréhension sacramentelle du salut, dont le baptême est le premier signe, s'appuie sur les *magnalia Dei* que l'histoire du salut manifeste dans la Sainte Écriture qui est le référent constant de la médiation du cardinal. Le baptême est nouvelle création, inauguration du Paradis et de l'homme nouveau dans le Christ et selon le Christ (p. 395-416), purification et libération du péché, illumination de l'âme (p. 480-488), promesse de rédemption des corps, commencement de la vie nouvelle eschatologique (p. 395-438). Daniélou en dégage sobrement les implications morales, mais sa réflexion doctrinale, à travers l'analyse théologico-liturgique des rites, est foncièrement théocentrique et théologale. Ce qui nous vaut de belles et justes remarques sur le péché originel, l'influence et la libération du démon (p. 427-432), le lien entre le baptême comme jugement purificateur, le sens de la démarche pénitentielle que le baptême inclut, on l'oublie souvent, et même la dimension ascétique qu'il implique (p. 454-461). Les pages sur la dimension ecclésiale et l'appartenance au Peuple de Dieu donnent lieu à quelques précisions à propos de l'universalité du salut et une petite note d'ecclésiologie de belle facture, de style très patristique (p. 461-478). Daniélou met en rapport le baptême avec les événements de la vie du Christ, ses actes sauveurs, par quoi il manifeste le caractère à la fois récapitulatif et anticipateur du baptême, son caractère christique et christoconformant, pour utiliser le vocabulaire du cardinal Journet. Quant à la confirmation qui est participation à l'onction messianique du Christ et qui prolonge le baptême, communiquant nouvellement l'Esprit du Christ, notre jésuite est moins disert, moins à l'aise pour en décrire et analyser les effets ; on sait que la théologie peine à distinguer les effets propres du baptême et de la confirmation que le cardinal maintient fermement, dont il voit nettement par quoi ils se rattachent l'un à l'autre, moins par quoi ils s'en distinguent formellement (p. 534-549). Le chapitre 5 est consacré à « l'eucharistie, sacrement des sacrements et centre sacramentel de l'histoire » (p. 553-683). La relation de l'eucharistie au temps par sa dimension sacrificielle — comme mémorial de la croix — s'ouvre à l'au-delà du temps, à son accomplissement eschatologique. L'eucharistie est sacrement historique de la vie du Christ qui culmine dans son offrande terrestre et se prolonge dans son offrande céleste éternelle. Concernant le sacrifice éternel du Christ, Daniélou n'est pas très explicite, c'est un point latéral chez lui (p. 584, 676). En revanche, on ne sait jamais précisément ce qu'il entend par l'action sacramentelle de rendre présent à

la messe la Passion du Christ qui subsiste donc sous cette modalité sacramentelle, (p. 595, 662, 676). En définitive, les sacrements sont l'histoire du salut en acte dans la vie de l'Église (p. 691). Enfin Mgr Derville nous propose deux annexes : l'une est une bibliographie raisonnée de son œuvre et des études sur l'œuvre de Daniélou (p. 703-770) ; l'autre est un index des symboles et personnages bibliques cités par Daniélou (p. 771-786). Un livre volumineux, quelquefois redondant, mais toujours clair, qui montre que, au-delà de ce que l'œuvre du cardinal peut avoir de trop circonstanciel, c'est à un profond et remarquable théologien que nous avons affaire.

fr. Philippe-Marie MARGELIDON, o.p.

Jean-Miguel GARRIGUES, *Dieu sans idée du mal*, Préface du cardinal Christoph Schönborn, Troisième édition revue et augmentée, « Spiritualité », Paris, Ad Solem, 2016, 1 vol. de 224 p.

Pour sa troisième édition, après trente ans, le livre du P. Jean-Miguel Garrigues a fait l'objet d'un toilettage stylistique et de quelques ajouts doctrinaux éclairants. Cette nouvelle version nous vaut une belle préface du cardinal Schönborn (p. 9-12). Elle conserve les compléments de la seconde édition de 1985, regroupés sous le titre « L'intelligence du mystère » (p. 189-218), qui répondent, à partir des réflexions de Jacques Maritain sur la science divine du mal, aux critiques que le P. Jean-Hervé Nicolas avait adressé à l'A. en 1983, après la parution de la première édition de 1982. Dans un avant-propos explicatif (p. 13-17), le P. Garrigues replace le débat avec le P. Nicolas dans son contexte, au moment où le théologien de Fribourg entame une nouvelle réflexion où il « se libère de la séduction spéculative d'une théodicée mettant l'origine du mal moral, sous forme de permission antécédente, dans les idées divines » (p. 16). En effet, la thèse classique dite banézienne du décret permissif antécédent explique à la fois que Dieu ne peut vouloir et mouvoir directement et indirectement au péché, au mal de coulpe, et qu'il le permet efficacement et sans passivité, dès lors que par sa science causale, au moyen d'un décret permissif antécédent à l'acte moralement mauvais qu'il prévoit et qu'il connaît en sa formalité privative, il y meut la créature selon cette privation, dont la créature défaillante est toujours la cause première. Le P. Garrigues montre que le P. Nicolas, entre 1960 et 1990, avait opéré, en trente ans, un progressif retournement que les années 1980-1990 avaient confirmé jusqu'à son ultime *retractatio* de 1992 (cf. « La volonté salvifique de Dieu contrariée par le péché », *RT* 92 [1992], p. 177-196). La question de la prédestination effective (de volonté conséquente) des bienheureux, dans l'état postlapsaire, à la vie éternelle, trouve son principe explicatif dans l'*electio* de tous et de chacun (de volonté antécédente), et qui règle la science divine causale des actes humains. La prédestination inclut sa possible contrariété face au mal dont la créature est la seule cause déficiente, sans qu'il soit fait appel à un quelconque décret permissif antécédent (ou conséquent chez Maritain). Sur ce point, l'A. renvoie à son étude explicative et récapitulative de sa réflexion depuis le début des années quatre-vingt dans *Le Dessein divin d'adoption et le Christ rédempteur* (« Théologies », Paris, Cerf, 2011, p. 203-249). C'est, par-delà la tradition thomiste de l'époque baroque qui n'a rien de contraignant pour un disciple de saint Thomas, s'en remettre d'abord et avant tout effort de systématisation à l'*auditus fidei* ecclésial qui, depuis le concile de Trente, indique nettement à la théologie les voies d'un dépassement. Il reste à démontrer que la théologie de l'Aquinate à cette condition en offre les moyens, ce qui doit être discuté et confirmé. Le dernier mot sur cette difficile question n'est pas encore prononcé.

fr. Philippe-Marie MARGELIDON, o.p.

Pierre MANENT, *Situation de la France*, Paris, Desclée de Brouwer, 2015, 1 vol. de 176 p.

L'ouvrage de Pierre Manent est un essai sur la situation de la France engagé à partir des événements du 11 janvier 2015 (mais avant ceux du 13 novembre de la même année). Il part d'un constat simple : une partie significative de la communauté musulmane ne s'intègre pas à la nation française, de nombreux musulmans citoyens français ne se retrouvent pas dans la forme de vie de la société libérale d'aujourd'hui, et par conséquent s'en écartent ou la réfutent. Ce constat, qui vaut *mutatis mutandis* pour d'autres nations européennes, justifierait une analyse sociologique du type de celles qui commencent à être publiées aujourd'hui, mais le présent essai présente une double originalité. D'une part, quant à la thèse dont il est porteur : l'islam, par les requêtes qu'il adresse aux anciennes nations européennes, est le révélateur des ambiguïtés et des impasses du politique contemporain dans les sociétés libérales. D'autre part, quant à l'instrument d'analyse : c'est en philosophe de la cité que l'A. entend traiter la question et non en des termes exclusivement sociologiques. L'A. propose quelques réponses au constat de non-intégration qui est son point de départ. Mais on s'attachera surtout ici à mettre en valeur les lieux essentiels de son analyse. Celle-ci se déroule de façon linéaire à travers vingt sections où l'élégance littéraire ne nuit en rien à la rigueur du raisonnement. On en présente ici les thèmes principaux, sans pouvoir rendre compte de toute la richesse des analyses.

1. *Le constat.* La France, et plus largement les sociétés libérales contempo-

raines, sont incapables d'analyser convenablement les agressions qu'elles subissent de la part des mouvements islamistes, car il est largement entendu que la religion est une affaire privée et qu'elle ne saurait être un moteur de l'agir humain. L'humanité moderne, majeure, est enfin sortie de la religion. La montée de l'islamisme ne peut dès lors susciter que l'incompréhension, puisque ses adeptes se réfèrent à la loi de Dieu, et non à celle des Droits de l'homme. Dans ces conditions, suggère l'A., « ne serait-il pas prudent, aussi bien scientifiquement que politiquement, de réviser, ou du moins de suspendre le postulat selon lequel la religion est destinée à s'effacer des sociétés modernes ou en voie de modernisation » (p. 20). Cela revient à remettre en cause le « grand récit progressiste » selon lequel la religion ne peut qu'être progressivement exclue de la sphère publique.

2. *La société et l'État.* La conception de l'État, au sein de la société qu'il régit, a connu une longue et profonde transformation. Pour les Occidentaux, désormais, « la société est d'abord l'organisation et la garantie des droits individuels », alors que, pour les musulmans, elle est « d'abord l'ensemble des mœurs qui fournissent la règle concrète de la vie bonne ». « Les sociétés européennes ont un principe de cohésion faible ; les sociétés musulmanes ont un principe de liberté faible » (p. 23). En conclusion, « nous nous associons de manières très différentes » (p. 24). « Si les Européens se sont gouvernés de moins en moins selon les mœurs, et de plus en plus selon la loi et selon les droits, c'est parce qu'ils ont progressivement édifié cet instrument qui leur est propre, l'État — l'État moderne » (*ibid.*). On aboutit ainsi, au sein d'une même société, à des populations juxtaposées, qui ne peuvent se réunir et se retrouver autour d'un mode de vie commun : « Tandis que nous nous efforçons de vivre sans autre loi, ou sans autre règle des mœurs que la validation

des droits sans cesse étendus de l'individu, ils [les musulmans] espèrent trouver dans la loi divine un ordre juste que la loi politique ne leur a que trop rarement ou trop chichement fourni » (p. 25). Dans les deux cas, on est engagé dans « un processus de dépolitisation », la communauté des citoyens, par attachement soit au principe exclusif des droits individuels, soit à celui de la loi religieuse, s'interdisant l'édification d'un bien commun à tous.

3. *L'impossible réponse par la laïcité.* Pour beaucoup en France, la laïcité est la voie qui doit permettre d'accueillir les mœurs musulmanes sans remettre en cause les traits principaux de la société libérale. La laïcité est ainsi conçue comme l'expression « du droit égal de chaque citoyen à suivre les mœurs de son choix, droit que notre régime a pour mission et d'ailleurs pour fierté de garantir, sous réserve évidemment que son exercice n'entrave pas le droit égal des autres citoyens » (p. 30). On entend alors que les mœurs musulmanes se prêteront « à une *réforme* par le régime des droits individuels, les citoyens musulmans exerçant désormais leur droit subjectif, garanti par l'État laïque, de suivre la conduite qu'ils tenaient jusque-là par obéissance à la règle objective et quasi obligatoire des mœurs » (p. 31). Une telle conception déroge en fait à la conception originelle de la laïcité, comprise comme assurant la neutralité religieuse de l'État, mais aucunement celle de la société. La laïcité républicaine, telle que la France l'a élaborée et vécue, est un dispositif institutionnel qui permet à l'État d'exercer ses prérogatives dans une société qui demeure de marque chrétienne, dont les références de vie sont encore marquées par le christianisme. « La laïcité est un dispositif de gouvernement qui n'épuise pas le sens de la vie commune, et qui d'ailleurs en donne une représentation abstraite et fort pauvre. On n'habite pas une séparation » (p. 150), écrit l'A., qui ajoute : « La laïcité de l'État

ne saurait impliquer la laïcité de la société, notion vide de sens et dont le rôle explicite et même institutionnel des juifs de France dans la vie publique d'un côté, la présence de plus en plus flagrante des mœurs musulmanes dans l'espace public de l'autre, font ressortir le caractère mystificateur » (p. 162).

4. *L'affaiblissement de l'État contemporain.* Le principe d'égalité à l'œuvre dans l'État depuis cinquante ans tend à diminuer ou faire disparaître tout ce qui formait le monde commun et tendait à l'édifier : la conscription, l'enseignement, l'histoire, la langue... Tout cela est remplacé aujourd'hui par le principe de laïcité : « Sous le mot de laïcité, on rêve d'un enseignement sans contenu qui préparerait efficacement les enfants à être les sociétaires d'une société sans forme où les religions se dissoudraient comme le reste » (p. 42). « L'État s'est progressivement mais méthodiquement dépouillé des ressources qui en avaient fait l'instrument caractéristique de la politique moderne [...], il n'a plus ni autorité ni volonté pour orienter la vie intérieure de la société » (*ibid.*). Dans ces conditions, la laïcité n'est pas l'instrument politique adéquat pour se saisir de la situation inédite que l'on rencontre avec l'islam. « Il nous faut [...] prendre acte du fait que le grand instrument de la politique moderne, soit l'État souverain et libéral, a trouvé ses limites morales et pour ainsi dire spirituelles » (p. 43). Dans la conception traditionnelle et encore moderne de l'État, on attendait de celui-ci qu'il montrât et favorisât une certaine forme de vie en commun. Or il n'en va plus ainsi aujourd'hui : « Les principes abstraits de la politique moderne, quoique leçons tirées d'une longue expérience, sont par eux-mêmes incapables de produire la communauté de vie et d'expérience qu'ils aident si utilement à organiser » (p. 83). « On pourrait dire, en employant le langage de la physique politique, que l'État républicain n'a plus la force ni de

réduire les groupes constituants de la France en ses éléments primordiaux de la politique moderne que sont les individus-citoyens, ni d'offrir à ces derniers un élément commun assez nourricier et porteur pour qu'ils puissent être vraiment citoyens, c'est-à-dire *membres du commun* » (p. 54). « Sous le terme d'"égalité" ou de "laïcité", ou sous la formule des "valeurs de la République", ce qui est à l'œuvre, c'est la disqualification de tous les contenus de vie partageables au motif qu'ils n'ont pas été choisis par chacun, ou qu'ils n'agréent pas à chacun » (p. 128-129). Les « valeurs de la République », en définitive, sont les dispositions qui permettent de vivre ensemble sans avoir rien de commun.

L'A. estime que l'on retrouve aujourd'hui des éléments de la situation pré-étatique comme l'absence de frontières entre l'intérieur et l'extérieur, ou l'inclusion réciproque de l'intérieur et de l'extérieur. Voulu (l'union européenne) ou constaté (la mondialisation), ce phénomène aboutit à la remise en cause de l'État dans sa conception moderne mais désormais ancienne, l'État comme instance d'assujettissement à la nation des corps politiques inférieurs, la nation formée par l'État étant le lieu d'unité et de vie entre les citoyens. Mais l'A. note, d'une part, que cet effacement des frontières politiques ne s'accompagne pas de celui des frontières religieuses — c'est particulièrement net pour l'islam — et il tient, d'autre part, qu'il n'y aura jamais de monde sans frontières.

L'affaiblissement de l'État contemporain et la doctrine affirmée de la laïcité ont pour corollaire la dénaturation de la citoyenneté. La citoyenneté comprise comme « arrachement aux appartenances » tend à détruire la citoyenneté dans son ancienne compréhension. « Le "citoyen" aujourd'hui, c'est celui qui a compris que la citoyenneté ne pouvait être circonscrite par l'appartenance nationale, celle-ci dépendant le plus souvent de la naissance. Le vrai citoyen désormais, c'est celui qui est détaché de toute communauté même civique, ou qui porte la pluralité de ses attaches comme autant de liens qui ne lient pas. La compréhension de la citoyenneté comme détachement ou arrachement conduit irrésistiblement à l'absorption des droits du citoyen dans les droits de l'homme, et à la formation d'une figure nouvelle, la figure de l'individu-citoyen, celui-ci se définissant par la liberté de choisir toujours à nouveau ses appartenances, y compris son appartenance civique, et donc par la liberté permanente de se délier. Lorsque l'on réclame l'attachement de tous aux valeurs de la République, il faut comprendre que l'on propose en vérité des valeurs sans République, ou une République sans chose commune [...]. Ainsi, lorsqu'on nous demande d'adhérer aux valeurs de la République, on ne nous demande *rien* » (p. 143-144).

L'objection islamique montre que l'enjeu n'est pas de sortir de la République, mais bien au contraire d'en retrouver le sens. Elle doit donc être l'occasion de reconnaître honnêtement les composantes anciennes du projet républicain. « On cherche les moyens de ranimer l'intention du projet républicain dans ce que celui-ci a de plus essentiel, de la ranimer dans des circonstances où la forme qu'il a prise depuis deux siècles a épuisé ses vertus. Qu'est-ce que le projet républicain a d'essentiel ? Tout simplement la visée d'une chose commune, ou d'une amitié civique. Il y a bien une vie commune, ou une amitié civique à élaborer avec nos concitoyens musulmans, comme avec tous les autres, mais il nous faudra construire communauté et amitié sur d'autres bases que celles de la République laïque, ou au moins de l'interprétation dominante et pour ainsi dire scolaire de celle-ci » (p. 58).

5. *La dérive des droits de l'homme.* La société libérale est desservie par l'évolution de la doctrine des droits, qui sont toujours plus de l'homme, compris comme individu, et toujours moins du citoyen. Or les droits n'édifient pas, par eux-mêmes, le monde commun, ils en sont la condition de possibilité. « Nos droits ne nous donnent pas de forme. [...] Les droits, privés de la vie et de la fécondité d'une forme, sont abandonnés à leur seule virulence transgressive » (p. 121). « Notre régime politique s'est progressivement paralysé par la manière de plus en plus étroite et unilatérale dont il a compris ses principes. Les droits de l'homme ont été radicalement séparés des droits du citoyen et, au lieu de libérer les sociétaires pour les rendre capables et désireux de participer à la chose commune, ils sont désormais censés se suffire à eux-mêmes, l'institution publique n'étant plus que leur docile instrument. Nous sommes probablement les premiers, et nous resterons assurément les seuls dans l'histoire, à livrer tous les composants de la vie sociale, tous les contenus de la vie humaine, à la souveraineté illimitée de l'individu particulier » (p. 128). Désormais, nous avançons « sur la plaine des droits de l'homme, vide de choses communes, et passivement ouverte à tout contenu nouveau » (p. 110).

6. *Retrouver le sens de la nation.* Le refus de reconnaître la forme collective de l'islam, l'incapacité à formuler un projet de vie commune dans le cadre national conduit à une « islamisation par défaut [qui] est la vérité latente de notre situation » (p. 125). L'enjeu est « de passer de la coexistence passive entre la société des droits et l'islam des mœurs à la participation active des uns et des autres à une forme politique commune qui ne saurait être que la forme nationale » (*ibid.*). L'A. reprend le thème déjà développé dans certains de ses ouvrages selon lequel on ne peut faire l'économie de la forme nationale. « L'affaiblissement politique et spirituel de la nation en Europe est sans doute le fait majeur de notre temps. [...] Ce que l'enlisement de la construction européenne a désormais prouvé aux yeux de

ceux qui veulent bien en croire leurs yeux, c'est que l'Europe n'est pas envisageable comme une forme politique nouvelle susceptible d'abriter la vie européenne comme la pluralité des nations l'a abritée jusqu'ici » (p. 123). Il faut donc scruter les fondements de l'État-nation tel qu'il s'est édifié avec le temps.

La construction de l'État moderne a répondu, selon l'A., à la nécessité de combiner le « se gouverner soi-même », tout en répondant à la proposition chrétienne, en honorant la présence d'une providence bienveillante. Les nations européennes se sont construites sur ces deux principes : « D'une part la confiance dans ses propres forces, l'ardeur et la fierté païennes si l'on veut, d'autre part la confiance dans la bienveillance inépuisable de Dieu, bienveillance prodiguée à tous et à chacun, et confiance qui est propre à la foi chrétienne. L'Europe fut grande par ses nations tant qu'elle sut mêler les vertus romaines, courage et prudence, à la foi dans un Dieu ami de toutes et de chacune » (p. 168-169). La considération de ces deux principes conduit à porter un jugement de sagesse sur le drame européen et ce que l'A. appelle la brisure de l'arc européen : « L'effondrement dans l'immanence violente qui caractérise le vingtième siècle dérive de l'affaiblissement de la médiation chrétienne, lorsque les nations, surtout les plus jeunes et les plus puissantes, spécialement la plus jeune et la plus puissante dont la marque chrétienne était d'ailleurs profondément troublée par la dualité des confessions, prétendirent être une expression immédiate de l'humanité elle-même, et chacune son expression éminente et bientôt exclusive. Refusant d'insérer leur liberté dans un ordre spirituel ultimement rapporté à la puissance et à la bonté de Dieu, elles cherchèrent toujours plus loin du ciel commun le secret d'une élection singulière qu'elles dédaignaient désormais de recevoir et de partager » (p. 169).

Pour l'A., on ne réparera pas la brisure de l'arc européen. Nous nous sommes enfermés dans l'"alternative mortifère" entre autochtonie et déracinement « parce que nous nous sommes installés dans l'immanence comme dans le vrai lieu de l'humanité » (p. 170). Aujourd'hui, l'État « laïque » est devenu un instrument qui semble se substituer aussi bien au « se gouverner soi-même » qu'à la Providence divine, mais il « n'est que l'héritier présomptueux et exsangue de l'État moderne qui fut si fort » (p. 131). « Nous n'avons plus guère le cran d'affronter de telles ambiguïtés, ou seulement de les reconnaître » (ibid.). « Si nous ne parvenons pas à nous tourner à nouveau avec confiance vers la possibilité du Bien, ou du moins à esquisser ce mouvement du cœur, nous ne retrouverons pas le désir de nous gouverner nous-mêmes et la confiance dans nos propres forces qui seule peut nourrir ce désir. L'idée d'une action pour le bien commun a perdu son sens pour nous » (p. 109).

Pratiquement, l'État est aujourd'hui contraint de se saisir de deux questions : celle du régime, et celle de la religion. La question du régime : « Recouvrer un régime représentatif par-delà les illusions déjà bien défraîchies de la gouvernance européenne » (p. 133). Il importe que le peuple de France retrouve confiance en un gouvernement qui ne se soumet pas à la « distraction européenne » (p. 134). La question religieuse : « *Commander* aux musulmans de France de prendre leur indépendance par rapport aux divers pays musulmans qui dépêchent les imams, financent et parfois administrent ou orientent les mosquées » (p. 135). « Si nous continuons de laisser hors du commandement politique national ce caractère spécifique de l'islam qu'est précisément l'indistinction "impériale" entre l'intérieur et l'extérieur, nous avons déjà accompli un acte de soumission politique et donc spirituelle sur lequel il sera impossible de revenir » (p. 137).

7. *Situation des musulmans en France.*
Les musulmans de France n'y sont pas
vraiment installés, faute de proposition précise. « On ne leur a laissé que le
choix abstrait et passablement spécieux
[qu']entre le communautarisme et la laïcité comprise comme neutralisation religieuse de la société. À choix spécieux il
n'est pas de réponse » (p. 149). Le communautarisme est une forme dégra-
dée de la vie religieuse et politique. « Le
groupe communautaire reste séparé du
corps politique parce qu'il a peur de se
perdre en y participant franchement
[…]. Le communautarisme se définit le
mieux par une défiance qui est à la fois
religieuse et politique, une défiance spirituelle qui affecte en même temps le groupe
et le tout. Le communautarisme entretient
des âmes sans générosité » (p. 148). « Les
musulmans français ne trouveront leur
place dans la société française que s'ils la
trouvent dans la nation. Ils ne la trouveront dans la nation que si celle-ci les ac-
cueille selon sa vérité et selon leur vérité
— non pas donc simplement comme des
individus-citoyens titulaires de droits
accueillent d'autres titulaires des mêmes
droits mais comme une association de
marque chrétienne fait sa place à une
forme de vie avec laquelle elle ne s'est encore jamais mêlée sur un pied d'égalité »
(p. 164). « Une certaine "communautari-
sation" est inévitable. Elle est même sou-
haitable dans la mesure où elle prévient
le mensonge idéologique de la nouvelle
laïcité qui prétend nous obliger à faire
semblant d'être seulement des individus-citoyens » (p. 165). « La République
où tous les citoyens ont des droits égaux
est aussi une nation de marque chrétienne
où les juifs jouent un rôle éminent. C'est
dans cette République que les musulmans
peuvent jouir de leurs droits, et c'est dans
cette nation qu'ils doivent trouver leur
place » (p. 165-166).

Concrètement, à l'égard des musulmans, l'A. propose de reconnaître les
nécessaires aménagements induits par
la présence de fortes communautés, et
d'abord de renoncer à moderniser les
mœurs musulmanes. Il faut en accepter
les conséquences pour certaines insti-
tutions sociales, comme les écoles et les
hôpitaux. En revanche, l'État est fondé à
poser des exigences non discutables ni né-
gociables, en particulier le mariage mono-
game et la proscription du voile intégral. Il
s'agit surtout de préserver, défendre, sanc-
tuariser certains caractères fondamentaux de notre régime et certains traits de
la physionomie de la France, afin d'éviter
que toute la vie commune soit pénétrée
par l'influence des mœurs musulmanes.
En particulier, il est nécessaire d'instaurer une liberté complète de pensée et d'expression à l'égard de l'islam, à quoi s'oppose aujourd'hui l'invocation de l'islamo-
phobie. « La seule condition pour participer effectivement à la société européenne,
c'est de montrer son visage et d'accepter
que la loi politique ne mette aucune limite
à ce qui est susceptible d'être pensé, dit,
écrit, dessiné » (p. 78). Il est difficile mais
non impossible de combiner le respect
des personnes et la critique des opinions.
Faute de quoi, se développe la situation
actuelle où la parole est déliée jusqu'à la
licence (insulte, obscénité) à l'égard des
personnes, alors que certains groupes
bénéficient d'un privilège d'immunité ou
d'extraterritorialité. La loi religieuse aussi
doit être soumise à la critique de la raison.

8. *Situation des catholiques et de l'Église
en France.* Les catholiques peuvent aussi
être tentés par le repli communautariste,
au sein de « sociétés européennes désormais déchirées entre l'archaïsme des
mœurs musulmanes et le nihilisme des
mœurs occidentales » (p. 155). L'A. invite
à réévaluer la relation entre la France et
l'Église catholique, entre l'État-nation et
les catholiques de France qui l'ont consti-
tué et qui en constitue la part principale.
« Il faut admettre qu'aujourd'hui, l'Église
catholique est la moins intolérante et la

plus ouverte des forces spirituelles qui nous concernent » (p. 159). « Dans la fragmentation spirituelle qui affecte le monde occidental, [l'Église catholique] est ce point fixe qui se soucie de se rapporter intelligemment à tous les autres points, et auquel tous les autres points peuvent essayer de se rapporter » (p. 160). Elle a un sentiment de « responsabilité pour le tout », « la tâche des catholiques [...] concerne bien plus que les catholiques. Elle découle de cette responsabilité pour le tout [...], c'est-à-dire pour le bien commun des différentes forces spirituelles. En pratique, cela signifie que les catholiques ont une responsabilité particulière pour le bien commun de l'association où ces forces se rencontrent, c'est-à-dire, dans notre cas, le bien commun de la France » (p. 160-161). « Notre vie commune souffrira d'une sorte d'atrophie spirituelle, et d'abord d'un profond défaut de sincérité tant que nous resterons incapables de thématiser publiquement la relation intime qui lie la France à l'Église » (p. 162).

L'A. termine son essai par une invitation adressée à tous à retrouver le sens de l'Alliance, car c'est elle qui, selon lui, a soutenu l'arc européen. « Aussi grand soit l'homme dans sa fierté d'agent libre, son action s'inscrit dans un ordre du bien qu'il ne produit pas et de la grâce duquel il dépend ultimement » (p. 171). « L'Alliance ouvre une histoire à la liberté, qu'elle autorise et pour ainsi dire motive les plus grandes entreprises humaines tout en inscrivant celles-ci dans une relation où l'humanité se rassemble pour s'éprouver, se connaître et accepter d'être jugée » (p. 172). « Il revient aux chrétiens de redonner sens et crédit à l'Alliance », ils ne le feront « qu'en redonnant sens et crédit à l'association humaine qui a porté l'Alliance jusqu'à ce que l'arc européen se brise, à savoir la nation » (p. 172-173). « Il ne suffit pas pour réunir les hommes de déclarer ou même garantir leurs droits. Ils ont besoin d'une forme de vie commune. L'avenir de la nation de marque chrétienne est un enjeu qui nous rassemble tous » (p. 173).

L'ouvrage de Pierre Manent n'est pas seulement utile en ce qu'il ose aborder avec courage des questions ordinairement couvertes par la loi implicite du silence dans la sphère publique. Les mesures qu'il préconise à l'égard de la communauté musulmane ne vont pas sans susciter elles-mêmes des interrogations : peut-on vraiment concevoir une sorte d'islam gallican ? Celui-ci ne serait-il pas encore plus éloigné de la religion musulmane que ne l'était le gallicanisme chrétien du christianisme catholique ? Les quelques préconisations de l'A. ont suscité des débats qui risquent fort d'occulter ce qui nous semble le plus précieux de ses analyses : la critique des conceptions contemporaines de l'État et de la société libérale. C'est un fait rarement relevé que les sociétés libérales se sont considérablement transformées depuis une cinquantaine d'années, sans révolution politique ni transformation institutionnelle significative. Sans trop y prendre garde, on a glissé de la modernité à la postmodernité politique, et le tableau que brosse l'A. de cette dernière est particulièrement sévère. Les éléments qui la caractérisent sont ceux que l'on a brièvement énoncés : réduction continue des fonctions de souveraineté de l'État, et par là diminution de sa valeur représentative ; incapacité à définir une « chose commune » de nature à susciter une vie en commun et une amitié civique entre les sociétaires ; résorption de la responsabilité de l'État à la garantie de droits fondamentaux toujours plus individuels et mettant par là en cause le principe du commun ; doctrine nouvelle de la laïcité qui tend à la neutralisation religieuse de la société, bien au-delà de celle de l'État. Si l'on va au terme du raisonnement, on en vient à suggérer que la postmodernité politique aboutit à la disparition même du politique, par la négation paradoxale de toute *res publica*. Ne restent alors dans la société libérale, offertes à tous les sociétaires, que les conditions de possibilité d'une vie individuelle rétive à toute formalisation communautaire.

L'A. n'emploie la terminologie de l'idéologie qu'appliquée aux droits de l'homme. Il semble bien qu'on puisse cependant l'évoquer plus largement et voir dans l'évolution cinquantenaire l'expression d'une idéologie fondamentale de l'individu dont celle des droits et celle du laïcisme sont en somme une formalisation juridico-institutionnelle. Comme l'A. le suggère, la globalisation de la vie sociale, spécialement à travers la construction européenne et aujourd'hui à travers la mondialisation de l'économie, a servi de paravent, voire de prétexte au retrait des instances étatiques et nationales, de plus en plus incapables de définir les contours de la « chose commune », et de proposer une vie commune autre que sous la forme d'une coexistence pacifique généralisée promise à des sociétaires aux choix de vie aussi divergents que précaires. On comprend bien, dès lors, que les communautés musulmanes, qui sont porteuses d'un projet et d'une forme de vie en commun, soient une objection au caractère volontairement indéfini et indéterminé du projet libéral contemporain. Sans retour en arrière, c'est avec raison que l'A. invite à retrouver le sens d'une communauté nationale, et pour ce faire à scruter en vérité la spécificité de celle de la France.

C'est à ce stade que ses réflexions suscitent une nouvelle interrogation. Retrouver la forme nationale, retrouver le « sens de l'action pour le bien commun » c'est, fondamentalement, retrouver une forme de vie en commun. C'est probablement ce qui s'est exténué peu à peu depuis des décennies. Les nations européennes ont reçu pendant des siècles du christianisme leur principe de vie, sans que cela aboutisse à une absorption du politique par le religieux. Après le grand

moment révolutionnaire du XIXe siècle, les Européens ont longtemps vécu selon les mœurs chrétiennes ou héritées du christianisme, *volens nolens*, et c'est l'abandon de celles-ci qui vide depuis cinquante ans la société de son principe vital et qui réduit la vie en société à une vie selon la loi et les droits. Les sociétés libérales contemporaines souffrent de la dissolution progressive du substrat éthique qui en formait le tissu, et la société des Droits de l'homme, comme le montre l'A., est incapable de produire une forme de vie commune, qui suppose une quête et le partage d'une certaine conception du bien. Elle s'interdit même de la proposer aux sociétaires, tant il est supposé que l'individu est en définitive le seul souverain. C'est bien pour cela que l'objection musulmane, qui est une objection religieuse, est si radicale : elle porte sur la faiblesse la plus profonde des sociétés libérales, leur manque de substrat éthique.

La question est dès lors la suivante : comment retrouver un substrat éthique, sur quels fondements édifier une vie en commun, construire une chose commune, quel « bien vivre » peut bien aujourd'hui finaliser la vie de la cité ? Traditionnellement, ce sont les religions qui ont été les pourvoyeuses de ce sens commun de la vie individuelle et des communautés humaines, qui a fondé les civilisations, quelles qu'elles fussent. Réfléchissant sur les nations européennes et leur origine, l'A., avec prudence mais netteté, invite à redonner sens et crédit à l'Alliance » (p. 172-173) entre la liberté humaine et la providence divine, en soulignant la responsabilité des chrétiens dans ce mouvement. Tentant de répondre au besoin immédiat de détermination pour l'action législative, le pape Benoît XVI a, dans les dernières années de son pontificat, plaidé pour le renouveau du sens de la loi naturelle, seule de nature à fonder une éthique commune dans des sociétés pluralistes. La tradition thomasienne montre combien, loin d'être contradictoires, les deux voies sont bien plutôt convergentes. Cela montre la nature de l'enjeu auquel les vieilles nations sont confrontées, mais aussi l'ampleur vertigineuse de celui-ci.

fr. François DAGUET, o.p.

Chantal DELSOL, *Populisme*, Les demeurés de l'Histoire, Monaco-Paris, Éditions du Rocher, 2015, 1 vol. de 268 p.

Salubre : j'ai beau essayer d'en trouver un autre, tel est l'adjectif qui persiste à me venir à l'esprit quand je cherche à qualifier ce livre. La librairie actuelle déborde de factums expéditifs et moralisateurs, qui traînent sur la claie le phénomène dont Mme Delsol s'occupe ; plus fidèle en cela que leurs auteurs à sa vocation de philosophe, elle a voulu rompre en la matière avec le préjugé de rigueur, pour observer la constitution de la notion, et dire ainsi, mais dans un sens qui ne fait pas les affaires de la bien-pensance contemporaine, pourtant si friande de l'expression, de quoi le populisme est le nom.

Elle commence, d'une manière évidemment libératrice par rapport aux obsessions médiatiques qui sont les nôtres, par un retour sur la réalité qui, dans l'expérience grecque antique de la démocratie, apparaît à première vue comme la plus proche de ce que notre époque appelle le populisme, à savoir la démagogie. Le démagogue, dont le destin historique fut souvent de devenir tyran, est l'homme politique démocratique qui, au lieu d'aider le peuple à s'élever jusqu'au souci du bien commun de la cité, flatte les désirs immédiats de ses membres. Ceux qui le suivent sont donc des *idiotès*, c'est-à-dire des gens qui sont englués dans leur particularité, et refusent en conséquence toute ouverture sur une perspective plus large que celle de leur intérêt dans l'instant. « Autrement dit, écrit Mme Delsol, la pre-

mière manifestation de ce qui deviendra le populisme repose déjà sur une distinction entre le peuple inculte et l'élite cultivée. Et l'infériorité du peuple tient dans sa vision particulière des choses, tandis que l'élite regarde le monde du point de vue du *logos* ; d'où sa capacité à viser le Bien commun. »

De la démagogie grecque à la notion contemporaine du populisme, il y a toutefois une différence capitale, qui tient avant tout aux métamorphoses du *logos* depuis les Grecs. En politique, la raison antique — en particulier celle d'Aristote — est toujours en attente, et ouverte ; elle est un idéal vers lequel il faut tendre, mais elle reste interrogative et plurielle, car nul ne la détient, ce pourquoi d'ailleurs le vrai moyen de la chercher est le dialogue — l'*idiotès* étant en somme celui qui refuse de l'engager. La Raison des Lumières, au contraire, est monolithique ; elle dissipe, à mesure qu'elle avance, les ténèbres de l'ignorance, et elle sait de science sûre vers quoi elle progresse, à savoir une émancipation toujours plus grande des individus par rapport à tout ce qui, les enracinant dans leurs patries, leurs parentèles, leurs traditions, limite leur liberté. Et comme cette Raison-là est, selon Kant, présente en tout homme, ceux qui refusent de la suivre ne sont plus seulement des *idiotès*, mais des idiots, et vite, des méchants.

Mais il n'y a pas que la philosophie, il y a aussi l'histoire. La constitution de la notion contemporaine de populisme est en effet incompréhensible si on ne prend pas en compte l'expérience ulcérante qu'a vécue la Gauche émancipatrice, porteuse de l'idéologie des Lumières, lorsqu'elle a dû constater que ce peuple, pour lequel elle faisait la Révolution, au total ne partageait pas ses valeurs. Ce fut, dès avant 1917, la découverte essentielle de Lénine. Dans *Que faire ?* déjà, qui date de 1902, il constate que, là où les militants conscients veulent aboutir à une table rase pour reconstruire sur elle la Cité idéale, la spontanéité populaire se contente de réclamer davantage de bien-être, et le maintien, avec ses traditions, de son identité. Les membres du Parti doivent donc amener cette spontanéité-là à la conscience qui est la leur. D'où le heurt implacable, en URSS, entre le communisme et le peuple russe, qui fut concassé au nom de l'idéologie. Or même si le marxisme est en apparence passé de mode pour elles, les élites mondialisées de l'Europe occidentale vivent la même désillusion devant la montée des populismes. Elles tiennent pour incontestable que la marche en avant du Bien ne peut signifier que toujours plus d'émancipation en tout domaine, donc toujours plus d'individualisme *et* de cosmopolitisme : puisque toutes les réalités qui ne sont pas l'Humanité, telles la famille, la patrie ou l'Église, sont vues par ces élites libérales comme autant de limites (qu'il faut donc araser toujours davantage), aux libertés individuelles. Or elles doivent constater que les classes populaires, dont la vie, à la différence de celle de l'individu attalien, ne se déroule pas d'un aéroport international à l'autre, considèrent que l'émancipation sans bornes peut être nocive, et que l'humanité a besoin d'être enracinée. Cela ne se pardonne pas ; de là l'extrême violence verbale dont ces récalcitrants sont les objets de la part des émancipateurs mondialisés, violence verbale qui commence évidemment avec l'usage disqualifiant du terme de populiste. « Car, écrit Mme Delsol, le populiste est un traître à la cause de l'émancipation, la seule qui vaille la peine d'être défendue. Je ne connais pas de plus grande brutalité, dans nos démocraties, que celle utilisée contre les courants populistes. La violence qui leur est réservée excède toute borne. Ils sont devenus les ennemis majuscules d'un régime qui prétend n'en pas avoir. Si cela était possible, leurs partisans seraient cloués sur les portes des granges. » Et d'aggraver son cas, en soulignant non seulement

combien le mépris dont on les couvre est en fait un mépris de classe, celui d'une bourgeoisie pour des milieux moins chics, mais encore en en donnant pour preuve, iconoclastiquement, le personnage de « Mon Beauf », créé, pour *Le Canard en-chaîné*, comme type du représentant forcément imbécile des couches populaires, par ce dessinateur qu'on est aujourd'hui bien obligé d'appeler le regretté Cabu : car tant de mépris doit forcément susciter certains effets en retour.

Décapant, n'est-ce pas ? Mais j'ai tout de même quelques réserves à faire valoir, dont l'honnêteté m'oblige d'ailleurs à dire d'emblée qu'elles portent sans doute à faux, parce que je vois bien qu'elles me sont inspirées, devant ce travail d'une philosophe, par mon métier d'historien. J'aurais ainsi tendance à croire que, dans son histoire de la Raison moderne, Mme Delsol sous-estime par trop l'importance de la Terreur, qui a pourtant démontré par le fait, au lendemain de l'apogée révolutionnaire de l'émancipation, l'impuissance de celle-ci à refonder l'humanité ; l'expérience plus récente du Goulag n'en a été, en somme, qu'une réduplication. De même, s'agissant du nazisme, j'ai déploré qu'elle s'appuie sur le *Hitler m'a dit* de Rauschning, dont il est établi depuis des lustres que la valeur factuelle est à peu près nulle : il s'agit pratiquement d'une œuvre de pure fiction, et il serait tout de même temps qu'on le sache en France. J'ai également, je l'avoue, eu du mal à me défendre d'un certain étonnement, à la voir se demander longuement si Hitler avait été avant tout un idiot ou avant tout un criminel — mais c'était évidemment parce que, pour ce qui est du second de ces deux termes, le questionnement qui en sous-tend l'usage est précisément ce dont il est dans la déontologie de Clio de s'abstenir : puisque sa tâche est seulement de dire pourquoi ce qui s'est passé s'est passé, il y a une philosophie morale, il n'y a pas d'histoire morale. Quant au premier, je dirai simplement que si Hitler avait été idiot, ou le con solennel que Mme Delsol dit à certains moments, il aurait certes été éliminé à moins de frais. Et je ne pense pas non plus qu'on puisse tout uniment faire du nazisme l'extrême de l'enracinement, ni du stalinisme celui de l'émancipation : dans national-socialisme, il y a socialisme, de même que, le stalinisme ayant prétendu réaliser le socialisme en un seul pays, il y eut en lui aussi quelque chose qui relevait de l'idéologie d'en face. Parce que la séparation de l'émancipation et de l'enracinement — comme le voit très bien Mme Delsol — disjoint les deux dimensions fondamentales de l'homme, elle doit susciter des tentatives pour les rejointoyer ; et c'est ce que furent les totalitarismes.

Enfin je me demande si la situation du conservatisme comme doctrine est aussi désespérée que le dit Mme Delsol. A-t-elle jamais été rose ? Après tout, dès la Seconde aux Thessaloniciens, il a été établi que ce qui conserve — le fameux *katechon* — doit remplir sa fonction sans autre perspective que celle de sa défaite

finale devant l'Antéchrist et ses suppôts. De nos jours, Mme Delsol pense que le populisme est aussi volontiers provocateur parce que plus personne, parmi les intellectuels, n'ose se réclamer des valeurs de l'enracinement, par peur de l'ostracisme qui, chez les élites, frappe immédiatement quiconque les prend au sérieux. Ce n'est pas faux, mais on aura beau dire, dans le conflit entre Sartre et Aron, ce n'est pas Sartre qui l'a emporté, de même que, si louche soit-il, une page de Carl Schmitt continue d'ordinaire de peser plus lourd qu'un volume de ses contempteurs. Je ne pense pas que personne mette en doute non plus qu'avec René Girard, ce soit tout de même un penseur d'un autre calibre que, je ne sais pas, moi, Alain Badiou, si on veut, qui vient d'être porté en terre. Certes, la dogmatique émancipatrice domine sans partage chez Laurent Ruquier ; mais que veut dire dominer chez Laurent Ruquier ?

Fabrice BOUTHILLON.